ビル
管理士試験
合格テキスト

JN007007

成美堂出版

本 書 の 使 い 方

　本書は、建築物環境衛生管理技術者（ビル管理士）試験によく出題される内容に重点をおき、効率的に勉強できるようまとめました。付属の赤シートを利用すれば重要語句の確認ができ、穴埋め問題としても活用できますので、上手に活用し、効率的な学習を進めましょう。

◆**ここが Point ！**
レッスンにおける学習のポイントです。まずはここを押さえよう。

◆**レッスンの本文**
各テーマの内容を、図表等を盛り込み、わかりやすく解説しています。

◆**赤シート対応**
付属の赤シートを利用すれば、穴埋め問題としても活用できます。上手に使いましょう。

◆**ポイントを丸暗記！**
重要な内容や用語をまとめました。赤シートも利用しましょう。

Lesson 1 建築物衛生法

ここが Point ！
建築物衛生法の目的と、この法律による制度の概要、「特定建築物」「建築物環境衛生管理基準」などの用語を覚えよう。

基礎知識を押さえよう！

1．建築物衛生法の目的
　建築物衛生法は、1970（昭和45）年に制定・施行された法律で、正式名は「建築物における衛生的環境の確保に関する法律」です。「ビル衛生管理法」「ビル管法」などと呼ばれることもあります。
　建築物衛生法の目的は、同法第1条に次のように記されています。

> **建築物衛生法 第1条**
> この法律は、多数の者が使用し、又は利用する建築物の維持管理に関し環境衛生上必要な事項等を定めることにより、その建築物における衛生的な環境の確保を図り、もって　　　　生の向上及び増進に資することを目的とする。

第1条の条文に関する問題が出ることがあります。「維持管理」「環境衛生」「公衆衛生」などの語句に注意！

ポイントを丸暗記！

1 | 建築物衛生法は、公衆衛生の向上及び増進に資することを目的としている。

「この法律は、多数の者が使用し、又は利用する建築物の維持管理に関し環境衛生上必要な事項等を定めることにより、（中略）公衆衛生の向上及び増進に資することを目的とする」（建築物衛生法第1条）

こんな選択肢に注意！

建築物衛生法は、特定建築物の敷地、構造、設備及び用途に関する最低の基準を定めている。

建築物の敷地、構造、設備及び用途に関する最低の基準を定めている法律は、建築基準法である。

ゴロ合わせで覚えよう！

● **◆温熱環境要素**
  気をつけて じっとしてたのに、
  （気温）　（湿度）

● **風邪で熱出た**
  （風速）（熱放射）

● しっかり着込んで 退社しよう…
  （着衣量）　（代謝量）

■ 暑さ、寒さの感覚に影響を与える温熱環境要素は、気温、湿度、風速、熱放射の環境側の4要素と、活動状態（代謝量）、着衣量の人体側の2要素からなる。

練習問題にチャレンジ！

問　題	解答と解説は p.52

問題 02

建築物衛生法に基づく特定建築物としての用途に該当するものは、次のうちのどれか。

1　病院
2　自然科学系の研究所
3　寺院
4　寄宿舎
5　博物館

➡ Lesson 02

◆こんな選択肢に注意！
実際の選択肢と似た内容となっています。赤シートを上手に活用しましょう。

◆ゴロ合わせで覚えよう！
重要な箇所や覚えにくい内容などを、ゴロ合わせにしました。

◆練習問題にチャレンジ！
各章の最後には、レッスンで学んだことを復習できる、練習問題を掲載しています。知識が身についているか確認しましょう。

※ここに掲載しているページは見本のため、本文と一致しません。

本書は原則として、2023年9月1日現在の情報に基づいて編集しています。以降も法規等の改正があると予想されますので、最新の法規等を参照して本書を活用してください。

c o n t e n t s

c o n t e n t s

建築物環境衛生管理技術者（ビル管理士）試験
試験ガイダンス

一定規模以上の建築物（特定建築物）の所有者等は、「建築物における衛生的環境の確保に関する法律」に基づき、建築物内の環境に関する「管理基準」に従って維持管理するために「建築物環境衛生管理技術者」（通称：ビル管理士）を選任して、その監督をさせなければなりません。建築物環境衛生管理技術者は、建築物の環境衛生の維持管理に関する監督等を担う技術者として高い評価を受ける国家資格です。建築物環境衛生管理技術者国家試験に合格した者、または、建築物環境衛生管理技術者登録講習会を修了し、免状の交付を申請した者に対し、厚生労働大臣から免状が交付されます。

試験地など

■受験願書等の配布期間と書類の提出期間
5月上旬～6月中旬

■受験料
13,900円

■試験地
札幌市、仙台市、東京都、名古屋市、大阪市 及び 福岡市

受験資格

■受験資格
次の用途に供される建築物の当該用途部分において環境衛生上の維持管理に関する実務に業として2年以上従事された方
◎建築物の用途
ア．興行場（映画館、劇場等）、百貨店、集会場（公民館、結婚式場、市民ホール等）、図書館、博物館、美術館、遊技場（ボーリング場等）
イ．店舗、事務所
ウ．学校（研修所を含む。）
エ．旅館、ホテル
オ．その他アからエまでの用途に類する用途
　　多数の者の使用、利用に供される用途であって、かつ、衛生的環境もアからエまでの用途におけるそれと類似しているとみられるものをいいます。

[注]
建築物における環境衛生上の維持管理に関する実務とは、次に記載されているような
業務をいいます。
1．空気調和設備管理
2．給水、給湯設備管理（貯水槽の維持管理を含む。浄水場の維持管理業務を除く。）
3．排水設備管理（浄化槽の維持管理を含む。下水処理場の維持管理業務を除く。）
4．ボイラ設備管理
5．電気設備管理（電気事業の変電、配電等のみの業務を除く。）
6．清掃及び廃棄物処理
7．ねずみ、昆虫等の防除
※1〜5の「設備管理」とは、設備についての運転、保守、環境測定及び評価等を行
　う業務をいいます。
※修理専業、アフターサービスとしての巡回サービスなどは、「建築物における環境衛
　生上の維持管理に関する実務」には該当しません。
※建築物における衛生的環境の確保に関する法律施行規則第21条第2項に規定する
　環境衛生監視員として保健所の環境衛生担当部署に勤務した経験は、受験資格に該
　当する実務に含みます。

受験資格等に関する詳細は、公益財団法人日本建築衛生管理教育センターにお問い合
わせください。

試験科目など

■試験科目、問題数、試験時間

試験科目	問題数	試験時間
1．建築物衛生行政概論	20問	午前（試験時間3時間）
2．建築物の環境衛生	25問	
3．空気環境の調整	45問	
4．建築物の構造概論	15問	午後（試験時間3時間）
5．給水及び排水の管理	35問	
6．清掃	25問	
7．ねずみ、昆虫等の防除	15問	

■試験日
10月上旬

■試験形式
マークシート方式による五肢択一式

合格発表など

■合格基準

科目毎の得点が各科目の合格基準点（各科目の満点数の 40%）以上であって、かつ、全科目の得点が全科目の合格基準点（全科目の満点数の 65%）以上であること

■合格発表

10 月下旬～ 11 月上旬

試験に関する問合せ

申込や試験の詳細については、試験実施団体である公益財団法人日本建築衛生管理教育センターの HP 等を参照してください。

公益財団法人日本建築衛生管理教育センター国家試験課

HP：https://www.jahmec.or.jp/

TEL：03-3214-4620

FAX：03-3214-8688

試験に関する情報は変わることがありますので、受験する場合は試験実施団体の発表する最新情報を、必ず事前にご自身で、ご確認ください。

ビル管理士試験
合格テキスト

1章 建築物衛生行政概論

建築物衛生法

ここが Point ！

建築物衛生法の目的と、この法律による制度の概要、「特定建築物」「建築物環境衛生管理基準」などの用語を覚えよう。

基礎知識を押さえよう！

1．建築物衛生法の目的

建築物衛生法は、1970（昭和 45）年に制定・施行された法律で、正式名は「建築物における衛生的環境の確保に関する法律」です。「ビル衛生管理法」「ビル管法」などと呼ばれることもあります。

建築物衛生法の目的は、同法第 1 条に次のように記されています。

> 建築物衛生法 第 1 条
>
> この法律は、多数の者が使用し、又は利用する建築物の維持管理に関し環境衛生上必要な事項等を定めることにより、その建築物における衛生的な環境の確保を図り、もって公衆衛生の向上及び増進に資することを目的とする。

第 1 条の条文に関する問題が出ることがあります。「維持管理」「環境衛生」「公衆衛生」などの語句に注意！

2．建築物衛生法制定の経緯と背景

建築物衛生法の成立以前にも、建築物の環境衛生について規制する法律がまったくなかったわけではありません。1950（昭和 25）年に制定・施行された建築基準法は、建築物の安全性を確保することを目的として、「建築物の敷地、構造、設備及び用途に関する最低の基準」（同法第 1 条）を

定めたもので、衛生面については、「敷地の衛生及び安全」「居室の採光及び換気」等の規定が設けられています。

建築基準法では、建築物の新築、増築、移築、移転、大規模の修繕、大規模の模様替え等を行う際に、その計画が関係規定に適合しているかどうかの確認（建築確認）を事前に受けることが義務づけられています。また、工事完了後には、建築物及びその敷地が規定に適合しているかどうか、検査（完了検査）を受けなければなりません。

建築基準法は、いわば、建築物を設計・施工の段階において規制する法律です。建築物の維持管理については、「建築物の所有者、管理者又は占有者は、その建築物の敷地、構造及び建築設備を常時適法な状態に維持するように努めなければならない」（第8条）としていますが、具体的な維持管理の基準等は定められていません。

特定の施設の環境衛生については、「興行場法」「旅館業法」「学校保健法」（現：学校保健安全法）等により個別的に規制されていましたが、建築物の衛生上の維持管理に関する一般的な法規制は行われていませんでした。

昭和30年代に、建築物の維持管理に起因する健康障害の例が数多く報告されたことにより、大規模な建築物の環境衛生基準の設定や、衛生設備及びその維持管理に関する規制が求められ、建築物衛生法が制定されることになりました。

建築物衛生法がつくられたのは、経済が発展して、高層ビルのような大規模な建築物が数多く建てられるようになった頃ですね。

3．建築物衛生法の概要

建築物衛生法による直接の規制対象となる建築物を、特定建築物といいます。どのような建築物が特定建築物に該当するのかは、本章の Lesson 2 でくわしく述べることにします。

特定建築物については、建築物環境衛生管理基準に従って維持管理すること、建築物環境衛生管理技術者を選任することなどが義務づけられています。建築物環境衛生管理基準については本章の Lesson 3 ～ 4 で、建築

13

物環境衛生管理技術者については Lesson 5 でくわしく説明します。なお、特定建築物以外の建築物であっても、多数の者が使用し、または利用する建築物については、建築物環境衛生管理基準に従って維持管理をするように努めることとされています。

4．特定建築物の届出

特定建築物の所有者等は、その特定建築物が使用されるに至ったときは、その日から1か月以内に、特定建築物の所在場所、用途、延べ面積及び構造設備の概要、建築物環境衛生管理技術者の氏名その他必要な事項を、都道府県知事（保健所を設置する市または特別区にあっては、市長または区長）に届け出なければなりません。

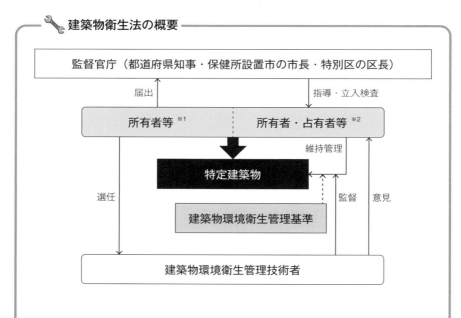

🔧 **建築物衛生法の概要**

監督官庁（都道府県知事・保健所設置市の市長・特別区の区長）

届出　　　　　　　　　　指導・立入検査

所有者等 ※1　　　　　所有者・占有者等 ※2

維持管理

特定建築物

選任　　　　　　　　　　監督　意見

建築物環境衛生管理基準

建築物環境衛生管理技術者

※1　特定建築物の所有者（所有者以外に当該特定建築物の全部の管理について権原を有する者があるときは、当該権原を有する者）を、建築物衛生法では「特定建築物所有者等」といいます。本書においては、単に「所有者等」とします。
※2　所有者、占有者その他の者で、その特定建築物の維持管理について権原を有する者を、本書において、「所有者・占有者等」とします。

14

5．憲法第 25 条（生存権）

　日本国憲法第 25 条は、基本的人権の一つである生存権を規定するとともに、生存権を保障するために国が果たすべき義務を定めています。その条文は次のとおりです。

日本国憲法 第 25 条第 1 項

すべて国民は、健康で文化的な最低限度の生活を営む権利を有する。

第 2 項

国は、すべての生活部面について、社会福祉、社会保障及び公衆衛生の向上及び増進に努めなければならない。

第 2 項の「公衆衛生の向上及び増進」の部分は、建築物衛生法第 1 条と共通していますね。

6．WHO 憲章による健康の定義

　世界保健機関（WHO）は、国際連合の専門機関の一つで、さまざまな活動を通して、保健衛生の分野での国際協力を推進しています。1948 年に、WHO の設立と同時に発効した世界保健機関憲章（WHO 憲章）の前文には、次のように記されています。

　健康とは、身体的、精神的及び社会的に完全に良好な状態にあることであり、単に病気または病弱でないということではない。

　到達しうる最高基準の健康を享有することは、人種・宗教・政治的信念または経済的もしくは社会的条件の差別なしに万人の有する基本的権利の一つである。

憲法第 25 条の条文と、WHO 憲章の前文による健康の定義はよく出題されるので、要点を暗記しておきましょう。

ポイントを丸暗記！

| 1 | 建築物衛生法は、公衆衛生の向上及び増進に資することを目的としている。 |

「この法律は、多数の者が使用し、又は利用する建築物の維持管理に関し環境衛生上必要な事項等を定めることにより、（中略）公衆衛生の向上及び増進に資することを目的とする」（建築物衛生法第1条）

| 2 | 特定建築物は、建築物環境衛生管理基準に従って維持管理しなければならない。 |

特定建築物以外の建築物でも、多数の者が使用し、または利用する建築物は、建築物環境衛生管理基準に従って維持管理をするように努めなければならない。

| 3 | 特定建築物の維持管理に関する監督官庁は、都道府県知事、保健所設置市の市長、特別区の区長である。 |

特定建築物の所有者等は、その特定建築物が使用されるに至った日から1か月以内に、特定建築物の所在場所、用途等の必要な事項を、監督官庁に届け出なければならない。

こんな選択肢に注意！

建築物衛生法は、特定建築物の敷地、構造、設備及び用途に関する最低の基準を定めている。

建築物の敷地、構造、設備及び用途に関する最低の基準を定めている法律は、建築基準法である。

特定建築物が使用されるに至ったとき、所有者はその日から2週間以内に、必要な事項を届け出なければならない。

所有者は特定建築物が使用されるに至ったその日から1か月以内に、特定建築物の所在場所など必要な事項を届け出なければならない。

特定建築物

ここがPoint！

建築物衛生法による直接の規制対象となる特定建築物の定義と、特定建築物の要件にかかわる特定用途を覚えよう。

基礎知識を押さえよう！

1．特定建築物の定義

建築物衛生法により、特定建築物は以下のように定義されています。

建築物衛生法 第2条第1項

この法律において「特定建築物」とは、興行場、百貨店、店舗、事務所、学校、共同住宅等の用に供される相当程度の規模を有する建築物（建築基準法第2条第1号に掲げる建築物をいう）で、多数の者が使用し、又は利用し、かつ、その維持管理について環境衛生上特に配慮が必要なものとして政令で定めるものをいう。

第2項

前項の政令においては、建築物の用途、延べ面積等により特定建築物を定めるものとする。

この規定を受けて、建築物衛生法施行令第1条により、特定建築物の要件が具体的に定められています（次ページの表参照）。特定用途に供される部分の延べ面積が規定の値以上の場合、特定建築物とみなされます。

2．特定建築物、特定用途に含まれないもの

建築基準法により定められた建築物であることが、特定建築物の要件の一つになっています。言い換えると、建築物の定義から除かれているものは、特定建築物（特定用途に供される部分）に含まれません。

●特定建築物の要件（建築物衛生法施行令第 1 条による）

特定用途	内　容	特定用途に供される部分の延べ面積※
興行場	映画、演劇、音楽、スポーツ、演芸または観せ物を公衆に見せ、または聞かせる施設（興行場法第 1 条）	3,000㎡以上
百貨店	小売業（飲食店業を除き、物品加工修理業を含む）を行うための店舗で、特に規模の大きいもの（大規模小売店舗立地法第 2 条に規定する大規模小売店舗）	
集会場	会議・社交などの目的で公衆の集合する施設（公民館、市民ホール、各種会館、結婚式場等）	
図書館	図書、記録その他必要な資料を収集、整理、保存して、公衆の利用に供することを目的とする施設（図書館法の適用を受けるものに限らない）	
博物館美術館	歴史、芸術、民俗、産業、自然科学等に関する資料を収集、整理、保管、展示して、公衆の観覧、利用に供することを目的とする施設（博物館法の適用を受けるものに限らない）	
遊技場	設備を設けて、公衆にマージャン、パチンコ、ボーリング、ダンス、その他の遊技をさせる施設	
店舗	公衆に対して物品を販売し、またはサービスを提供することを目的とする施設（卸売店、小売店、飲食店、バー、理容所、その他サービス業の店舗を含む）	
事務所	事務をとることを目的とする施設（自然科学系の研究所は除く。研究所という名称でも業務の内容が事務を主とするものは事務所に含まれる。銀行等は、店舗と事務所を兼ねる）	
旅館	旅館業法第 2 条第 1 項に規定する旅館業を営む施設（ホテル、旅館、簡易宿泊所、下宿）	
学校	学校教育法第 1 条に規定する学校等を除く教育施設（専修学校、各種学校、研修所）	
学校	学校教育法第 1 条に規定する学校等（幼稚園、小学校、中学校、高等学校、中等教育学校、特別支援学校、大学、高等専門学校、幼保連携型認定こども園）	8,000㎡以上

※特定用途に供される部分とは、①特定用途そのものに用いられる部分、②特定用途に付随する部分（廊下、階段、洗面所等）、③特定用途に付属する部分（百貨店内の倉庫、事務所に付属する駐車場等）の床面積の合計である。同一敷地内に複数の建築物がある場合は、1 棟ごとに延べ面積を計算する。一つの建築物が 2 つ以上の特定用途に供される場合は、それらの部分の延べ面積を合計する。

> **建築基準法 第2条（用語の定義）第1号**
>
> 建築物：土地に定着する工作物のうち、屋根及び柱若しくは壁を有するもの（これに類する構造のものを含む）、これに附属する門若しくは塀、観覧のための工作物又は地下若しくは高架の工作物内に設ける事務所、店舗、興行場、倉庫その他これらに類する施設（鉄道及び軌道の線路敷地内の運転保安に関する施設並びに跨線橋（こせんきょう）、プラットホームの上家（うわや）、貯蔵槽その他これらに類する施設を除く）をいい、建築設備を含むものとする。

　このほか、以下のものも特定建築物（特定用途）に該当しません。

・病院、診療所、自然科学系の研究所、工場（これらは、特殊な環境のため一般的な規制になじまないので、他の法律により規制されている）

・公共駐車場、地下式変電所（他の部分と管理主体が異なる）

・地下街の地下道（建築物に該当しない）

・共同住宅（建築物衛生法第2条の条文にあるが、施行令第1条の特定用途には含まれていない）

> 「建築物」は建築基準法、「特定建築物」は建築物衛生法をみればいいんですね。

3. 帳簿書類の備付け

　特定建築物の所有者等は、その特定建築物の維持管理に関し、環境衛生上必要な事項を記載した帳簿書類を備えておかなければなりません（建築物衛生法第10条）。備えておかなければならない帳簿書類は、以下のものです（①、③は5年間、②は当該建築物が解体されるまで永久保存）。

①空気環境の調整、給水及び排水の管理、清掃、ねずみ等の防除の状況（測定・検査の結果、設備の点検・整備の状況を含む）を記載した帳簿書類

②特定建築物の平面図及び断面図並びに特定建築物の維持管理に関する設備の配置及び系統を明らかにした図面

③その他、特定建築物の維持管理に関し環境衛生上必要な事項を記載した帳簿書類

4．立入検査・改善命令等

　都道府県知事（保健所を設置する市の市長・特別区の区長）は、必要があると認めるときは、特定建築物の所有者等に必要な報告をさせ、または立入検査を行うことができます（建築物衛生法第11条）。ただし、住居に立ち入る場合は、居住者の承諾を得なければなりません。立入検査の職権を行使する者を、環境衛生監視員といいます。

　都道府県知事（保健所を設置する市の市長・特別区の区長）は、特定建築物の維持管理が建築物環境衛生管理基準に従って行われておらず、かつ、その特定建築物内における人の健康を損ない、または損なうおそれのある事態その他環境衛生上著しく不適当な事態が存すると認めるときは、特定建築物の所有者・占有者等に対し、維持管理の方法の改善その他の必要な措置をとるべきことを命じ、またはその事態がなくなるまでの間、特定建築物の一部または関係設備の使用を停止し、もしくは制限することができます（建築物衛生法第12条）。

　なお、国または地方公共団体の公用または公共の用に供する特定建築物については、特例として、立入検査、改善命令の規定は適用されず、立入検査に代えて必要な説明または資料の提出を求めること、改善命令に代えて勧告を行うことが認められています（建築物衛生法第13条）。

5．罰則

　以下のいずれかに該当する者は、30万円以下の罰金に処せられます（建築物衛生法第16条）。

・特定建築物の届出義務違反
・帳簿書類の備付けの義務違反、虚偽の記載等
・建築物環境衛生管理技術者の選任義務違反
・報告・立入検査の拒否、虚偽の報告等
・改善命令への違反

建築物環境衛生管理基準に従っていなくても直ちに処罰されることはありませんが、改善命令に従わなかったときは罰則が適用されます。

2
特定建築物

ゴロ合わせで覚えよう！

◆特定建築物の要件（特定用途）

100 人集まれ！ どこに行く？
（百貨店）（集会場）

買い物？ 映画？ 展覧会？
（店舗）（興行場）（博物館・美術館）

ジムで鍛える？ 旅行もいいね！
（事務所）　　　　　（旅館）

何して遊ぼう？ どうしよう？
　　　　（遊技場）　　（図書館）

…今、授業中！
　　（学校）

■ 建築物衛生法施行令第1条に定められた<u>特定用途</u>は、興行場、百貨店、集会場、図書館、博物館・美術館、遊技場、店舗、事務所、旅館、学校である。

ポイントを丸暗記！

1	<u>建築基準法</u>に定める建築物であることが、特定建築物の要件の一つになっている。

建築基準法による建築物の定義から除かれている、鉄道及び軌道の<u>線路敷地内の運転保安に関する施設</u>、跨線橋、<u>プラットホーム</u>の上家、貯蔵槽等の施設は、特定用途に供される部分の延べ面積に含まれない。

2	特定用途に供される部分の延べ面積が <u>3,000㎡以上</u>（学校教育法第1条に規定する学校等の場合は <u>8,000㎡以上</u>）の建築物であることが、特定建築物の要件である。

例：同一の建築物内に宿泊施設2,500㎡、宴会場800㎡をあわせ持つホテルは、特定用途に供される部分の延べ面積が <u>3,000㎡以上</u>となるので、特定建築物である。

3	同一敷地内に複数の建築物がある場合は、<u>1棟ごと</u>に延べ面積を計算する。

同一敷地内に複数の建築物がある場合は、それらの延べ面積を合計するのではなく、<u>1棟ごと</u>に延べ面積を計算し、特定建築物に該当するかどうかを判断する。

建築物環境衛生管理基準①〈空気環境〉

ここが Point ！

空気環境の測定項目とそれぞれの基準値、2回の測定結果の平均値を測定値とする項目とそうでない項目を覚えよう。

基礎知識を押さえよう！

1．建築物環境衛生管理基準の概要

　特定建築物の維持管理権原者（所有者・占有者等）は、建築物環境衛生管理基準に従って特定建築物の維持管理をしなければなりません。また、特定建築物以外の建築物で多数の者が使用し、または利用するものの維持管理権原者は、建築物環境衛生管理基準に従ってその建築物の維持管理をするように努めなければなりません（建築物衛生法第4条）。

　建築物環境衛生管理基準は、空気環境の調整、給水及び排水の管理、清掃、ねずみ、昆虫等の防除その他環境衛生上良好な状態を維持するのに必要な措置について定めたもので、具体的な内容は、建築物衛生法施行令第2条により規定されています。

2．空気環境の調整に関する基準

　空気調和設備を設けている特定建築物は、居室における浮遊粉じんの量、一酸化炭素の含有率、二酸化炭素の含有率、温度、相対湿度、気流、ホルムアルデヒドの量の7項目について、その値が基準値に適合するようにしなければなりません。それぞれの基準値は、次ページの表のとおりです。

　なお、空気調和設備とは、空気を浄化し、温度、湿度、流量を調節して供給することができる設備で、いわゆる空調設備のことをいいます。

●空気環境の測定項目と基準値（建築物衛生法施行令第 2 条による）

測定項目	基準値
浮遊粉じんの量	0.15mg/m³以下
一酸化炭素の含有率	100 万分の 6（6ppm）以下 ※
二酸化炭素の含有率	100 万分の 1,000（1,000ppm）以下
温度	① 18℃以上 28℃以下 ②居室における温度を外気の温度より低くする場合は、その差を著しくしないこと。
相対湿度	40%以上 70%以下
気流	0.5m/ 秒以下
ホルムアルデヒドの量	0.1mg/m³（0.08ppm）以下

※外気中の一酸化炭素の含有率が 10ppm を超える場合は、特例として 20ppm 以下。

　なお、機械換気設備を設けている特定建築物については、温度、相対湿度を除く 5 項目の値が基準に適合するようにしなければなりません。機械換気設備とは、空気を浄化し、流量を調節して供給をすることができる設備で、温度、湿度を調節する機能がないものをいいます。

①浮遊粉じん（p.78 参照）

　浮遊粉じんとは、空気中に浮遊する微細な粒子で、建築物衛生法では粒径（相対沈降径）10μm以下のものをいいます。室内における浮遊粉じんの発生源としては、室内に堆積した粉じんの飛散、たばこ等、室内での燃焼、自動車排気ガス、土砂のまきあげ等の室内への流入などが考えられます。

②一酸化炭素（p.76 参照）

　一酸化炭素（CO）は、無色・無臭の猛毒性の気体です。高濃度の一酸化炭素を吸引した場合は中毒死に至ることもあります。室内における一酸化炭素の発生源としては、石油、石炭、都市ガスその他の燃料の不完全燃焼などが考えられます。

③二酸化炭素（p.74 参照）

　二酸化炭素（CO_2）は、無色・無臭の気体で、空気中に約 0.03%、人の呼気に約 4% 含まれています。少量であれば人体への影響はありませんが、高濃度になると、脈拍や血圧の上昇、頭痛、めまい等の症状を訴える者が多くなります。

④温度・相対湿度・気流

　人体の体温調節機能には限界があり、特に夏は、過度の冷房による室内温度と外気との温度差に身体が適応できずに、体調をくずすことがあります（p.71 参照）。また、過度の暖房により、呼吸器系の疾患が生じることもあります。相対湿度、気流の調整にあたっては、温度との関連に注意することが必要です。

⑤ホルムアルデヒド（p.78 参照）

　ホルムアルデヒドは、刺激臭を有する無色の気体で、目、鼻、喉の粘膜を刺激して炎症を引き起こし、さらに高濃度になると、催涙、呼吸困難等の症状を生じます。合成樹脂の原料、接着剤、塗料などの成分で、建材や家具などに用いられますが、有害物質として使用制限が設けられています。

３．空気環境の測定

　前記の 7 項目の測定項目のうち、ホルムアルデヒドを除く 6 項目については、2 か月以内ごとに 1 回、定期に測定することとされています。ホルムアルデヒドの測定は、特定建築物の建築、大規模の修繕、大規模の模様替えを完了し、使用を開始した日以後、最初に到来する測定期間（6 月 1 日から 9 月 30 日までの期間）中に 1 回行います。

４．空気調和設備の病原体汚染防止

　冷却塔、加湿装置等の空気調和設備の構成機器は、レジオネラ属菌などの病原体の汚染源となり得るため、空気調和設備を設けている場合は、病原体によって居室の内部の空気が汚染されることを防止するために、以下の措置を講じなければなりません。

・冷却塔、加湿装置に供給する水を、水道法第 4 条により定められた水質基準（p.236 〜 238 参照）に適合させる。

・冷却塔、冷却水、加湿装置の汚れの状況の点検を、使用開始時及び使用期間中 1 か月以内ごとに 1 回行う。

・冷却塔、冷却水の水管及び加湿装置の清掃を、1 年以内ごとに 1 回行う。

・空気調和設備内に設けられた排水受けの汚れ及び閉塞の状況の点検を、使用開始時及び使用期間中 1 か月以内ごとに 1 回行う。

●空気環境の測定方法（建築物衛生法施行規則第３条の２による）

測定項目	測定機器[1]	測定点
浮遊粉じんの量[2]	略	各階ごとに、居室の中央部の床上75cm以上150cm以下の位置
一酸化炭素の含有率[2]	検知管方式による一酸化炭素検知器	
二酸化炭素の含有率[2]	検知管方式による二酸化炭素検知器	
温度[2]	0.5度目盛の温度計	
相対湿度[2]	0.5度目盛の乾湿球湿度計	
気流[2]	0.2m/s以上の気流を測定できる風速計	
ホルムアルデヒドの量	略	

[1] 同程度以上の性能を有する測定器を含む（「浮遊粉じんの量」と「ホルムアルデヒドの量」を除く）。
[2] 空気環境の測定（ホルムアルデヒドの量以外の６項目）は、始業後から中間時、中間時から終業前の適切な２時点において行い、浮遊粉じんの量、一酸化炭素の含有率、二酸化炭素の含有率については、２回の測定値の平均値を測定値とする。温度、相対湿度、気流については、１回目、２回目の測定値それぞれを基準値と比較する。

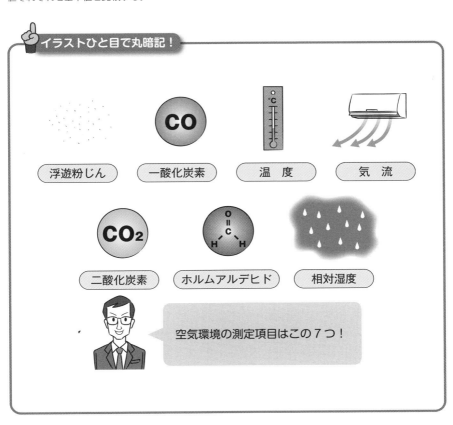

イラストひと目で丸暗記！

浮遊粉じん　一酸化炭素　温　度　気　流

二酸化炭素　ホルムアルデヒド　相対湿度

空気環境の測定項目はこの７つ！

ポイントを丸暗記！

1 浮遊粉じんの量、一酸化炭素の含有率、二酸化炭素の含有率については、2回の測定値の平均値を測定値とする。

浮遊粉じんの量、一酸化炭素の含有率、二酸化炭素の含有率については、2回の測定値の平均値が基準値以下であればよい。温度、相対湿度、気流は、2回の測定値がともに基準に適合していなければならない。

二酸化炭素の含有率の1回目の測定値が900ppm、2回目の測定値が1,050ppmの場合、平均値は1,000ppm以下なので基準を満たしていますね！

2 空気環境の測定は、各階ごとに、居室の中央部の床上75cm以上150cm以下の位置で行う。

温度は0.5度目盛の温度計、相対湿度は0.5度目盛の乾湿球湿度計、気流は0.2m/s以上の気流を測定できる風速計により測定する（同程度以上の性能を有する測定器を含む）。

重要用語を覚えよう！

相対湿度

空気中に含まれる水蒸気の量の、そのときの気温における飽和水蒸気量に対する割合。一般に、単に湿度という場合は相対湿度をさす。

相対沈降径

ある粒子の粒径（粒子の大きさ）を、その粒子と同じ速度で空気中を落下する比重1（水）の球の直径で表した値。実際の粒子は球体とはかぎらず、さまざまな形をしているので、粒子の大きさを比較するには粒径の定義が必要で、相対沈降径はその定義の一つである。

建築物環境衛生管理基準②
〈給排水の管理・清掃・ねずみ等の防除〉

ここが Point！

飲料水、雑用水に関して義務づけられている検査の項目と、基準値、検査の実施頻度を覚えよう。

基礎知識を押さえよう！

1．給水の管理（飲料水）

　建築物衛生法では、給水に関する設備を設けて飲料水を供給する場合は、水道法第4条に定められた水質基準（p.236～238参照）に適合する水を供給することが義務づけられています。つまり、水道事業者が供給する水道水以外の井水、湧水などを飲料水の原水とする場合にも、水道水と同様の水質を確保しなければならないということです。

　このほか、飲料水の管理については、以下のように定められています。

・貯水槽（給湯用の貯湯槽を含む）の清掃を、1年以内ごとに1回行う。
・貯水槽の清掃終了後は、塩素剤を用いて槽内の消毒を2回以上行う。
・貯水槽の清掃後、水張り終了後に、給水栓及び貯水槽内における水について検査を行うこと（検査項目と基準値は次ページの表参照）。
・給水栓における水について、遊離残留塩素の検査を7日以内ごとに1回行い、遊離残留塩素の含有率を0.1ppm以上（結合残留塩素の場合は0.4ppm以上）に保持する。

　給水栓とは、給水管の末端の、水の出口に取り付けられた開閉装置、いわゆる蛇口のことです。

●貯水槽の水張り終了後に行う検査の項目と基準値

検査項目	基準値
残留塩素の含有率	遊離残留塩素として 0.2ppm 以上（結合残留塩素として 1.5ppm 以上）
色度※	5 度以下
濁度※	2 度以下
臭気	異常でないこと
味	異常でないこと

※色度は水中に含まれる物質による黄褐色の度合い、濁度は水の濁り具合を数値で表したもの。

　残留塩素とは、水中に残留している有効塩素（殺菌効力をもつ塩素化合物）のことで、遊離残留塩素と結合残留塩素があります。飲料水の消毒には塩素系薬剤を用いますが、消毒を行った後も殺菌効力を持続させるために、供給先においても残留塩素が保持されていることが必要なのです。

2. 給水の管理（雑用水）

　雑用水とは、散水、修景用水、清掃用水、水洗便所の洗浄水などの、飲用目的以外の用に供する水をいいます。水資源の節約や水道料金の節減のために、建築物内で発生した生活排水の再生水や雨水などを、雑用水として利用する建築物が増えています。雑用水は、飲用や浴用などの生活用水として供給されるものではありませんが、汚染された雑用水の飛沫を吸引したり、雑用水を誤飲したりすると、健康被害が生じるおそれがあります。
　雑用水の管理については、以下のように定められています。
・給水栓における水について、遊離残留塩素の検査を 7 日以内ごとに 1 回行い、遊離残留塩素の含有率を 0.1ppm 以上（結合残留塩素の場合は 0.4ppm 以上）に保持する。
・散水、修景、清掃の用に供する水にあっては、し尿を含む水を原水として用いない。
・散水、修景、清掃の用に供する水にあっては、pH 値、臭気、外観、大腸菌、濁度の 5 項目（水洗便所の用に供する水にあっては、濁度を除く 4 項目）について定期に検査を行い、基準に適合させる（検査項目、基準値、実施頻度は次ページの表参照）。

●雑用水の水質検査項目と基準値、実施頻度

検査項目	基準値	実施頻度
pH 値※1	5.8 以上 8.6 以下	7 日以内ごとに 1 回
臭気	異常でないこと	
外観	ほとんど無色透明であること	
大腸菌	検出されないこと	2 か月以内ごとに 1 回
濁度※2	2 度以下	

※ 1 pH 値は、水溶液中の水素イオン濃度を表す指数で、pH=7 が中性、pH<7 が酸性、pH>7 がアルカリ性。
※ 2 水洗便所の用に供する水には適用されない。

　飲料水、雑用水ともに、供給する水が人の健康を害するおそれがあることを知ったときは、直ちに給水を停止し、かつ、その水を使用することが危険である旨を関係者に周知させることとされています。

3．排水の管理

　建築物の排水設備が正常に機能しない場合、汚水の漏出等により、害虫や悪臭等の発生の原因となり、建築物内及び周辺の環境衛生を著しく悪化させるおそれがあります。このため、排水設備の清掃を 6 か月以内ごとに 1 回行うこととされています。排水設備のうち、排水管、通気管、排水槽、トラップ、阻集器、排水ポンプ等については、定期に点検を行い、必要に応じて補修等を行うことが義務づけられています。

4．清掃等

　建築物の清掃等（掃除、廃棄物の処理）は、日常的に行うとともに、定期的、かつ統一的な清掃（大掃除）を、6 か月以内ごとに 1 回行うこととされています。

5．ねずみ・昆虫等の防除

　建築物衛生法において、ねずみ、昆虫その他の人の健康を損なう事態を生じさせるおそれのある動物を「ねずみ等」といい、これらの動物の発生、侵入の防止並びに駆除を行うこととされています。具体的には、次のように定められています。

・ねずみ等の発生場所、生息場所及び侵入経路、ねずみ等による被害の状況について、6か月以内ごとに1回、統一的に調査を実施し、その結果に基づいて必要な措置を講ずる。
・食料を取扱う区域並びに排水槽、阻集器及び廃棄物の保管設備の周辺等特にねずみ等が発生しやすい箇所について、2か月以内ごとに1回、その生息状況等を調査し、必要に応じ、発生を防止するための措置を講ずる。

ポイントを丸暗記！

1 供給する飲料水が人の健康を害するおそれがあることを知ったときは、直ちに給水を停止する。

供給する飲料水が人の健康を害するおそれがあることを知ったときは、直ちに給水を停止し、かつ、その水を使用することが危険である旨を関係者に周知させる。雑用水の場合も同様。

2 散水、修景、清掃に用いる雑用水は、pH値、臭気、外観の検査を、7日以内ごとに1回行う。

散水、修景、清掃に用いる雑用水については、pH値、臭気、外観の検査を、7日以内ごとに1回、大腸菌、濁度の検査を2か月以内ごとに1回行う。水洗便所の用に供する雑用水については、濁度を除く4項目の検査を行う。

重要用語を覚えよう！

飲料水

飲用に適した水。建築物環境衛生管理基準における飲料水には、炊事用、浴用その他、人の生活用のために供給する水が含まれる（旅館業における浴用を除く）。

原水

浄水処理を行う前の水。

5

建築物環境衛生管理技術者

ここが Point！

建築物環境衛生管理技術者の選任に関する規定、建築物環境衛生管理技術者の職務、維持管理権原者との関係などを覚えよう。

基礎知識を押さえよう！

1．建築物環境衛生管理技術者の選任

　特定建築物の所有者等は、その特定建築物の維持管理が環境衛生上適正に行われるように監督をさせるために、建築物環境衛生管理技術者を選任しなければなりません（建築物衛生法第6条第1項）。建築物環境衛生管理技術者の選任については、以下のことを覚えておきましょう。

・建築物環境衛生管理技術者免状を有する者を選任すること。

・特定建築物ごとに選任すること。

・同時に2以上の特定建築物の建築物環境衛生管理技術者を兼ねることとなるときには、当該2以上の特定建築物の建築物環境衛生管理技術者となってもその業務の遂行に支障がないことを確認しなければならないこと。

・特定建築物の所有者等との間に、直接の雇用関係がなくともよい。

・建築物環境衛生管理技術者は選任された特定建築物に常駐する必要はない。

特定建築物の所有者等が、建築物環境衛生管理技術者を選任しなかったときは、30万円以下の罰金に処せられます。

2．建築物環境衛生管理技術者の職務

　建築物環境衛生管理技術者の職務は、特定建築物の維持管理が環境衛生上適正に行われるように監督することです。具体的には、以下のようなことが挙げられます。

・管理業務計画の立案
・管理業務の指揮監督
・建築物環境衛生管理基準に関する測定または検査結果の評価
・環境衛生上の維持管理に必要な各種調査の実施

　建築物環境衛生管理技術者は、特定建築物の維持管理が建築物環境衛生管理基準に従って行われるようにするために必要があると認めるときは、特定建築物の維持管理権原者（所有者・占有者等）に対し、意見を述べることができます。維持管理権原者は、その意見を尊重しなければなりません（建築物衛生法第6条第2項）。

> 特定建築物の管理業務を監督し、必要な場合には意見を述べることが建築物環境衛生管理技術者の役割で、最終的に責任を負うのは、特定建築物の所有者等ですね。

3．建築物環境衛生管理技術者免状

　建築物環境衛生管理技術者の免状は、登録講習機関が行う講習会の課程を修了した者、または、建築物環境衛生管理技術者試験に合格した者に対し、厚生労働大臣が交付します（建築物衛生法第7条第1項）。

　免状については、以下のことを覚えておきましょう。

・免状の交付を受けようとする者は、厚生労働大臣に申請書を提出しなければならない。
・厚生労働大臣は、建築物環境衛生管理技術者免状の交付を受けている者が、建築物衛生法または同法に基づく処分に違反したときは、免状の返納を命ずることができる。
・厚生労働大臣は、免状の返納を命じられ、その日から起算して1年を経過しない者には、免状の交付を行わないことができる。

・免状の交付を受けている者が免状を失ったときは、免状の再交付を申請することができる。
・免状の交付を受けている者は、免状の記載事項に変更を生じたときは、免状の書換え交付を申請することができる。

ポイントを丸暗記！

| 1 | 建築物環境衛生管理技術者と特定建築物の所有者等との間には、直接の雇用関係がなくともよい。 |

建築物環境衛生管理技術者と特定建築物の所有者等の間には、委任契約などの何らかの法的な関係があればよい（直接の雇用関係がなくともよい）。また、建築物環境衛生管理技術者は、選任された特定建築物に常駐する必要はない。

| 2 | 建築物環境衛生管理技術者は、特定建築物の維持管理権原者に対し、意見を述べることができる。 |

建築物環境衛生管理技術者は、特定建築物の維持管理が建築物環境衛生管理基準に従って行われるよう、維持管理権原者に対し、意見を述べることができる。維持管理権原者は、その意見を尊重しなければならない。

こんな選択肢に注意！

建築物環境衛生管理技術者免状の交付を受けようとする者は、都道府県知事に申請書を提出しなければならない。

建築物環境衛生管理技術者免状の交付を受けようとする者は、厚生労働大臣に申請書を提出しなければならない。

建築物環境衛生管理技術者は、選任された特定建築物に常駐しなければならない。

建築物環境衛生管理技術者は、選任された特定建築物に常駐する必要はない。

事業の登録

ここが Point！

事業登録制度による登録の対象になる業種を覚えよう。登録の申請先や、登録の有効期間も、よく出題されるので注意しよう。

基礎知識を押さえよう！

1. 事業登録制度の概要

特定建築物のような大規模な建築物においては、多くの場合、清掃、空気環境の測定等の建築物の維持管理にかかわる業務は、委託を受けた専門の業者が行っています。したがって、建築物の衛生的環境を確保するためには、それらの業務を行う事業者の資質の向上を図ることが重要です。そうした観点から、事業の登録制度が設けられています。

建築物の環境衛生上の維持管理を行う事業者は、一定の基準を満たしている場合、その営業所ごとに、その所在地を管轄する都道府県知事の登録を受けることができます（建築物衛生法第 12 条の 2 第 1 項)。登録の対象となっているのは、次ページの表に掲げる 8 事業で、登録の有効期間は 6 年間です。登録を受けた事業者は、登録に係る営業所について、登録業者である旨の表示をすることができます（例：登録建築物清掃業)。

なお、登録を受けていない事業者が建築物の維持管理に関する業務を行っても、法的にはまったく問題ありません。ただし、登録を受けていない者が、登録業者である旨の表示、またはそれに類似する表示をすることは禁じられています。

事業の登録は営業所ごと。つまり、同じ事業者が複数の営業所を経営している場合は、それぞれの営業所について登録を受けるんですね。

●事業の登録の対象となる業種と業務内容

業　種	業務内容
建築物清掃業	建築物内の清掃を行う事業（建築物の外壁や窓の清掃、給排水設備のみの清掃を行う事業は含まない）
建築物空気環境測定業	建築物内の空気環境（温度、湿度、浮遊粉じん量、一酸化炭素濃度、二酸化炭素濃度、気流）の測定を行う事業
建築物空気調和用ダクト清掃業	建築物の空気調和用ダクトの清掃を行う事業
建築物飲料水水質検査業	建築物における飲料水の水質検査を行う事業
建築物飲料水貯水槽清掃業	建築物の飲料水の貯水槽（受水槽、高置水槽等）の清掃を行う事業
建築物排水管清掃業	建築物の排水管の清掃を行う事業
建築物ねずみ昆虫等防除業	建築物内において、ねずみ・昆虫等、人の健康を損なう事態を生じさせるおそれのある動物の防除を行う事業
建築物環境衛生総合管理業	建築物における清掃、空気環境の調整及び測定、給水及び排水の管理並びに飲料水の水質検査を行う事業 ※

※水質検査は、給水栓における水に含まれる遊離残留塩素の検査並びに給水栓における水の色、濁り、臭い及び味の検査であって、特定建築物の衛生的環境の維持管理に必要な程度のもの。

2. 登録の基準

　事業の登録を受けるためには、その事業を行うために必要な機械器具その他の設備に関する基準（物的基準）、事業に従事する者の資格に関する基準（人的基準）、作業の方法や機械器具の維持管理方法などに関するその他の基準について、一定の要件を満たしていることが必要です。それらの基準は、建築物衛生法施行規則により、業種ごとに定められています。

　人的基準の中には、監督者等に関する要件が含まれています。たとえば、建築物清掃業の場合、「清掃作業の監督を行う者（清掃作業監督者）が、職業能力開発促進法に基づくビルクリーニング職種に係る技能検定の合格者または建築物環境衛生管理技術者免状の交付を受けている者であって、厚生労働大臣の登録を受けた者が行う講習を修了した者であること」が要件の一つとされています。

　監督者等は、登録しようとする営業所につき、それぞれの職種ごとに1人以上置かれていなければなりません。つまり、同じ人が2以上の営業所、または2以上の業務の監督者等を兼務することは認められていません。

◆事業の登録の対象となる業種

汗だくで、寝ずに働き
（ダクト）　　（ねずみ）

空気と水で、生き延びて
（空気環境測定）（水質検査）

貯めたお金を、きれいさっぱり
（貯水槽）　　　　　（清掃）

全部まとめて、いざ勝負 !! これぞ、背水の陣！
（総合）　　　　　　　　（排水管）

場内馬券場

事業登録制度による登録の対象になる業種は、建築物清掃業、建築物空気環境測定業、建築物空気調和用ダクト清掃業、建築物飲料水水質検査業、建築物飲料水貯水槽清掃業、建築物排水管清掃業、建築物ねずみ昆虫等防除業、建築物環境衛生総合管理業である。

ポイントを丸暗記！

| 1 | 事業の登録は、営業所ごとに、その所在地を管轄する都道府県知事に申請する。 |

登録の有効期間は6年間である。登録を受けた事業者は、登録に係る営業所について、登録業者である旨の表示をすることができる。

| 2 | 登録を受けていない事業者でも、建築物の維持管理に関する業務を行うことができる。 |

事業登録制度は、登録を受けていない事業者が建築物の維持管理に関する業務を行うことを制限するものではない。

登録営業所が基準に適合しなくなったときは、登録を取り消されることがあります。

関連する法律①〈建築基準法・学校保健安全法・労働安全衛生法〉

ここがPoint！

学校環境衛生基準に基づく検査項目、労働安全衛生法に基づく事務所衛生基準規則の要点を整理しよう。

基礎知識を押さえよう！

建築物の環境衛生管理には、多くの法律がかかわっています。建築物衛生法は、それらの法律と密接に関連しながら、建築物の維持管理の面から規制を行っています。ここでは、主な法律について、それぞれの法律の概要と、環境衛生管理との関連において重要なポイントを解説していきます。

1．建築基準法

建築基準法は、建築物の敷地・設備・構造・用途について、安全性を確保するための最低基準を定めた法律です（p.12 参照）。建築物の衛生の面からも、敷地、居室、設備等について、さまざまな規制を設けています。

建築基準法は、建築物に関する最も基本的な法律なので、建築物衛生法とのかかわりも深く、すでに述べたように、建築物衛生法による特定建築物の定義は、「建築基準法により定められた建築物であること」を要件の一つとしています（p.17 ～ 19 参照）。

建築物衛生法との関連においては、次の条文も重要です。

> **建築基準法 第93条第5項（一部省略・表現の変更あり）**
> 建築主事又は指定確認検査機関は、建築物における衛生的環境の確保に関する法律（建築物衛生法）に規定する特定建築物に該当する建築物に関して、建築確認の申請書を受理した場合は、遅滞なく、その建築物の工事施工地又は所在地を管轄する保健所長に通知しなければならない。

建築基準法のこの条文は出題されたことがあるので、チェック
しておきましょう。赤字の部分がポイント！

2．学校保健安全法

　学校保健安全法は、学校における児童生徒等、職員の健康の保持増進、
児童生徒等の安全の確保を図るために必要な事項を定めた法律です。この
法律において、学校とは、学校教育法第1条に規定する学校（p.18参照）
をいいます。

　学校保健安全法には、次のような規定があります。

学校保健安全法 第6条第1項（一部省略）

文部科学大臣は、学校における換気、採光、照明、保温、清潔保持その他環
境衛生に係る事項について、児童生徒等及び職員の健康を保護する上で維持
されることが望ましい基準（学校環境衛生基準）を定めるものとする。

第2項

学校の設置者は、学校環境衛生基準に照らしてその設置する学校の適切な環
境の維持に努めなければならない。

　この規定を受けて、文部科学省の告示により、学校環境衛生基準が定め
られ、その基準に従って環境衛生検査を行うこととされています。学校環
境衛生基準に基づく検査項目は、次ページの表のとおりです。

　学校保健安全法第23条第2項により、大学以外の学校には、学校医の
ほか、学校歯科医、学校薬剤師を置くことになっています。環境衛生検査
に従事することは、学校薬剤師の職務とされています。

　なお、学校教育法第1条に規定する学校は、学校の用に供される部分の

●学校環境衛生基準に基づく環境衛生検査の検査項目（文部科学省告示による）

		検査項目[1]
教室等の環境に係る基準	換気及び保温等	換気、温度、相対湿度、浮遊粉じん、気流、一酸化炭素、二酸化窒素、揮発性有機化合物、ダニまたはダニアレルゲン
	採光及び照明	照度、まぶしさ
	騒音	騒音レベル
飲料水等の水質及び施設・設備に係る基準[2]	水道水を水源とする飲料水の水質	一般細菌、大腸菌、塩化物イオン、有機物（全有機炭素（TOC）の量）、pH 値、味、臭気、色度、濁度、遊離残留塩素
	雑用水の水質	pH 値、臭気、外観、大腸菌、遊離残留塩素
	飲料水に関する施設・設備	
	雑用水に関する施設・設備	
学校の清潔、ネズミ、衛生害虫等及び教室等の備品の管理に係る基準	学校の清潔	大掃除の実施、雨水の排水溝等、排水の施設・設備
	ネズミ、衛生害虫等	ネズミ、衛生害虫等
	教室等の備品の管理	黒板面の色彩
水泳プールに係る基準	水泳プールの水質	遊離残留塩素、pH 値、大腸菌、一般細菌、有機物等（過マンガン酸カリウム消費量）、濁度、総トリハロメタン、循環ろ過装置の処理水
	施設・設備の衛生状態	プール本体の衛生状況等、浄化設備及びその管理状況、消毒設備及びその管理状況、屋内プール（空気中の二酸化炭素、空気中の塩素ガス、水平面照度）

※ 1 基準値、検査方法は省略。　※ 2 一部省略。

延べ面積が 8,000㎡以上の場合は特定建築物に該当するので、建築物衛生法による規制の対象にもなり、建築物環境衛生管理基準の遵守や、建築物環境衛生管理技術者の選任などが義務づけられます。

3．労働安全衛生法

　労働安全衛生法は、労働基準法と相まって、労働災害の防止等を推進することにより、職場における労働者の安全と健康を確保し、快適な職場環

境の形成を促進することを目的とする法律です。

　労働安全衛生法により、事業者には以下のような義務が課されています。

・労働者の健康に配慮して、労働者の従事する作業を適切に管理するように努めなければならない。

・労働者に対し、医師による健康診断を行わなければならない。

・事業場の規模により、産業医を選任しなければならない。

・有害な業務を行う屋内作業場等において、作業環境の測定を行い、その結果を記録しておかなければならない。

　労働安全衛生法に基づく事務所衛生基準規則には、次のように定められています。

・労働者を常時就業させる室の気積を、設備の占める容積及び床面から4mを超える高さにある空間を除き、労働者1人について、10㎥以上としなければならない。

・労働者を常時就業させる室の気温が10℃以下の場合は、暖房する等適当な温度調節の措置を講じなければならない。

・労働者を常時就業させる室の作業面の照度を、作業の区分に応じて、以下の基準に適合させなければならない。

　精密な作業300lx以上／普通の作業150lx以上／粗な作業70lx以上

・労働者を常時就業させる室の照明設備について、6か月以内ごとに1回、定期に、点検しなければならない。

・燃焼器具を使用するときは、毎日、器具の異常の有無を点検しなければならない。

　なお、事務所は特定用途に含まれるので、延べ面積が3,000㎡以上の場合は特定建築物に該当し、建築物衛生法による規制の対象にもなります。

工場は、建築物衛生法の特定用途には含まれていないけれど、労働安全衛生法によって規制されているんですね。

🔧 建築物衛生法と他の法律による規制の関係

```
                    ┌─────────────────┐
                    │   建築物衛生法   │
                    └─────────────────┘
              規制                    規制
┌───────────────────────┐      ┌───────────────────────┐
│  学校教育法第 1 条に   │      │       事務所          │
│     規定する学校       │      │                       │
├───────────┬───────────┤      ├───────────┬───────────┤
│ 特定建築物 │ 特定建築物 │      │ 特定建築物 │ 特定建築物 │
│ でないもの │ に該当する │      │ に該当する │ でないもの │
│           │   もの     │      │   もの     │           │
└───────────┴───────────┘      └───────────┴───────────┘
    規制          規制              規制          規制
┌───────────────────────┐      ┌───────────────────────┐
│   学校保健安全法       │      │   労働安全衛生法       │
└───────────────────────┘      └───────────────────────┘
                                        規制
                                  ┌───────────┐
                                  │  工場等   │
                                  └───────────┘
```

ポイントを丸暗記！

1 **学校環境衛生基準に基づく環境衛生検査に従事することは、学校薬剤師の職務とされている。**

学校薬剤師の職務としては、このほかに、学校保健計画・学校安全計画の立案への参与、健康相談、保健指導、学校で使用する医薬品等の管理に関する指導などがある。

2 **労働者を常時就業させる室において、粗な作業を行う作業面の照度は 70lx 以上とする。**

精密な作業を行う作業面の照度は 300lx 以上、普通の作業を行う作業面の照度は 150lx 以上とする。

重要用語を覚えよう！

気積

室内の空気の総量。床面積×天井の高さで求められる。

関連する法律② 〈生活衛生関係営業に関する法律・その他〉

ここが Point ！

生活衛生関係営業に含まれる業種と、それらを所管する法律の名称、営業許可を要する業種、届出を要する業種を覚えよう。

基礎知識を押さえよう！

1．生活衛生関係営業に関する法律

　生活衛生関係営業とは、厚生労働省が所管する「生活衛生関係営業の運営の適正化及び振興に関する法律」（生衛法）に定められた業種で、公衆衛生の見地から国民の日常生活に深い関係のある、理容店、美容店、興行場、クリーニング店、公衆浴場（銭湯）、旅館業（ホテル・旅館、簡易宿泊所、下宿営業）、食肉販売店、飲食店などが含まれます。これらの営業については、食品衛生法、理容師法、美容師法、興行場法、旅館業法、クリーニング業法等の法律により個別に規制され、営業を営む場合は、許可または届出が必要になっています。

・許可を要するもの…興行場、旅館業、公衆浴場、飲食店等
・届出を要するもの…理容店、美容店、クリーニング店

　これらの営業を営む施設がある建築物が、特定建築物に該当する場合は、建築物衛生法による規制も適用されます。生活衛生関係営業に関する法律については、以下の条文の内容も覚えておきましょう。

> 興行場法 第3条第1項
> 営業者は、興行場について、換気、照明、防湿及び清潔その他入場者の衛生に必要な措置を講じなければならない。

> **旅館業法 第 4 条第 1 項**
> 営業者は、旅館業の施設について、換気、採光、照明、防湿及び清潔その他宿泊者の衛生に必要な措置を講じなければならない。

> **公衆浴場法 第 3 条第 1 項**
> 営業者は、公衆浴場について、換気、採光、照明、保温及び清潔その他入浴者の衛生及び風紀に必要な措置を講じなければならない。

> それぞれの条文は似ているけれど、内容が少しずつ違っていますね。

2. 環境基本法

環境基本法は、環境保全に関する基本理念や、施策の基本を定めた法律です。環境基本法において、公害は次のように定義されています。

> **環境基本法 第 2 条第 3 項（一部省略）**
> この法律において「公害」とは、環境の保全上の支障のうち、事業活動その他の人の活動に伴って生ずる相当範囲にわたる大気の汚染、水質の汚濁、土壌の汚染、騒音、振動、地盤の沈下及び悪臭によって、人の健康又は生活環境に係る被害が生ずることをいう。

環境基本法により、政府は、大気の汚染、水質の汚濁、土壌の汚染及び騒音について、それぞれ、人の健康を保護し、生活環境を保全する上で望ましい基準を定めることとされています（第 16 条第 1 項）。このうち、大気の汚染については、二酸化硫黄、一酸化炭素、浮遊粒子状物質、二酸化窒素、光化学オキシダントについて環境基準が定められています。

3. 大気汚染防止法

大気汚染防止法は、「工場及び事業場における事業活動等に伴うばい煙、揮発性有機化合物及び粉じんの排出等の規制」「有害大気汚染物質対策の実施の推進」「自動車排出ガスに係る許容限度」「大気の汚染に関して人の

健康に係る被害が生じた場合における事業者の損害賠償の責任」などについて定めています。

４．水質汚濁防止法

水質汚濁防止法は、「工場及び事業場から公共用水域に排出される水の排出及び地下に浸透する水の浸透の規制」「生活排水対策の実施の推進」「工場及び事業場から排出される汚水及び廃液に関して人の健康に係る被害が生じた場合における事業者の損害賠償の責任」などについて定めています。

５．下水道法

下水道法については、以下の条文を押さえておきましょう。

下水道法 第１条（一部省略）

この法律は、流域別下水道整備総合計画の策定に関する事項並びに公共下水道、流域下水道及び都市下水路の設置その他の管理の基準等を定めて、下水道の整備を図り、もって都市の健全な発達及び公衆衛生の向上に寄与し、あわせて公共用水域の水質の保全に資することを目的とする。

※公共用水域とは、河川、湖沼、港湾、沿岸海域その他公共の用に供される水域及びこれに接続する公共溝渠、かんがい用水路その他公共の用に供される水路（終末処理場を有する公共下水道及び流域下水道を除く）をいう（水質汚濁防止法第２条第１項）。

６．浄化槽法

浄化槽法については、以下のことを覚えておきましょう。

・浄化槽を設置、または規模や構造の変更をしようとする者は、都道府県知事（保健所を設置する市または特別区にあっては、市長または区長）に届け出なければならない。

・浄化槽管理者は、環境省令で定めるところにより、毎年１回（環境省令で定める場合にあっては、環境省令で定める回数）、浄化槽の保守点検及び浄化槽の清掃をし、その記録を、３年間保存しなければならない。

・浄化槽工事業を営もうとする者は、業を行おうとする区域を管轄する都道府県知事の登録を受けなければならない。

・浄化槽清掃業を営もうとする者は、業を行おうとする区域を管轄する市町村長の許可を受けなければならない。

7．廃棄物処理法

　廃棄物の処理及び清掃に関する法律（廃棄物処理法）については、以下の条文による廃棄物の定義を覚えましょう。

廃棄物処理法 第 2 条第 1 項

この法律において「廃棄物」とは、ごみ、粗大ごみ、燃え殻、汚泥、ふん尿、廃油、廃酸、廃アルカリ、動物の死体その他の汚物又は不要物であって、固形状又は液状のもの（放射性物質及びこれによって汚染された物を除く）をいう。

8．感染症予防法

　感染症の予防及び感染症の患者に対する医療に関する法律（感染症予防法）において、感染症は、一類感染症、二類感染症、三類感染症、四類感染症、五類感染症、新型インフルエンザ等感染症、指定感染症、新感染症に分類されています。

　医師は、下記の①に掲げる者を診断したときは、直ちにその者の氏名、年齢、性別その他の事項を、②③に掲げる者を診断したときは、7 日以内にその者の年齢、性別その他の事項を、最寄りの保健所長を経由して都道府県知事に届け出なければなりません（第 12 条第 1 項）。

①一類感染症の患者、二類感染症、三類感染症または四類感染症の患者または無症状病原体保有者、厚生労働省令で定める五類感染症または新型インフルエンザ等感染症の患者及び新感染症にかかっていると疑われる者

②厚生労働省令で定める五類感染症の患者

③厚生労働省令で定める五類感染症の無症状病原体保有者

それぞれの法律の最初のほうの条文にある、法の目的や用語の定義の部分が出題されやすいので、よくチェックしておきましょう。

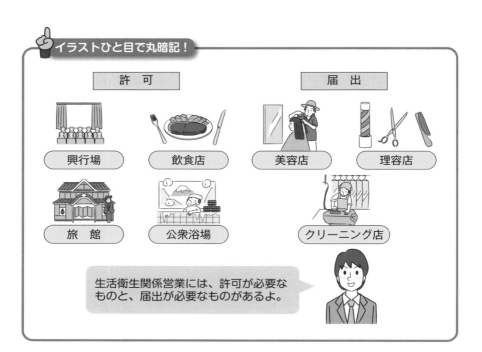

ポイントを丸暗記！

1 　**環境基本法による公害の定義に含まれるのは、<u>大気</u>の汚染、<u>水質</u>の汚濁、<u>土壌</u>の汚染、騒音、振動、<u>地盤</u>の沈下、悪臭である。**

事業活動その他の人の活動に伴って生じるこれらの害により、人の<u>健康</u>または<u>生活環境</u>に係る被害が生じることを、公害と定義している。

2 　**廃棄物処理法による廃棄物の定義には、放射性物質は<u>含まれない</u>。**

放射性物質及び放射性物質により汚染された廃棄物は、<u>放射性廃棄物</u>として、原子力関係法令により規制される。

公衆衛生と衛生行政組織

ここが Point！

地域保健法により定められた保健所の業務に含まれるものとそうでないものを区別できるようにしよう。

基礎知識を押さえよう！

1. 保健所の組織と業務

　保健所は、疾病の予防、健康増進、環境衛生等の、地域の公衆衛生に関する活動の中心となる公的機関です。地域保健法第5条第1項により、都道府県、政令指定都市、中核市、その他の政令で定める市、東京都の特別区に保健所を設置するよう定められています。保健所数は、都道府県が設置するものが最も多くなっています。

　都道府県は、保健所を設置する場合には、保健医療に係る施策と社会福祉に係る施策との有機的な連携を図るため、医療法に規定する区域及び介護保険法に規定する区域を参酌して、保健所の所管区域を設定しなければなりません。

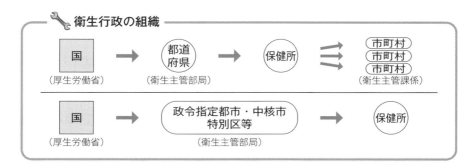

衛生行政の組織

また、保健所を設置する地方公共団体の長は、原則として、医師であって所定の条件を満たす者を、保健所長に充てなければなりません。

　保健所は、以下に掲げる事項につき、企画、調整、指導及びこれらに必要な事業を行うこととされています（地域保健法第6条）。

①地域保健に関する思想の普及及び向上に関する事項

②人口動態統計その他地域保健に係る統計に関する事項

③栄養の改善及び食品衛生に関する事項

④住宅、水道、下水道、廃棄物の処理、清掃その他の環境の衛生に関する事項

⑤医事及び薬事に関する事項

⑥保健師に関する事項

⑦公共医療事業の向上及び増進に関する事項

⑧母性及び乳幼児並びに老人の保健に関する事項

⑨歯科保健に関する事項

⑩精神保健に関する事項

⑪治療方法が確立していない疾病その他の特殊の疾病により長期に療養を必要とする者の保健に関する事項

⑫エイズ、結核、性病、伝染病その他の疾病の予防に関する事項

⑬衛生上の試験及び検査に関する事項

⑭その他地域住民の健康の保持及び増進に関する事項

　そのほか保健所は、地域住民の健康の保持及び増進を図るため必要があるときは、地域保健に関する調査及び研究等の事業を行うことができます。

　建築物衛生法にも、保健所の業務に関する次のような規定があります。

建築物衛生法 第3条

保健所は、この法律の施行に関し、次の業務を行なうものとする。

一　多数の者が使用し、又は利用する建築物の維持管理について、環境衛生上の正しい知識の普及を図ること。

二　多数の者が使用し、又は利用する建築物の維持管理について、環境衛生上の相談に応じ、及び環境衛生上必要な指導を行なうこと。

---

2. その他の衛生行政組織

　衛生行政は、その対象により、一般衛生行政、学校保健行政、労働衛生行政の3分野に分かれます。家庭や地域社会の健康問題を対象とする一般衛生行政は、前記のとおり、<u>厚生労働省</u>が所管し、<u>保健所</u>が、地域における活動の中心になっています。

　児童生徒の学校生活における健康問題を対象とする学校保健行政は、文部科学省が所管し、組織体系は、国（文部科学省）―都道府県（教育委員会）―市町村（教育委員会）―学校という系列になっています。

　勤労者の職場における健康問題を対象とする労働衛生行政は、厚生労働省が所管し、労働基準局が事務を所掌しています。地方には、都道府県労働局、労働基準監督署が設けられています。

ポイントを丸暗記！

1	保健所は、<u>都道府県</u>、<u>政令指定都市</u>、中核市、その他の政令で定める市、<u>特別区</u>に設置するよう定められている。

このうち、<u>都道府県</u>が設置している保健所が最も多い。

こんな選択肢に注意！

国民健康保険に関する業務は、~~地域保健法に基づく保健所の業務に含まれる~~。

国民健康保険に関する業務は、<u>市町村</u>が行う。

練習問題にチャレンジ！

問　題　　解答と解説は p.52

問題 01

日本国憲法第 25 条に規定されている次の条文の（　　　）内に入る語句の組合せとして、正しいものはどれか。

すべて国民は、（　ア　）で（　イ　）な最低限度の生活を営む権利を有する。
国は、すべての（　ウ　）について、社会福祉、社会保障及び（　エ　）の向上及び増進に努めなければならない。

	ア	イ	ウ	エ
1	健康	社会的	国民	公衆衛生
2	健康	文化的	国民	生活環境
3	安全	文化的	生活部面	公衆衛生
4	健康	文化的	生活部面	公衆衛生
5	安全	文化的	生活部面	生活環境

➡ Lesson 01

問題 02

建築物衛生法に基づく特定建築物としての用途に該当するものは、次のうちのどれか。

1　病院
2　自然科学系の研究所
3　寺院
4　寄宿舎
5　博物館

➡ Lesson 02

問題 03

　下の表は、ある事務室（A 室）の空気環境の測定結果である。建築物環境衛生管理基準に適合しない項目の組合せは、次のうちどれか。

測定項目	一酸化炭素の含有率	二酸化炭素の含有率	温度	相対湿度
単位	ppm	ppm	℃	％
1 回目	3.5	850	26.0	35
2 回目	4.5	1,100	28.5	40

1　一酸化炭素の含有率と二酸化炭素の含有率
2　一酸化炭素の含有率と温度
3　二酸化炭素の含有率と温度
4　二酸化炭素の含有率と相対湿度
5　温度と相対湿度

➡ Lesson 03

問題 04

　生活衛生関係営業について、施設の開設または営業に当たって許可を要しないものは次のうちどれか。

1　理容店
2　興行場
3　旅館
4　飲食店
5　公衆浴場

➡ Lesson 08

問題 01　　**正解**　4

　日本国憲法第 25 条は「すべて国民は、健康で文化的な最低限度の生活を営む権利を有する」「国は、すべての生活部面について、社会福祉、社会保障及び公衆衛生の向上及び増進に努めなければならない」の条文により、基本的人権の一つである生存権を規定し、生存権を保障するために国が果たすべき義務を定めている。

問題 02　　**正解**　5

　病院、診療所、自然科学系の研究所、寺院、神社、教会、寄宿舎は、特定建築物としての用途に該当しない。博物館、美術館は、特定建築物としての用途に該当する。

問題 03　　**正解**　5

　一酸化炭素の含有率の基準値は 6ppm 以下、二酸化炭素の含有率の基準値は1,000ppm 以下。これらの項目は、2 回の測定値の平均値を測定値とする。温度の基準値は 18℃以上 28℃以下、相対湿度の基準値は 40%以上 70%以下で、これらの項目は、2 回の測定値がどちらも基準に適合していなければならない。

問題 04　　**正解**　1

　理容店を開設しようとする者は、都道府県知事に届け出なければならない。興行場、旅館業、飲食店、公衆浴場を経営しようとする者は、都道府県知事（旅館業は、保健所を設置する市または特別区にあっては、市長または区長）の許可を受けなければならない。

ビル管理士試験
合格テキスト

2章 建築物の環境衛生

人体の生理と環境による影響

ここが Point ！

さまざまな器官系の種類と機能、器官系に含まれる器官（臓器）を覚えよう。生体の恒常性がどのように保たれているかを知ろう。

基礎知識を押さえよう！

1．環境と人間

　環境とは、人間（あるいは生物）を取り巻く周囲の状態のことです。環境は、人間の生活や行動に影響を与え、人間の活動もまた、環境に大きな影響を及ぼしています。

　環境は、さまざまな要因によって構成されていますが、大別すると、自然環境と人為的環境に分けられます。また、環境の中で人間の健康に影響を与える因子は、物理的要因、化学的要因、生物的要因、社会的要因に分類することができます（次ページの図参照）。これらの要因は、相互に影響し合いながら絶えず変化しています。

　人間以外の生物は、自らの形態や性質、習性などを自然環境に適応させることにより生存を図っています。これに対し、人間は、衣類を身に着けたり、建築物を造ってその中で生活したりすることで、環境の変化から身を守ってきました。言い換えると、人間は、衣類や建築物によって人為的環境を作り上げることにより、環境に適応してきたのです。しかし、人為的環境が人体にもたらす影響は、必ずしも好ましいものとはかぎりません。

大気汚染や水質汚濁などの公害は、人為的環境が人体に悪影響をもたらしている例といえます。

🔧 **環境を構成する要因**

自然環境	人為的環境

物理的要因

気候・温度・湿度・気流・気圧・熱・光・放射線・音・超音波・振動等

化学的要因

空気・酸素・二酸化炭素・窒素・一酸化炭素・オゾン・硫黄酸化物・粉じん・水・し尿・廃棄物等

生物的要因

植物・ウイルス・リケッチア・細菌・寄生虫・昆虫・ねずみ・動物等

社会的要因

文化・産業・教育・医療・福祉・行政・経済・交通・情報・宗教等

2. 器官系とその機能

　人体にはさまざまな機能を持つ器官（臓器）があり、それらが効率よく組み合わさって、生命活動を維持しています。その中でも、機能的に共通性を持ち、協調して働くいくつかの器官をひとまとめにして、器官系（臓器系）と呼ぶことがあります。器官系には、循環器系、呼吸器系、消化器系、神経系、腎臓・泌尿器系、感覚器系、内分泌系などがあります。

①循環器系

　心臓、動脈系、静脈系、毛細管系（血液循環系・リンパ管系）からなり、血液、リンパ液を体内に循環させる働きをします。血液は、体内の各部に酸素と栄養を供給し、二酸化炭素や老廃物を回収するほか、異物に対する抗体の生成や、体温の維持など、多くの役割を担っています。

②呼吸器系

　空気の通路である気道（鼻腔・咽頭・喉頭・気管・気管支）と肺からなり、体内に酸素を取り入れ、体外に二酸化炭素を排出する働きをします。

③消化器系

口腔から食道、胃、十二指腸、小腸、大腸、直腸を経て肛門に至る消化管と、唾液腺、肝臓、膵臓等の臓器（付属器）からなり、食物に含まれる栄養と水を摂取して体内で再合成し、不要物を排泄する働きをします。

④神経系

脳・脊髄からなる中枢神経系と、身体の各部に連絡する末梢神経系に大別されます。末梢神経系には、脳から出る脳神経と、脊髄から出る脊髄神経があり、また、その機能により、知覚神経（感覚神経）、運動神経、自律神経に分類されます。

知覚神経は、感覚器官に生じた刺激を中枢に伝達します。運動神経は、中枢からの命令を骨格筋などの運動器官に伝達し、運動を起こさせます。知覚神経、運動神経をまとめて体性神経といいます。

自律神経は、意志とは無関係に働き、生命の維持にかかわる循環、呼吸、消化等の機能を調整します。

⑤腎臓・泌尿器系

腎臓、尿管、膀胱、尿道からなり、血液中の老廃物などから尿を生成し、排泄する働きをします。

⑥感覚器系

外部（もしくは身体の内部）の状況の変化を刺激として受け取り、神経系に伝える受容器で、目、耳、鼻、舌、皮膚などがあります。感覚器系には、知覚神経の終末部分が集まっています。受容した刺激が、電気信号として知覚神経から中枢神経系に伝えられ、聴覚・視覚・味覚・嗅覚・触覚などの感覚が生じます。

⑦内分泌系

ホルモンを分泌する器官で、脳の視床下部と下垂体、副腎、甲状腺、性腺（卵巣・精巣）等からなります。ホルモンは、成長、発達、代謝等の活性を調節し、生体の恒常性を維持する働きをします。

器官系は、身体の中で協力して同じ仕事をしているグループですね。

⑧造血器系

血液の成分である赤血球・白血球・血小板をつくる器官で、骨髄、脾臓等からなります。赤血球は酸素の運搬、白血球は生体の防御、血小板は止血作用にかかわっています。

⑨その他の器官系

骨と筋肉からなり、身体の構成と運動にかかわる筋骨格系、生殖にかかわる生殖器系、発汗作用にかかわる皮膚系などがあります。

器官系と臓器、機能の対応についてはよく出題されるので、しっかり覚えておきましょう。

3．生体機能の恒常性

生体には、内外の環境が変化しても、生理状態等の変化を限られた範囲内にとどめて、生体の内部環境を常に一定の状態に保とうとする性質があります。そのような性質、または、その働きにより維持されている状態を、恒常性（ホメオスタシス）といいます。恒常性の維持には、神経系、内分泌系、免疫系などの機能が大きくかかわっています。

わかりやすい例を挙げると、人間の体温は、体内における産熱と発汗等による放熱により調節され、常にほぼ一定に保たれています。体温以外にも、血圧、血糖値、体液の浸透圧、pH など、生体のさまざまな状態について恒常性が維持されています。

🔧 生体のフィードバック機構

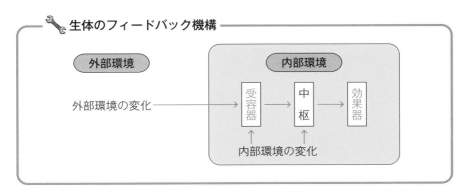

外部の環境の変化は、まず、生体の受容器（感覚器系）により受容され、神経系や内分泌系により、調節中枢（間脳の視床下部にある体温調節中枢など）に伝達されます。調節中枢は、神経系等を通して筋肉などの効果器に命令し、反応や行動を起こさせます。このような生体のフィードバック機構により、生体の恒常性が保たれています（前ページの図参照）。

4．ストレスとストレッサ

生体に対して一定以上の強い刺激が加わると、生体内では、その変化に適応しようとするために、さまざまな反応が引き起こされます。その中には、刺激の種類に応じて生じる（特異的な）反応と、刺激の種類とは無関係に生じる（非特異的な）反応があり、後者をストレス反応、もしくは、単にストレスといいます。

ストレスを引き起こす原因となる刺激を、ストレッサといいます。その範囲は非常に広く、寒冷、暑熱などの物理的刺激、有害物質などの化学的刺激のほか、怒り、不安、焦りなどの精神的な要因、世間からの非難のような社会的な要因もストレッサになり得ます。有害なストレッサは、生体機能の恒常性を乱す力になります。

どのような（どの程度の）刺激がストレッサとなるかには個人差があり、ストレスの表れ方もさまざまです。一般に、高齢者は青壮年期に比べて、ストレッサに対する抵抗力（ストレス耐性）が低下しています。

5．量―影響関係・量―反応関係

生体に対する有害物質の影響は、有害物質の量が増えるにつれて重大になり、ある量を超えると、生体内部での恒常性が保たれなくなって、最終的には死に至ります。負荷量と生体への影響にみられるこのような関係を、量―影響関係といいます。

有害物質に対する生体反応には個体差がありますが、ある集団において、有害物質の量と、それに対してある反応を示す個体の割合との関係を、量―反応関係といいます。

量―影響関係、量―反応関係は、有害物質の生体への影響を定量的に評価する手段として用いられます。

ゴロ合わせで覚えよう！

◆末梢神経系の機能的分類

自立しましょう！
（自律神経）（末梢神経系）

うんと近くで
（運動神経）（知覚神経）

末梢神経系は、その機能により、知覚神経（感覚神経）、運動神経、自律神経に分類される。

ポイントを丸暗記！

1　**呼吸器系は、空気の通路である気道と肺からなる。**

呼吸器系は、体内に酸素を取り入れ、体外に二酸化炭素を排出する働きをする。

2　**腎臓・泌尿器系は、腎臓、尿管、膀胱、尿道からなる。**

腎臓・泌尿器系は、血液中の老廃物などから尿を生成し、排泄する働きをする。

3　**外部の環境の変化は、まず、生体の受容器により受容され、神経系や内分泌系により調節中枢に伝達される。**

調節中枢は、神経系等を通して筋肉などの効果器に命令し、反応や行動を起こさせる。このような生体のフィードバック機構により、生体の恒常性が保たれている。

温熱環境と健康①
〈体温調節と温熱条件〉

ここが Point ！

人体の体温調節のしくみ、体熱平衡の概念を理解し、熱産生、熱放散のそれぞれにかかわる要因を覚えよう。

基礎知識を押さえよう！

1．人体各部位の温度と外気温による影響

人体は、全身が一様な温度なのではなく、部位によって温度が異なります。顔、躯幹（頭部と四肢を除く胴体）、手、足などの表面の温度は、直腸温のような身体内部の温度に比べて低くなっています。温度の高い順に

🔧 人体各部位の温度と外気温の関係

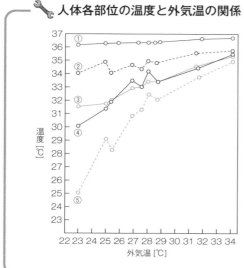

①直腸温
②顔の皮膚温
③平均皮膚温※
④手の皮膚温
⑤足の皮膚温

※平均皮膚温とは、各部位の皮膚温に
各部位の皮膚面積に応じた重みづけ
をして算出した平均値。

温度 [℃]

外気温 [℃]

並べると、「直腸温＞顔の皮膚温＞手の皮膚温＞足の皮膚温」となります。この温度差は、温暖環境では小さく、寒冷環境では大きくなります。

　身体表面の温度は外気温の変動による影響を受けやすく、特に、気温が下がった場合は、部位による温度差が著しく拡大します。一方、身体中心部の温度は外気温の影響を受けにくく、常にほぼ一定（約 37℃）に保たれています。その温度を、核心温（または深部体温）といいます。通常、体温とは核心温のことをいいますが、核心温は日常的には測定しにくいので、直腸温、鼓膜温、舌下温、腋下温などが、核心温の指標として用いられています。食道温も手術中などに用いられます。

体温計を腋にはさんで体温を測るのは、核心温に近い値を測定するためなんですね。

2．自律性体温調節と行動性体温調節

　外気温の変化による刺激が体温調節中枢に伝えられると、体温（核心温）を一定に保つために、さまざまな反応が現れます。暑熱環境では、皮膚の血管が拡張して血流を増加させ、体内の熱を外に逃がそうとします。また、発汗が促され、皮膚からの水分の蒸発により体温を下げます。寒冷環境においては、皮膚の血管は収縮し、血流を減少させます。また、骨格筋の収縮によりふるえが起こり、熱を産生します。これらの反応は、主に自律神経の働きによって無意識に生じるもので、自律性体温調節といいます。

　一方、暑い時に薄着になったり、冷房を使用したり、冷たいものを飲んだり、寒い時に厚着をしたり、暖房を使用したり、身体を動かしたりするように、意識的に行う体温調節を、行動性体温調節といいます。

3．体熱平衡

　体温（核心温）が一定に保たれているのは、身体の内部で発生する熱（熱産生量）と、身体から奪われる熱（熱放散量）とが等しく、うまく釣り合いが取れているからです。そのような状態を、体熱平衡といいます。

　体内における熱産生は、摂取した食物の代謝により作り出されたエネルギーに由来します（そのため、熱産生量のことを代謝量ともいいます）。

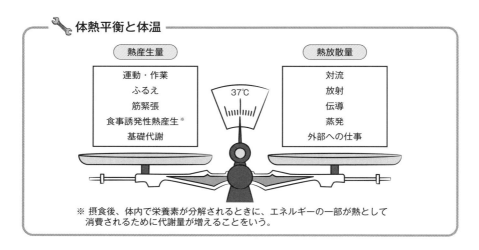

体熱平衡と体温

熱産生量		熱放散量
運動・作業 ふるえ 筋緊張 食事誘発性熱産生※ 基礎代謝	37℃	対流 放射 伝導 蒸発 外部への仕事

※ 摂食後、体内で栄養素が分解されるときに、エネルギーの一部が熱として
消費されるために代謝量が増えることをいう。

エネルギーは、人体の各部を動かすために使われますが、その過程で、エネルギーの大部分が、最終的には熱に変わります。

　人間は、じっとしているときでも生命維持のためにエネルギーを必要とするので、代謝は常に行われています。早朝の覚醒後の空腹時、仰臥の姿勢でいるときのエネルギー代謝を、基礎代謝といいます。睡眠時の代謝量は、基礎代謝の95％程度といわれています。運動や作業を行うと、代謝量はその分だけ増加します。運動をすると身体が温まるのはそのためです。

　外部に対して仕事をした場合は、その分のエネルギーが失われるので、正確には、代謝量から外部への仕事量を引いた値が、正味の熱産生量になります。

たとえば、物を運んだり、高い所に持ち上げたりした場合は、その物にした仕事の分だけエネルギーが減るわけですね。

　一方、人体からの熱放散は、物理的にいうと、対流、放射、伝導、蒸発によって起こります。

　対流は、流体の流れによって熱が伝えられる現象です。対流による熱放散は、体表面と空気の温度差によって生じます。また、室内に入る風や、空調設備からの吹出し気流にも影響されます。

　放射は、物体から電磁波（p.95 〜 97 参照）として熱が放出される現象です。室内においては、人体からも、周囲の壁や床からも同時に放射が起きているので、放射による熱放散量は、人体の平均皮膚温と、居室の壁、天井、床などの平均温度の差によってきまります。

　伝導は、物体を伝わって熱が高温部から低温部へ移動する現象で、物体の移動を伴わないものをいいます。伝導による熱放散は、身体と直接接触する物体（衣類など）との間に生じます。

　蒸発による熱放散は、皮膚の表面から水分が蒸発するときに、気化熱（潜熱）を奪う現象です。蒸発による熱放散量は、皮膚の表面積や、皮膚表面と周囲の水蒸気圧の差によってきまります。

人体からの熱放散を、その経路に注目してとらえると、皮膚表面からの熱放散のほかに、呼吸に伴う熱放散があります。

　熱産生量と熱放散量に関する以上の内容を数式の形にしてまとめると、下記のようになります。この式は、体熱平衡の概念を表しています。

$$S ＝ M － W － C － R － K － E － Cr － Er$$

S：人体の蓄熱量　M：エネルギー代謝量　W：外部への仕事量

M － W：正味の熱産生量

C：皮膚・着衣からの対流による熱放散量　R：放射による熱放散量

K：伝導による熱放散量　E：皮膚・着衣からの蒸発による熱放散量

Cr：呼吸に伴う対流による熱放散量　Er：呼吸に伴う蒸発による熱放散量

　熱産生量と熱放散量が等しい場合は S ＝ 0 となり、体温は一定に保たれます（体熱平衡が維持されている状態）。熱産生量が熱放散量を上回ると体温は上昇し、熱放散量が熱産生量を上回ると体温は低下します。

　外気温が高いときは、対流や放射による熱放散が小さくなるので、発汗が生じ、蒸発による熱放散が促されます。外気温が低いときは、熱放散が抑制され、熱産生が促進されます。

ポイントを丸暗記！

| 1 | 顔、躯幹、手、足などの表面の温度は、直腸温のような身体内部の温度に比べて低い。 |

温度の高い順に並べると、「直腸温＞顔の皮膚温＞手の皮膚温＞足の皮膚温」となる。

| 2 | 身体表面の温度は外気温の変動による影響を受けやすい。 |

身体中心部の温度は外気温の影響を受けにくく、常にほぼ一定（約37℃）に保たれている。その温度を、核心温（または深部体温）という。直腸温、鼓膜温、舌下温、腋下温、食道温などが、核心温の指標として用いられる。

| 3 | 人体の熱産生は、摂取した食物の代謝に由来する。 |

早朝の覚醒後の空腹時、仰臥の姿勢でのエネルギー代謝を、基礎代謝という。運動、ふるえ、筋緊張などにより代謝量は増加する。

| 4 | 人体からの熱放散は、対流、放射、伝導、蒸発によって起こる。 |

代謝による熱産生と、対流、放射、伝導、蒸発による熱放散が釣り合って、体熱平衡が保たれている。

重要用語を覚えよう！

仕事

物理学における仕事とは、物体に加わる力と、物体が移動した距離の積で表される物理量である。エネルギーは、物体や系が他に対して仕事をする能力と定義される。

温熱環境と健康②〈温熱環境要素・温熱環境指数〉

ここがPoint！

暑さ、寒さの感覚に影響を与える温熱環境要素（6要素）を覚えよう。温熱環境指数の種類とそれぞれの特徴を知ろう。

基礎知識を押さえよう！

1．温熱環境要素

　一般に、暑さや寒さの程度は気温によって表されることが多いのですが、人間が暑さや寒さを感じる要因は、必ずしも気温だけではありません。経験的にもよく知られているように、同じ気温であっても、湿度が高いほど蒸し暑く感じ、風が強いと涼しく感じられます。また、日差しを直接に浴びていると暑く、木陰に入ると涼しく感じます。

　人間が感じる暑さ、寒さの感覚に影響を与える要素（温熱環境要素）として、以下の6要素が挙げられます。

■環境側の4要素

①気温　②湿度　③風速　④熱放射

■人体側の2要素

⑤活動状態（代謝量）　⑥着衣量

　これらの要素はすべて、人体と外部環境との熱交換（熱産生と熱放散）に関係しています。気温が高く、湿度も高いときに特に暑く感じるのは、皮膚の表面からの水分（汗）の蒸発による熱放散が起こりにくく、体温が下がりにくいためです。気温が同じでも、風が吹いていると涼しく感じるのは、対流・蒸発による皮膚からの熱放散が大きくなるからです。

2．温熱環境指数（温熱指標）

　このように、人間が感じる暑さや寒さの感覚には多くの要因がかかわっていますが、その度合いを一つの数値で表そうとしたものが、温熱環境指数です（温熱指標ともいう）。温熱環境指数にはさまざまなものがありますが、最もよく知られているのは不快指数でしょう。

　人間が肌で感じる温度の感覚のことを体感温度といいますが、温熱環境指数は、体感温度を定量的に表したものといえます。以下に、代表的な温熱環境指数とその概要を記します。

①黒球温度（グローブ温度）

　銅製の黒球の中心部の温度を測定します。黒球温度は、熱放射と対流による影響を表します。黒球は熱放射をよく吸収するので、たとえば、強い日差しが当たっているような場所では、黒球温度は気温よりもかなり高くなります。風速が小さい場合は、気温、風速、黒球温度から平均放射温度が得られます。

②湿球黒球温度（WBGT）

　米国で軍事訓練時の熱中症予防のために作られた指標で、屋内外での暑熱作業時等における危険性を評価する場合などに広く用いられています。湿球黒球温度は、以下の式により求められます。乾球温度とは、温度計の感球部を乾燥した状態で計測した温度をいい、湿球温度とは、温度計の感球部を湿潤した状態で計測した温度をいいます。

＜日射がある場合＞
　$WBGT = 0.7Tw + 0.2Tg + 0.1Ta$
＜日射がない場合＞
　$WBGT = 0.7Tw + 0.3Tg$
　Tw：自然湿球温度 [℃]　Tg：黒球温度 [℃]　Ta：気温（乾球温度）[℃]

　自然湿球温度は、日射にさらした自然気流中で測定する湿球温度、湿球黒球温度は、温熱環境要素のうち、湿度、熱放射、気温の3要素を取り入れた値ですね。

③有効温度

　気温・湿度・風速の異なるさまざまな環境において人が感じる暑さ、寒さの感覚を、無風、湿度 100 ％の条件において同じ感覚を与える気温で表した値です。有効温度は、多数の被験者の判断に基づく主観的経験指数です。有効温度の気温に代えて黒球温度を用い、熱放射の影響も考慮したものが修正有効温度（CET）です。

④新有効温度（ET）

　気温、湿度、風速、熱放射の影響を総合的に評価する人体熱平衡式に基づく指標です。標準環境は、有効温度よりも生活実感に近い湿度 50 ％に設定されています。さらに、人体側の温熱環境要素である代謝量と着衣量についても考慮したものが、標準新有効温度（SET）です。

⑤不快指数（DI）

　夏季の蒸し暑さによる不快感を評価する指数で、気温と湿球温度、または気温と相対湿度により、下記のいずれかの式で求められます。

　DI = 0.72（Ta + Tw）+ 40.6
　DI = 0.81Ta + 0.01RH（0.99Ta − 14.3）+ 46.3
　Ta：気温（乾球温度）［℃］　Tw：湿球温度［℃］　RH：相対湿度［%］

> 不快指数が 80 以上になると、ほとんどの人が不快に感じるといわれますが、風速が考慮されていないため、体感とは一致しないこともあります。

⑥予測平均温冷感申告（PMV）

　人が快適に感じるときの人体熱平衡式を基準にして、気温、湿度、風速、熱放射、代謝量、着衣量の 6 つの温熱環境要素を用いて、快適方程式により算出される値です。PMV 値は 0 を中心にした＋ 3 〜− 3 の値で表され、以下のような温冷感スケールに対応しています。

＋ 3 （暑い）		− 1 （やや涼しい）
＋ 2 （暖かい）	0 （中立）	− 2 （涼しい）
＋ 1 （やや暖かい）		− 3 （寒い）

PMVとともに提案されたPPD（予測不満足率）は、そのときの温熱環境を不快に感じる人の割合で、PMV値が0のとき5%、＋0.5（－0.5）のとき10%、＋1（－1）のとき25%、＋2（－2）のとき75%、＋3（－3）のとき99%になります。

PMVは、オフィスのように比較的快適な温度範囲に近い温熱環境を評価するのに適した指標で、極端な暑熱環境や寒冷環境の評価には向いていません。

標準新有効温度（SET）と予測平均温冷感申告（PMV）では、6つの温熱環境要素がすべて考慮されていますね。

3．温熱的快適性にかかわるその他の要因

多くの調査結果により、女性が快適に感じる温度は、男性よりも1～2℃高いとされています。高齢者は、身体活動量、代謝量ともに少ないので、一般に若年者よりも暖かい室温を好むといわれますが、冬季の住宅内の室温は、若年者よりも低い傾向がみられます。その原因として、高齢者の寒さに対する感受性の低下が考えられます。

体感温度の季節差については議論の分かれるところですが、冬は基礎代謝が増加するので、快適に感じる温度が夏よりも低くなるというのが一つの説です。

ゴロ合わせで覚えよう！

- ◆温熱環境要素
- **気をつけて じっとしてたのに、**
  （気温）　　　（湿度）
- **風邪で熱出た**
  （風速）（熱放射）
- **しっかり着込んで 退社しよう…**
  　　　（着衣量）　（代謝量）

- 暑さ、寒さの感覚に影響を与える温熱環境要素は、気温、湿度、風速、熱放射の環境側の4要素と、活動状態（代謝量）、着衣量の人体側の2要素からなる。

ポイントを丸暗記！

1　**日射がある場合の湿球黒球温度（WBGT）は、自然湿球温度、黒球温度、気温（乾球温度）から求められる。**

湿球黒球温度（WBGT）は、屋内外での暑熱作業時等における熱中症の危険性を評価する場合などに用いられる。

2　**一般に、女性が快適に感じる温度は、男性よりも 1 ～ 2℃高い。**

高齢者は、一般に若年者よりも暖かい室温を好むといわれるが、冬季の住宅内の室温は、若年者よりも低い。高齢者の寒さに対する感受性の低下が原因と考えられる。

3　**不快指数は、気温と湿球温度、または気温と相対湿度により求められる。**

不快指数には、温熱環境要素のうち、気温と湿度が関係する。風速は考慮されていないため、体感とは一致しないことがある。

 ## こんな選択肢に注意！

女性が快適に感じる温度は、一般に男性よりも低い。

女性が快適に感じる温度は、一般に男性よりも高い。

温熱環境と健康③〈異常温度環境による健康障害〉

ここが Point ！

熱中症の種類とそれぞれの特徴、冷房障害の症状と対策を覚えよう。湿度による人体や建築物への影響を知ろう。

基礎知識を押さえよう！

1．熱中症

　これまで見てきたように、通常、人間の体温（核心温）は、外部の環境が変化しても常に一定の範囲に保たれています。しかし、高温で湿度が高く、人体からの熱放散が十分に行われない場合、体温が異常に上昇し、それに伴ってさまざまな障害が現れることがあります。熱中症とは、暑熱環境に起因するそのような障害の総称で、高温障害ともいいます。

●熱中症の種類

種　類		特　徴
軽症	熱失神（熱虚脱）	皮膚血管の拡張により血圧が低下し、脳への血流が減少して、めまいや失神をきたす。
	熱けいれん	低ナトリウム血症による筋肉のけいれん。大量に発汗した後に水分だけを補給し、塩分を補給しない場合などに起きる。
中等症	熱疲労	大量の発汗により脱水状態となり、全身の倦怠感、脱力、めまい、頭痛、吐気、下痢などを生じる。
重症	熱射病	中枢神経機能が熱によって異常をきたし、体温調節ができなくなった状態。体温は 40℃以上になり、意識障害が生じ、死亡に至ることもある。発汗は見られないことが多い。
	日射病	太陽光が原因となって熱射病の病態を呈した場合をいう。

２．低体温症

　寒冷環境において、身体から失われる熱量が、体内で産生される熱と外部から摂取される熱の総量を上回り、体温（直腸温）が35℃以下に低下した状態を、低体温症といいます。初期には身体のふるえや顎のふるえなどがみられますが、体温がさらに低下するとふるえは止まり、意識が混濁し、やがて昏睡状態に陥り、心拍数、呼吸数が低下します。体温が28℃以下になると、凍死のおそれが高くなります。

３．冷房障害

　夏季に冷房のきいた室内で長時間過ごしたり、室内と外気温との急激な温度差に繰り返しさらされたりすると、体調をくずすことがあります。主な症状として、身体や足の冷え、身体や足のだるさ、疲れ、不快感、頭痛、めまい、手足のこわばり、風邪、のどの痛み、胃腸障害、神経痛、肌荒れ、じんましん、女性の生理障害などがあります。冷房病、または冷房障害と呼ばれるこれらの症候群は、男性よりも女性に多くみられます。

　冷房障害の対策としては、以下のことが挙げられます。
・冷房の設定温度を下げすぎないようにし、室温と外気温の差を7℃以内にする。
・冷房の吹出口からの風をじかに受けないようにする。
・長い間座った状態でいるときは、ときどき軽い運動をする。

冷房の温度をどのように設定しても、すべての人にとって快適な条件にはなり得ません。個人個人が衣服によって調節を図ることも重要です。

４．湿度による影響

　湿度による人体への影響には、直接的なものと間接的なものがあります。また、湿度が高すぎたり、低すぎたりする環境は、建築物にもさまざまな悪影響を及ぼします（次ページの表参照）。このような湿度による害を防ぐには、低湿度の場合は加湿を行い、高湿度の場合は適度に換気を行うなど、室内になるべく湿気がこもらないようにすることが必要です。

●湿度による人体・建築物等への影響

対　象	高湿度	低湿度
人体への直接的な影響	蒸し暑さ 汗ばみ・汗による汚れ	皮膚や粘膜の乾燥 風邪をひきやすくなる
人体への間接的な影響 建築物・什器等への影響	カビ・ダニの発生 建材の腐朽 建材・建具等の狂い 結露・結露水による汚れ	建材・建具等の狂い ほこりの発生（発じん性） 静電気の発生 乾燥による火災の危険 塗装の剥離

ポイントを丸暗記！

1	熱中症とは、暑熱環境による障害の総称である。

熱中症には、熱失神（熱虚脱）、熱けいれん、熱疲労、熱射病（日射病）などがある。

2	冷房障害の対策として、室温と外気温の差を7℃以内にすることが望ましい。

冷房の設定温度を下げすぎないようにし、室温と外気温の差を7℃以内にし、冷房の吹出口からの風をじかに受けないようにする。

建築物環境衛生管理基準にも、「居室における温度を外気の温度より低くする場合は、その差を著しくしないこと」という基準が設けられていましたね。

室内の空気と健康①〈空気の組成〉

ここが Point！

空気中の酸素濃度が減少したときや、二酸化炭素濃度が増加したときに、人体に与える影響を知ろう。

基礎知識を押さえよう！

1．空気の組成と人体への影響

　空気とは、一般に、地球表面を包む大気層の下層部分をなす無色透明の混合気体を指します。水蒸気の含有量を除く空気の組成はほぼ一定で、以下のようになっています。

窒素	78.08%
酸素	20.95%
アルゴン	0.93%
二酸化炭素	0.034%
ネオン	0.0018%
ヘリウム	0.00052%

ここからは、空気の主要な成分と、その組成が変化した場合の人体への影響について説明します。

①窒素

　窒素は、常温常圧では化学反応を起こしにくい不活性な気体なので、室内環境において、空気中の窒素の人体への影響が問題になることはありま

73

せん。

②酸素

酸素は、人体にとってきわめて重要なもので、呼吸により肺から取り入れられ、血液中のヘモグロビンと結合して体内の各組織に運ばれます。酸素は、各組織の細胞で、食物から取り入れた栄養素と反応してエネルギーを作り出します（有酸素性エネルギー代謝）。

空気中の酸素濃度がおおよそ16％以下になると頭痛等の症状が現れ、10％以下では意識障害やけいれんが生じ、4％以下では瞬時に意識を失い、即死に至ることもあります。

労働安全衛生法に基づく酸素欠乏症等防止規則では、酸素濃度が18％未満である状態を酸素欠乏と定義しています。

③二酸化炭素

二酸化炭素は、物質の燃焼、人や動物のエネルギー代謝などにより発生します。実際の測定値としては、大気中に0.03～0.04％存在し、人の呼気中には約4％含まれています。

空気中の二酸化炭素濃度が0.5％程度の室内に6時間いても、特に症状は現れません。1～2％程度になると不快感が生じ、3～4％では呼吸中枢が刺激されて呼吸が増加し、脈拍・血圧の上昇、頭痛、めまいなどの症状が現れます。6％では呼吸困難となり、7～10％では数分間で意識不明に陥り、チアノーゼを生じて死に至ります。

換気の不十分な室内に多くの人がいると、空気中の二酸化炭素濃度はしだいに増加します。そのような状況では、浮遊粉じん等の空気汚染物質も増加し、室内の空気環境は全般的に悪化していると考えられます。そのた

●二酸化炭素濃度に関する基準

法律等	基準値	備　考
建築物衛生法（建築物環境衛生管理基準）	1,000ppm以下	空気調和設備または機械換気設備を備えた居室
労働安全衛生法（事務所衛生基準規則）	5,000ppm以下	──
	1,000ppm以下	空気調和設備または機械換気設備を備えた場合

め、二酸化炭素濃度は、室内空気の汚染度や換気の状況を評価するための指標としても用いられます。

　室内の空気環境を良好な状態に維持するためには、1 人当たりおおむね 30㎥/h 以上の換気量を確保することが必要ですが、室内の二酸化炭素濃度が 0.1％（1,000ppm）以下ならば、その換気量を確保できているとみなすことができます。

ポイントを丸暗記！

1　二酸化炭素は、人の呼気中に約 4％含まれている。

二酸化炭素は、実際の測定値としては、大気中に 0.03 〜 0.04％存在し、人の呼気中には約 4％含まれている。したがって、換気の不十分な室内に多くの人がいると、空気中の二酸化炭素濃度はしだいに増加する。

2　室内の良好な空気環境を維持するためには、1 人当たりおおむね 30㎥/h 以上の換気量が必要である。

二酸化炭素濃度は、室内空気の汚染度や換気の状況を評価するための指標として用いられる。室内の二酸化炭素濃度が 0.1％（1,000ppm）以下ならば、必要な換気量を確保できているとみなすことができる。

重要用語を覚えよう！

チアノーゼ

血液中の酸素が減少し、皮膚や粘膜が青紫色になった状態。呼吸困難や血行障害により生じる。唇、指先などに現れやすい。

Lesson

6

室内の空気と健康②〈空気汚染物質〉

ここが Point！

空気汚染物質の種類とそれぞれの特徴、発生のしくみ、人体に与える影響などを覚えよう。

基礎知識を押さえよう！

1．一酸化炭素

　炭素を含む物質が燃焼すると二酸化炭素（CO_2）が生じますが、酸素の供給が不十分で不完全燃焼になると、一酸化炭素（CO）が発生します。一酸化炭素は、ヘモグロビンとの親和性が酸素の 200 倍も強く、高濃度の一酸化炭素を吸引すると、全身の組織への酸素の供給が阻害され、中毒症状が現れます。比較的低濃度でも、長時間にわたって吸引すると中毒症状が生じます。

　血中の一酸化炭素ヘモグロビン（CO-Hb）濃度が 5％未満では症状が現れませんが、10 〜 20％では前頭部を締め付けられるような感覚が生じ、軽度の呼吸困難になることもあります。20 〜 30％では側頭部の拍動性頭痛、30 〜 40％では激しい頭痛、めまい、悪心、嘔吐、脱力、判断力の低下、動作時失神を生じます。50 〜 60％では、けいれん、チェーンストークス型呼吸とともに昏睡に陥ることがあります。60 〜 70％では昏睡、けいれん、呼吸抑制をきたし、死亡することもあります。70 〜 80％になると、呼吸中枢が抑制され死亡します。

　一酸化炭素は、室内では、都市ガスや石油ストーブ（灯油）の不完全燃焼、喫煙等により発生します。自動車の排ガスにも一酸化炭素が含まれますが、排ガス規制により、環境中の一酸化炭素濃度は減少しています。

76

●一酸化炭素濃度に関する基準

法律等	基準値	備　考
建築物衛生法（建築物環境衛生管理基準）	6ppm 以下	空気調和設備または機械換気設備を備えた居室
労働安全衛生法（事務所衛生基準規則）	50ppm 以下	——
	10ppm 以下	空気調和設備または機械換気設備を備えた場合

2．窒素酸化物（NO_x）

　窒素酸化物には、一酸化窒素（NO）、二酸化窒素（NO_2）などがあり、それらの化学式の形から NO_x とも呼ばれます。窒素酸化物は、物質が高温で燃焼するときに生成されます。

　空気中の窒素と酸素は常温では反応しませんが、高温条件下では反応し、窒素酸化物を生成します。また、燃料自体に含まれる窒素化合物が酸化されることにより、窒素酸化物が生成されます。前者をサーマル NO_x、後者をフューエル NO_x といいます。

　工場等の燃焼施設やディーゼルエンジン、居住環境においては、ガスヒータ、ガス調理器具などが、窒素酸化物の主な発生源となります。

　窒素酸化物、特に二酸化窒素は毒性が強く、呼吸器に悪影響を与えます。

3．硫黄酸化物（SO_x）

　硫黄酸化物には、二酸化硫黄（SO_2）、三酸化硫黄（SO_3）などがあり、それらの化学式の形から SO_x とも呼ばれます。硫黄酸化物は、重油、軽油、石炭などの硫黄を含む燃料が燃焼するときに生成されます。

　二酸化硫黄は特に健康への影響が大きく、呼吸器に悪影響を与えます。

4．オゾン

　酸素の同素体であるオゾン（O_3）は、特有の臭気がある淡青色の気体で、空気中の酸素分子への紫外線の作用、乾燥した空気中の放電等により生成されます。室内では、コピー機、レーザープリンタ等の、高電圧を利用する機器から発生します。

オゾンは、光化学オキシダントの主成分で、粘膜を強く刺激します。水に溶けにくく、吸引すると肺の奥に達し、肺気腫を生じることもあります。

5．ホルムアルデヒド

ホルムアルデヒド（CH_2O）は、刺激臭を有する可燃性の無色の気体で、水やアルコールに溶けやすく、水溶液はホルマリンと呼ばれます。目、鼻、喉の粘膜を強く刺激し、気管支炎を引き起こすほか、発がん性も指摘され、シックビル症候群（p.81～82参照）の原因物質としても知られています。

ホルムアルデヒドは、合成樹脂、接着剤、塗料等の成分として広く用いられていますが、建材や家具から放散するホルムアルデヒドによる健康への影響が指摘され、建築基準法等による規制の対象になっています。建築物環境衛生管理基準では、居室におけるホルムアルデヒドの量の基準値は0.1mg/㎡以下（濃度0.08ppmに相当）とされています。

ホルムアルデヒドは、たばこの煙にも含まれ、石油、ガスを用いた暖房器具の使用により発生することもあります。

6．揮発性有機化合物（VOCs）

揮発性有機化合物とは、揮発性を有し、常温常圧において気体となり、大気汚染の原因になる有機化合物の総称です。揮発性有機化合物には、トルエン、キシレンをはじめ、さまざまな物質が含まれます。人体への影響は、それぞれの物質の化学的性質によります。

なお、ホルムアルデヒドも揮発性有機化合物の一種ですが、規制の対象としては単独で扱われることが多く、他の揮発性有機化合物と区別されています。

7．浮遊粉じん

空気中に浮遊する固体、または液体の粒子状物質をまとめて、エアロゾルといいます。エアロゾルを生成過程により分類すると、固体の粉砕、粉体の飛散により生じる粉じん、固体の加熱・蒸発により生成されるヒュー

ム、有機物の燃焼により生じる煙、液体の噴霧や蒸発により生じるミストがあります。広義の粉じんには、ヒュームも含まれます。

　粒径 10μm 以上の粉じんは、発生してもすぐに沈降するので、呼吸により気道内に取り込まれることはまれです。また、5μm 程度の粉じんは、気道内に入ると粘液に捕らえられ、線毛運動によって排出されます。肺に沈着し、人体に有害な影響を与えるのは、主に粒径 1μm 前後からそれより小さいものです。

8. たばこ煙

　たばこ煙は、ガス状の成分と、その中に浮遊する粒子状の成分からなり、数千種類もの化学物質が含まれています。ガス成分としては一酸化炭素、粒子成分としてはニコチン、タールがよく知られていますが、そのほかにも多くの有害物質が特定されています。

　それらの有害物質は、肺がん、虚血性心疾患（心筋梗塞・狭心症）のリスクを増大させます。慢性気管支炎、肺気腫等の慢性閉塞性肺疾患（COPD）の原因の大部分は喫煙です。また、妊娠中の喫煙により、低出生体重児や早産の頻度が高くなるといわれています。

　たばこ煙には、喫煙者が吸い口側から吸い込む主流煙と、先端の火のついた部分から立ち上る副流煙があり、両者は組成が異なります。室内やそれに近い環境においては、喫煙者の周囲にいる者も、副流煙と呼出煙（喫煙者が吐き出す煙）を吸入することになりますが、これを、受動喫煙といいます。受動喫煙による害として、肺がんや小児の呼吸器系疾患のリスクが増大するという報告があります。

　2002（平成 14）年に制定された健康増進法により、多数の者が利用する施設の管理者に対し、受動喫煙を防止するための措置を講ずる努力義務が課されました。

発がん物質を含む多くの有害物質は、主流煙より副流煙のほうにより多く含まれているそうですね。

ポイントを丸暗記！

| 1 | 一酸化炭素は、ヘモグロビンとの親和性が酸素の 200 倍も強い。 |

高濃度の一酸化炭素を吸引すると、全身の組織への酸素の供給が阻害され、中毒症状が現れる。

| 2 | 発がん物質は、たばこ煙の主流煙より副流煙のほうにより多く含まれている。 |

喫煙者の周囲にいる者が、副流煙と呼出煙（喫煙者が吐き出す煙）を吸入することを、受動喫煙という。受動喫煙による害として、肺がんや小児の呼吸器系疾患のリスクが増大するという報告がある。

重要用語を覚えよう！

CO-Hb 濃度

血中のヘモグロビンのうち、一酸化炭素と結合しているもの（CO-Hb）の割合。

拍動性頭痛

心拍と同期してズキンズキンと痛む頭痛。

チェーンストークス型呼吸

浅い呼吸からしだいに深い呼吸になり、再び浅い呼吸になった後に 30 秒前後の呼吸停止に至る周期を繰り返す。呼吸中枢の機能が低下したときに起こる。

同素体

1 種類の同じ元素からなる単体だが、原子の配列、結合のしかたの違いにより性質の異なる物質。酸素とオゾン、ダイヤモンドとグラファイトなど。

光化学オキシダント

窒素酸化物や炭化水素などが、太陽光を吸収して光化学反応を起こすことにより生成される物質の総称で、大気汚染の原因となる。

7

室内の空気と健康③〈室内空気による健康問題〉

ここが Point！

シックビル症候群の特徴を知ろう。アレルギーが起きるしくみを理解し、アレルゲンとなる物質にどんなものがあるかを覚えよう。

基礎知識を押さえよう！

1．シックビル症候群

　高気密、高断熱化が進んだ現代の建築物は、省エネルギーの観点においては大変すぐれていますが、その内部は、外部の環境から切り離された、きわめて人工的かつ閉鎖的な空間になっているため、計画的に換気を行うことが重要です。

　1970 年代に 2 度にわたるオイルショックを経験したことにより、省エネルギーへの意識が高まり、欧米諸国を中心に、建築物の気密化と換気量の低減が図られましたが、その結果、換気が不十分で外気の導入が少ない建築物で働く人たちの間に、鼻や目の刺激、頭痛、めまい、疲労感などの症状が現れることが知られ、シックビル症候群と名付けられました。

　シックビル症候群は、事務所や学校のような非製造現場において、建築物の内部にいる人々の間に現れる症状の総称ですが、シックビル症候群に特異的な症状はありません。

　1993 年に、米国環境保護庁（EPA）は、シックビル症候群を次のように定義することを提唱しました。

・ビルの居住者の 20％以上が症状を訴える。

・症状の原因は必ずしも明確でない。

・症状のほとんどは、そのビルを離れることにより解消する。

シックビル症候群の症状

粘膜症状	中枢神経系症状
目・鼻・喉の刺激	頭痛・疲労・倦怠感

精神神経症状	呼吸器症状
抑うつ・不安・集中力の低下・記憶力の低下	胸部圧迫感・息切れ・咳

皮膚症状

乾燥・かゆみ・紅斑・じんましん・湿疹

　シックビル症候群の原因となる物質は同定されていませんが、外気の導入が少なく、建築物内部の空気の大部分が再循環されることにより、さまざまな空気汚染物質が蓄積されるために発生すると考えられています。原因物質としては、ホルムアルデヒドを含む揮発性有機化合物（VOCs）をはじめとする化学汚染物質、ダニ、カビ、細菌などの生物汚染物質が考えられます。

　同じ建物の中にいても、すべての人にシックビル症候群の症状が現れるわけではありません。アトピー体質やアレルギー疾患などの個人要因や、仕事のストレス等も発生に関与しているものと思われます。

　日本では、シックビル症候群に関する報告は欧米に比べて少ないのですが、近年、主に新築の住宅などで、室内空気汚染に起因する問題が顕在化し、シックハウス症候群と呼ばれるようになりました。

シックハウス症候群という概念は、シックビル症候群から派生したものですが、日本ではむしろそちらのほうがよく知られているかもしれません。

2．アレルギー疾患

　生体に異物（抗原）が侵入すると、その抗原と特異的に結合する抗体が体内に生成され、抗原を体内から除去しようとします。これを、抗原抗体反応、または免疫反応といいます。抗体は、免疫グロブリンと呼ばれる5種類のたん白質の総称です。

　抗原抗体反応は人体にとってなくてはならないものですが、抗原の侵入に対して過剰な反応が示されることにより、人体にとって有害な作用をもたらすことがあります。そのような有害な抗原抗体反応を、アレルギー反応、または、単にアレルギーといいます。また、アレルギー反応を引き起こす抗原のことを、アレルゲンといいます。アレルギー反応によりもたらされる疾患（アレルギー疾患）として、アレルギー性鼻炎、花粉症、アトピー性皮膚炎、気管支喘息などが挙げられます。

　アレルギー疾患の予防、治療のためには、アレルゲンを同定することが重要です。アレルゲンの同定には、微量の抗原を皮内に注射して反応を調べる皮内テストや、吸入試験などが用いられます。

　気管支喘息の原因となるアレルゲンとしては、室内に存在するハウスダストや、その成分でもあるダニが最も多く、カビ、花粉、ペットの毛などもアレルゲンとなります。気管支喘息やアトピー性皮膚炎の症状は、低湿度が増悪因子となります。

3．アスベストによる健康被害

　アスベスト（石綿）とは、自然界に存在する繊維状の鉱物で、クリソタイル（温石綿）、アモサイト（茶石綿）、クロシドライト（青石綿）などの種類があります。

　アスベストは、耐熱性や断熱性、絶縁性などが大変すぐれているうえに安価なことから、かつては建築材料や自動車のブレーキライニング用材として広く用いられていました。しかし、アスベストは肺がん、肺線維症、悪性中皮腫などの重大な疾患の原因となることが明らかになり、現在は、原則として全面的に使用を禁止されています。

　古い建築物には、アスベストを使用したものがまだ数多く残っており、それらを解体する際に生じる健康被害も問題になっています。

ゴロ合わせで覚えよう！

◆気管支喘息の原因となるアレルゲン

荒れる原因、
（アレルゲン）

ご自宅ですと…？
（ハウス）（ダスト）

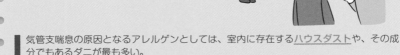

気管支喘息の原因となるアレルゲンとしては、室内に存在するハウスダストや、その成分でもあるダニが最も多い。

ポイントを丸暗記！

1	シックビル症候群の原因となる物質は同定されていない。

原因物質としては、ホルムアルデヒドを含む揮発性有機化合物（VOCs）をはじめとする化学汚染物質、ダニ、カビ、細菌などの生物汚染物質が考えられる。

2	気管支喘息の原因となるアレルゲンとして最も多いのは、ハウスダストである。

気管支喘息を引き起こすアレルゲンとしては、ヒョウヒダニの虫体等を含むハウスダストが最も多い。カビ、花粉、ペットの毛などもアレルゲンとなる。

重要用語を覚えよう！

同定

化学の分野では、対象となる化学物質が何であるかを決定することをいう。

音・振動と健康

ここが Point ！

音の感覚の 3 要素（音の大きさ・高さ・音色）を覚えよう。
人間に聞き取れる音の周波数、最も聞き取りやすい周波数、
加齢性難聴、騒音性難聴のそれぞれの特徴を理解しよう。

基礎知識を押さえよう！

1．音の聞こえ・聴力

　物体の振動によって生じた波（音波）が空気中（あるいは他の気体や液体、固体）を伝わり、その音波が人間の耳（聴覚器）によって知覚され、聴神経を通じて大脳の聴覚中枢に伝えられると、聴覚が生じます。音とは、その聴覚の内容、または、聴覚を生じさせる音波のことです。人間は、聴覚によって、音の大きさ、音の高さ、音色を聞き分けることができます。これを、音の感覚の 3 要素といいます。

　音の高さは、音波の周波数によってきまります。周波数とは、音波の振動が 1 秒間に繰り返される回数のことで、単位はヘルツ [Hz] です。人間が聞き取れる音の周波数は、約 20Hz 〜約 20,000Hz（20kHz）の間の約 10 オクターブの範囲で、その中でも、4,000Hz 付近の音を最も鋭敏に聞き取ることができます。人間が聞き取れない約 20Hz 以下の音波を超低周波空気振動（超低周波音）、約 20,000Hz 以上の音波を超音波といいます。

音声、つまり人の声の主要周波数は、100 〜 4,000Hz です。

　音の大きさは、音圧レベルによって表されます。音圧とは、音波による圧力の変動の幅（通常は大気圧との差）のことですが、人間が感じる音の大きさの感覚に近づけるために、音圧の対数を取って表した値が音圧レベ

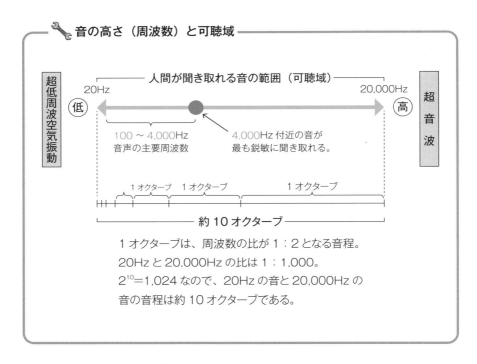

音の高さ（周波数）と可聴域

超低周波空気振動

人間が聞き取れる音の範囲（可聴域）

20Hz 20,000Hz

低 高

超音波

100～4,000Hz
音声の主要周波数

4,000Hz付近の音が
最も鋭敏に聞き取れる。

1オクターブ　1オクターブ　　1オクターブ

約10オクターブ

1オクターブは、周波数の比が1：2となる音程。
20Hzと20,000Hzの比は1：1,000。
2^{10}＝1,024なので、20Hzの音と20,000Hzの
音の音程は約10オクターブである。

ルです。音圧レベルの単位はデシベル[dB]です。

　聴力は、それぞれの周波数における最小可聴値、つまり、どれだけ小さい音を聞き分けられるかで表されます。聴力の測定には、さまざまな高さ、大きさの音を電気的に作り出せる、オージオメータという機器を用います。基準音圧レベルを0dBとし、測定した最小可聴値との隔たりを聴力レベルとして表します。聴力レベルがプラスの値の場合は、基準音圧レベルよりも大きい音でなければ聞き取れないということですから、聴力が低下していることを意味します。加齢による聴力の低下は、一般に、8,000Hz付近の高い周波数の音から聞き取りにくくなるのが特徴です。

2．騒音と難聴

　一般に、不快で好ましくない音を騒音と呼びます。騒音による害は、会話などの音声が聞き取りにくくなる、安眠を妨げられるなどの日常生活への影響にとどまらず、職場での仕事の能率の低下や、難聴等の聴覚障害の原因にもなり、高血圧症、心疾患等の疾病との関連性も指摘されています。

大きく、高い音に曝露(ばくろ)されると、一時的に聴力が低下します。これを、一過性聴力閾値(いきち)上昇といいます。通常は、曝露が終了し、静かな環境に置かれると聴力が回復しますが、このような状態が長期間にわたり繰り返されると、聴力の低下が進行し、慢性化します。これを、永久性聴力閾値上昇、または永久性難聴といいます。

騒音の大きい職場で長期間働いている人は難聴になりやすいことが知られています。騒音性難聴の初期には、約 4,000Hz 付近での聴力低下と耳鳴りなどが生じるのが特徴です。騒音職場での健康診断では、オージオメータで 1,000Hz と 4,000Hz の聴力レベルを測定します。

3．マスキング効果と聴取妨害の程度

ある音により他の音が遮蔽(しゃへい)されて聞こえなくなることを、音のマスキング効果といいます。マスキング効果は、マスクする音（マスカー）があるときに、マスクされる音の最小可聴値の音圧レベルがどれだけ上昇したかによって表されます。マスキング効果は、一般に、低い周波数側よりも高い周波数側に大きく表れます。

日常会話の音圧レベルは、距離 1m で 55 〜 65dB 程度です。音声のレベルと騒音のレベルの差が 20dB 以上あれば十分な了解度が得られるので、室内では騒音レベルを 45dB 以下にすることが望ましいと考えられます。

周囲が静かになると、それまで聞こえていなかった音に気づくことがありますね。

4．振動と健康への影響

振動とは、物体の位置が周期的に変動する現象です。振動は音として知覚されるだけでなく、身体への衝撃として、また、揺れとして視覚的にも知覚されます。人体に伝わる振動は、全身振動と局所振動に分けられます。

全身振動は、建設機械、道路交通、工場、鉄道等が振動源となり、地面を伝搬(でんぱん)して、建築物の内部にいる人にも伝わります。自動車やエレベーター

などの乗り物に乗っているときにも、全身振動が知覚されます。地震による強い振動は、建築物自体にも物理的被害をもたらすことがあります。

　振動の基本的物理量は、変位、速度、加速度、周波数です。周波数の単位はヘルツ [Hz] です。人間が感じる振動の大きさは、振動レベルで表されます。振動レベルは、振動加速度レベル（測定した加速度と基準加速度の比の対数）に振動感覚補正を行った値で、単位はデシベル [dB] です。人間が揺れを感じ始める振動レベル（振動感覚閾値）は 55dB で、地震の震度0に相当します。100dB 以上の強い振動では、呼吸数の増加、血圧上昇、胃腸の働きの抑制、自律神経系、内分泌系への影響が生じます。

　全身振動の大きさの感覚は、振動の継続時間によっても異なり、周波数 2 〜 60Hz では 2 秒以下、100 〜 200Hz では 0.8 秒以下の場合、継続時間が短いほど振動の大きさの感覚は減少します。継続時間がこれよりも長い場合は、振動の大きさの感覚は一定です。

　局所振動による人体への影響としては、チェーンソーのような手持ち振動工具を長期間にわたって使用することによる手指の障害が挙げられます。白ろう病は、血行障害による手指のしびれ、痛み、蒼白化（レイノー現象）を伴い、重篤な場合は患部が壊死に至ることがあります。

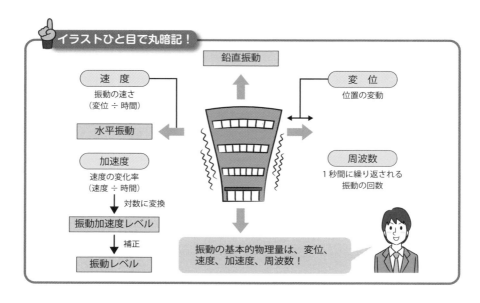

ポイントを丸暗記！

1 人間の聴覚が最も鋭敏に聞き取れる音の周波数は、4,000Hz 付近である。

人間が聞き取れる音の周波数は、約 20Hz ～約 20,000Hz（20kHz）の間の約 10 オクターブの範囲で、その中でも、4,000Hz 付近の音を最も鋭敏に聞き取ることができる。音声の主要周波数は、100 ～ 4,000Hz である。

2 加齢による聴力の低下は、高い周波数域で起こりやすい。

加齢性難聴では、一般に、8,000Hz 付近の高い周波数の音から聞き取りにくくなり、しだいに低い周波数域へと聴力の低下が進行する。

3 騒音性難聴の初期には、約 4,000Hz 付近での聴力低下と耳鳴りなどが生じる。

騒音性難聴の初期には、通常、約 4,000Hz 付近での聴力低下がみられる。これを C^5 ディップという。

重要用語を覚えよう！

対数

$A^Y = X$ のとき、Y を「A を底とする X の対数」といい、$Y = \log_A X$ と表す。底は1 以外の正の実数なら何でもよいが、10 を底とする対数を常用対数という。人間の感覚は物理量の対数に比例するといわれ、感覚に関する値には対数がよく用いられる。

振動感覚補正

人間が感じる振動の大きさの感覚は、振動の周波数や方向（鉛直振動・水平振動）によって異なるため、鉛直方向の 4 ～ 8Hz の振動の大きさを基準にして振動加速度レベルを補正したものが振動レベルである。

Lesson 9 光・色の知覚と健康

ここが Point！

網膜の視細胞である杆体細胞と錐体細胞の働きの違い、明順応、暗順応のしくみを覚えよう。色の3属性や、色の感情効果について理解しよう。

基礎知識を押さえよう！

1．光と視覚

　外界から目に入った光は、網膜で像を結び、網膜にある視細胞で電気信号に変換されます。この信号が、視神経を通じて大脳の視覚中枢に伝えられることにより、視覚が生じます。視覚からは、明るさ、色、物の形や動き、遠近感、立体感など、多くの情報が得られます。

　網膜には、杆体細胞、錐体細胞という2種類の視細胞があります。杆体細胞は、光に対する感度が錐体細胞の500倍と非常に高く、わずかな光にも反応します。錐体細胞は、感度はそれほど高くないので、十分な光量がないと反応しませんが、解像力にすぐれています。色の違いを認識する色覚に関与しているのは、錐体細胞です。明るい所では主に錐体細胞が働くので、物の形や色をはっきりと見ることができます。暗い所では、錐体細胞はほとんど働かず、主に杆体細胞が働きます。杆体細胞は色覚に関与しないので、暗い所では物の色が見分けにくくなります。

　明るい場所から急に暗い場所に移ると、しばらくの間、ほとんど何も見えない状態になりますが、時間が経つにつれて、だんだん目が慣れてきて物が見えるようになります。これを、暗順応といいます。反対に、暗い場所から急に明るい場所に移ると、最初はまぶしくて何も見えませんが、しだいに見えるようになります。これを、明順応といいます。暗順応は、完全に順応するまで40分以上かかるといわれますが、明順応に要する時間は2分程度です。

視細胞の働き

明るい所では…	暗い所では…

暗順応 →
← 明順応

主に錐体細胞が働く。
物の形・色ともに
はっきり見える。

主に杆体細胞が働く。
物の色は見分けにくく、
素早い動きもとらえにくい。

2．色の感覚と効果

　人間の目に見える光（可視光）は、電磁波のうち、波長が 380 ～ 780nm
の範囲のものです。通常、自然界にある光にはさまざまな波長成分の光が
含まれており、その波長分布の違いが、色の違いとして知覚されます。

　網膜の錐体細胞には 3 種類あり、赤、青、緑の光によく反応します。そ
の反応の組合せによって、どのような色に見えるかがきまります。白色光
は、あらゆる波長の光が一様に分布している光で、色の感覚を与えません。

　色の性質には、色合いを表す色相、明るさを表す明度、鮮やかさを表す
彩度があります。これらを、色の 3 属性といいます。これらの属性を用いて、
色を定量的に表すために作られたのが、表色系と呼ばれる体系です。なか
でも、最もよく知られているのはマンセル表色系で、色の 3 属性を記号や
数値で表し、その組合せにより色を表現します。

　色が人間の心理に与える影響についても、多くのことが知られています。
色相でいうと、赤、橙、黄などの色は暖色といい、温かい印象を与えるの
に対し、青系の色は寒色といい、冷たい、涼しいという印象を与えます。
暖色で明度の低い色は重量感を、寒色で明度の高い色は軽量感をイメージ
させます。色が持つこのような効果は、さまざまな分野で利用されていま
す。なお、暖色は、手前に進出してくるように見えるので進出色ともいい、
寒色を後退色ともいいます。

●色の感情効果

色相	暖色（赤・橙・黄系）	温かい・積極的・活動的
	中性色	中庸・平静・平凡
	寒色（青系）	冷たい・消極的・沈静的
明度	明	陽気・明朗
	中	落ち着き
	暗	陰気・重厚
彩度	高	新鮮・はつらつ
	中	くつろぎ・温和
	低	渋み・落ち着き

3．輝度と照度

　光の明るさに関する物理量とその単位には、以下のようなものがあります。

光束：単位時間当たりに通過する光の量（単位はルーメン [lm]）。単位時間当たりに光源から放射されるすべての光の量を、全光束という。

光度：一定の方向から見た光源の明るさ（単位立体角当たりの光束）を表す量（単位はカンデラ [cd]）。光源を面積のない点光源とみなせる場合に用いられる。

輝度：単位面積当たりの光度（単位はカンデラ / 平方メートル [cd/㎡]）。面積を持つ光源や、光を反射する物体の表面の明るさを表す。

照度：ある面が単位時間・単位面積当たりに受ける光の量（単位はルクス [lx]）。光に照らされている面の明るさを表す。

　これらのうち、室内の光環境を考慮する際に重要なのは、輝度と照度です。輝度は、照明から出る光や反射光の明るさ（まぶしさ）、照度は、照明に照らされている場所の明るさを評価するときに用います。

　人間の視力は、照度 0.1lx 付近で大きく変化することが知られています。これは、明るい所で働く錐体細胞と暗い所で働く杆体細胞の役割が入れ替わるのがこのあたりの照度であることを意味します。また、照度が低下すると、瞳孔が拡大し、目により多くの光を取り入れようとします。

9

光・色の知覚と健康

　室内においては、人間にとって適正な照度を確保することが重要です。照度が低すぎると、目の調節機能を常に働かせている状態になり、目が疲労します。照度が高すぎても、不快感や目の疲労につながります。適切な照度は作業の内容によっても異なり、精密な作業になるほど高い照度を必要とします（事務所衛生基準規則による照度の基準については、p.40 参照）。

　視野の中に輝度の高い物があるとまぶしさを感じます。視力の低下や不快感をもたらすまぶしさのことを、グレアといいます。室内の照明の質を向上させるためには、グレアを防止することも重要です。

4．VDT 作業における健康障害

　近年、パソコン等のディスプレイ（VDT：Visual Display Terminals）を使用した作業に従事する人が多くなっていますが、VDT 作業者には、目の疲労や目の乾き（ドライアイ）、首、肩の凝りなどの症状を訴える者が多く、作業時間が長くなるほどその割合が増えることが知られています。

　そのような症状が現れる要因として、VDT 作業に伴う以下のような問題が挙げられます。

・頭や手の位置が極端に制限される。

・画面を注視することにより、瞬きの回数が減少する。

・視野内に著しく輝度の大きい物があるために、網膜の感度が低下する。

　また、目と表示画面の距離と、目と書類等の距離の差が大きいと、焦点距離の調節を頻繁に行わなければならないので、目が疲労します。

　VDT 作業における眼疲労への対策としては、厚生労働省により、以下のようなガイドラインが設けられています。

・室内はできるだけ明暗の対照が著しくなく、かつ、まぶしさを生じさせないようにする。

・ディスプレイを用いる場合の書類上及びキーボード上における照度は300lx 以上とし、作業しやすい照度とすること。また、ディスプレイ画面の明るさ、書類及びキーボード面における明るさと周辺の明るさの差はなるべく小さくすること。

・ディスプレイ画面に直接または間接的に太陽光等が入射する場合は、必要に応じてブラインドやカーテン等を設ける。

・画面の位置、前後の傾き、左右の向きを調整し、グレアを防止する。
・反射防止型ディスプレイを用いる。
・間接照明等のグレア防止用照明器具を用いる。

ポイントを丸暗記！

1 **杆体細胞は、錐体細胞よりも光に対する感度が高い。**

網膜の視細胞には、杆体細胞と錐体細胞がある。杆体細胞は、光に対する感度が錐体細胞の 500 倍と非常に高く、わずかな光にも反応する。錐体細胞は、感度はそれほど高くないが、解像力にすぐれ、色覚にも関与している。

2 **暗順応は、明順応よりも順応に要する時間が長い。**

暗順応は、完全に順応するまで 40 分以上かかるのに対し、明順応に要する時間は 2 分程度である。

3 **VDT 作業では、目と表示画面の距離と、目と書類等の距離の差が小さいほうがよい。**

目と表示画面の距離と、目と書類等の距離の差が大きいと、焦点距離の調節を頻繁に行わなければならないので、目が疲労する。

こんな選択肢に注意！

色の 3 属性とは、色相、彩度、輝度である。

色の 3 属性とは、色相、明度、彩度である。

10 電場・磁場・電磁波と健康への影響

基礎知識を押さえよう！

1．電場・磁場・電磁波とその単位

電場とは、電荷に対して電気力が働く空間のことで、電界ともいいます。空間内のある点に静止した正の単位電荷に作用する電気力を電場の強さといい、その力の向きを電場の向きといいます。電場の強さの単位は、ボルト／メートル［V/m］です。磁場とは、磁力が働く空間のことで、磁界ともいいます。磁場は、磁石や電流によって生じます。磁場の強さの単位は、アンペア／メートル［A/m］です。磁場の強さを表すもう一つの量が磁束密度で、単位はテスラ［T］、またはガウス［G］が用いられます。

電場と磁場は、互いに直交しながら振動し、波（波動）として空間を伝わります。これを電磁波といいます。電磁波は、波長の違いによりさまざまな性質を持ち、その特徴に応じた名称で呼ばれています（次ページの表参照）。光や電波も電磁波の一種です。

2．電磁波の健康への影響

電磁波が人体に与える影響は、電磁波の種類によって大きく異なります。電磁波のエネルギーは、周波数に比例し、波長に反比例します。

①紫外線

紫外線は、可視光線よりも波長の短い電磁波で、波長によりUV-A（315

●電磁波の種類

		周波数	波長	主な用途・発生源
電離放射線	ガンマ (γ) 線	3,000 万 THz 〜	0.0001nm 〜	科学観測機器
	エックス (x) 線	30,000 〜 3,000 万 THz	10 〜 0.001nm	医療機器
光	紫外線	789 〜 30,000THz	0.38μm〜 10nm	レーザ
	可視光線	384 〜 789THz	0.78 〜 0.38μm	光学機器
	赤外線	3,000GHz 〜 384THz	0.1mm 〜 0.78μm	工業用
電波	サブミリ波	300 〜 3,000GHz	1 〜 0.1mm	光通信システム
	ミリ波 (EHF) ※	30 〜 300GHz	1cm 〜 1mm	レーダ
	センチ波 (SHF) ※	3 〜 30GHz	10 〜 1cm	衛星放送
	極超短波 (UHF) ※	300 〜 3,000MHz	1m 〜 10cm	テレビ・電子レンジ・携帯電話
	超短波 (VHF)	30 〜 300MHz	10 〜 1m	テレビ・FM 放送・業務無線
	短波 (HF)	3 〜 30MHz	100 〜 10m	短波放送・アマチュア無線
	中波 (MF)	300 〜 3,000KHz	1,000 〜 100m	ラジオ放送
	長波 (LF)	30 〜 300KHz	10 〜 1km	
	超長波 (VLF)	3 〜 30KHz	100 〜 10km	電磁調理器
	超長波 (VF)	300 〜 3,000Hz	1,000 〜 100km	
	極超長波 (ELF)	3 〜 300Hz	10 万〜 1,000km	家電製品・高圧送電線(50/60Hz)

左側の縦書き:
波長・短／周波数・多 ↑↓ 波長・長／周波数・少

※周波数 300MHz 〜 300GHz の電波（極超短波・センチ波・ミリ波）をマイクロ波という。サブミリ波を含める定義もある。

〜 400nm）、UV-B（280 〜 320nm）、UV-C（200 〜 280nm）に分けられます。紫外線は太陽光に含まれますが、UV-C はオゾン層等で吸収され、地表には到達しません。UV-B は、ビタミン D の生成にかかわるなど、人体にとって有益な作用をもつことが知られ、ドルノ線とも呼ばれます。

しかし、紫外線を浴びすぎると、皮膚や目などに有害な影響が現れます。紫外線は皮膚表層で吸収され、炎症反応を起こし、1 〜 6 時間後に紅斑が生じます。これは、一般に日焼けと呼ばれている症状の一つです。紅斑は、通常は 1 〜 3 日で消失しますが、重症の場合は水疱が形成されます。

紫外線の過剰な照射は、長期的には、皮膚の老化（弾力性の低下、しみ等）を促進させ、皮膚がん（悪性黒色腫）の原因にもなります。

紫外線による目への影響としては、雪面から反射する紫外線による雪目や、溶接作業時の電気性眼炎などが挙げられます。

紫外線には殺菌作用もあり、殺菌灯に利用されています。その効果は、細菌の DNA を損傷することによるものと考えられています。紫外線は人体にとっても有害なので、やむを得ず照射を受ける場合は、目や皮膚を保護することが必要です。

②赤外線

赤外線は、可視光線より波長が長く、マイクロ波より短い電磁波です。波長 1,400nm 以下の近赤外線は特に皮膚をよく透過し、人体の深部に到達して熱に変わります。赤外線を浴びると、皮膚の血管が拡張し、血流が促進され、加温された血液により全身が温められ、代謝が促進されます。

赤外線は太陽光に含まれ、地面からも放射されています。通常は、赤外線の健康への影響が問題になることはほとんどありませんが、夏季の暑熱環境では、頭蓋骨を透過した赤外線が脳を加温し、熱中症（p.70 参照）の原因になります。また、硝子加工作業などで長期にわたって赤外線を見続けると、白内障の発生率が高くなります。

③レーザ光線

レーザ光線は、光を増幅させる装置によって人工的に作られる光線で、波長が単一で波の位相が揃っているため、指向性、集束性にすぐれているのが特徴です。よりわかりやすくいうと、レーザ光線は、通常の光源からの光とは異なり、ほとんど拡散することなく、まっすぐに進みます。また、非常に小さな点に光を集中させることができます。このような性質を持つレーザ光線は、情報通信、医療、金属加工、計測機器など、さまざまな分野で利用されています。レーザ光線には、可視光線だけでなく、紫外線、赤外線を含むさまざまな波長のものがあります。

④生活環境中の電磁波

一般家庭で電磁波の発生源となるのは、電子レンジ、テレビ、電磁調理器、携帯電話などです。携帯電話は、長時間使用すると頭部の皮膚温が上昇するという報告があり、健康への影響の可能性も指摘されていますが、因果関係ははっきりしていません。日本では、携帯電話端末等の無線設備の局所 SAR が 2W/kg を超えないようにすることが定められています。

3．電離放射線と健康への影響

　物質に電離作用（イオン化）を及ぼす放射線を、電離放射線といいます。一般に、電離放射線のことを単に放射線と呼んでいます。電離放射線には、電磁波の一種であるエックス線、ガンマ線、粒子線であるアルファ線、ベータ線、中性子線などがあります。

　宇宙から降り注ぐ宇宙線や、自然界に存在する放射性物質から出る放射線を、自然放射線といいます。これに対し、医療用のレントゲン、CTスキャン等に使用される放射線や、原子力発電所から放出される放射線を人工放射線といいます。

　放射性物質とは、放射性崩壊（壊変）を起こして放射線を放出し、他の元素に変化する性質を持つ物質で、その性質を放射能といいます。放射能の強さを表す単位はベクレル [Bq] で、1Bq は、1秒間に1個の原子が崩壊することを表します。

　放射線を受けた物質が吸収する単位質量当たりのエネルギーの量を、吸収線量といいます。単位はグレイ [Gy] です。放射線の人体への影響の大きさを表す線量当量（等価線量）の単位はシーベルト [Sv] です。

　放射線による人体への影響は、下表のように分類できます。確定的影響は、被ばく線量がある値（閾値）以下では影響がなく、閾値を超えると影響が現れるもので、線量の増加とともに発生確率が増加し、ある線量を超えるとすべての人に影響が現れます。確率的影響は、閾値がなく、どんなに少ない線量でも影響が現れる可能性があります。人体の細胞で最も放射線の影響を受けやすい（放射線感受性が高い）のはリンパ球です。

●放射線による人体への影響

身体的影響	早期影響	皮膚紅斑、皮膚潰瘍、白血球減少、脱毛、不妊等	確定的影響
	晩発影響	白内障、胎児の障害	
		悪性腫瘍（白血病、悪性リンパ腫、皮膚がん、甲状腺がん等）、寿命短縮	確率的影響
遺伝的影響		遺伝子・染色体異常、胎児奇形（小頭症等）	

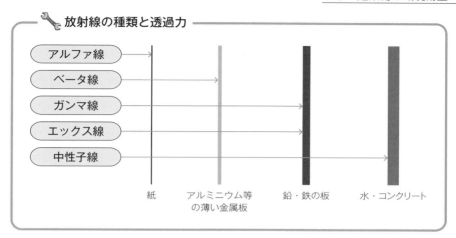

放射線の種類と透過力

	紙	アルミニウム等の薄い金属板	鉛・鉄の板	水・コンクリート

アルファ線

ベータ線

ガンマ線

エックス線

中性子線

ポイントを丸暗記！

1 **放射線の人体への影響の大きさを表す線量当量の単位は、シーベルト [Sv] である。**

放射線の人体への影響の大きさを表すには、吸収線量に放射線の種類やエネルギー等に応じた係数を掛けた線量当量を用いる。単位はシーベルト [Sv]。

重要用語を覚えよう！

局所 SAR

SAR（比吸収率）は、単位質量の生体組織が単位時間当たりに吸収する電波のエネルギー量で、単位はワット / キログラム [W/kg]。局所 SAR は、任意の 10g 当たりの組織に 6 分間に吸収されるエネルギーの平均値で、携帯電話のように人体の近くで使用する小型無線機器に対して用いる。

電離作用

物質中を通過し、原子や分子から電子を弾き飛ばしてイオン化する作用。

電場・磁場・電磁波と健康への影響

10

水と健康

ここが Point ！

体重に占める水分の割合、1日に必要な水分量などの数値を覚えよう。水質汚染の原因となる主な化学物質について、基本的な知識を身に付けよう。

基礎知識を押さえよう！

1．人体と水

水は、地球上で最もありふれた物質であるとともに、あらゆる生物が生命活動を維持するために欠かせないものです。健常な一般成人の身体の水分量は、体重の約 60％を占めています。そのうち、細胞内液が体重の約40％、細胞外液が約 20％（組織間液 15％・血漿 5％）です。身体の水分量は、新生児で最も多く、加齢とともにしだいに少なくなります。また、女性は男性に比べてやや水分量が少なくなっています。

人間が生理的に必要とする水分量は、1日約 1.5L です。小児は必要とする水分量が多く、体重当たりに換算すると、成人の3〜4倍にもなります。

体内の水分の多くは、最終的に尿として排泄されます。尿量は大きく変動しますが、普通の食事をし、適度に水分を摂取している状態で、1日1〜2L の尿を排泄します。体内の老廃物を排出するためには、最低でも1日に 0.4〜0.5L の尿を排泄することが必要で、これを不可避尿といいます。

尿のほかにも、発汗や不感蒸泄、排便等により身体から水分が出ていきます。一方、飲料水や食物に含まれる水分が口から摂取されます。また、体内で食物が代謝される過程で、水素が燃焼し、酸素と結合して水が生成されます。これを代謝水といいます。普通の食事の場合、代謝水は1日に約 0.3L 生成されます。このように、身体から出ていく水分と、体外から摂取する水分、体内で生成される水分がうまく釣り合って、体内の水分量が一定に保たれています。

●水分の欠乏による脱水症状

体重当たりの 水分欠乏率	脱水症状
1%	のどの渇き
2%	強い渇き、頭がぼんやりする、重苦しい感じ、食欲減退、血液濃縮
4%	動きが鈍くなる、皮膚の紅潮、いらいら、疲労、嗜眠、感情鈍麻、吐気、情緒不安定
6%	手足のふるえ、熱性抑うつ症、昏迷、頭痛、熱性困憊、体温上昇、脈拍・呼吸数の増加
8%	呼吸困難、めまい、チアノーゼ、言語不明瞭、疲労増加、精神錯乱
10 〜 12%	筋けいれん、平衡機能失調、失神、舌の腫脹、譫妄、興奮状態、循環不全、血液濃縮と血液の減少、腎機能不全
15 〜 17%	皮膚がしなびる、飲込み困難、目の前が暗くなる、目がくぼむ、排尿痛、聴力損失、皮膚の感覚鈍化、舌のしびれ、眼瞼硬直
18%	皮膚のひび割れ、尿生成の停止
20%以上	死亡

　体内の水分の平衡がくずれ、水分が減少してくると、のどの渇きを覚えます。そのときに水分が摂取できなかったり、十分でなかったりすると、体内は水分が欠乏した状態になり、脱水症状が現れます（上表参照）。逆に、水分が過剰になった状態では浮腫（むくみ）がみられます。

2. 飲料水の水質と健康

　このように生命の維持に欠かせない水を、私たちは毎日、飲料水として摂取しています。その飲料水が、飲用に適した安全なものでなければならないことはいうまでもありません。

　日本では、近年の全国水道普及率が97.9％と非常に高く、飲料水の供給源となるのは、ほとんど水道水です。水道水については、水道法により水質基準が定められ、水道事業者には、基準に適合する水を供給すること、定期及び臨時に水質検査を行うことが義務づけられています。また、水道法の規制を受けない地下水等を飲料水の水源とする場合も、水道法による水質基準を満たすことが求められています。

3．水質汚染にかかわる主な物質

　現在の日本は、世界各国と比較しても、安全な飲料水が安定的に供給されている国といえます。しかし、万一飲料水が汚染された場合は、その影響はきわめて重大なものになると考えられます。また、飲料水そのものが汚染されていなくても、公共用水域の水質汚染がめぐりめぐって人体への健康影響となって現れる場合もあります。

　水質汚染は、病原微生物による汚染と、化学物質による汚染の2種類に大きく分かれます。ここでは、水質汚染の原因となる主な化学物質と、その人体への影響について触れておきます。

①カドミウム

　亜鉛を製錬する際に副産物として得られる金属で、合金、メッキ、塗料、電池など、さまざまな用途に用いられています。体内に入ると腎臓や肝臓に蓄積され、腎臓では、尿細管を中心とした腎障害を引き起こします。

　かつて、富山県の神通川流域で発生したイタイイタイ病は、鉱山からの排水に含まれていたカドミウムによる公害病でした。汚染された農作物を長期にわたって摂取したことなどが原因で、腎障害や骨軟化症が生じ、激しい痛みや病的骨折などの症状に苦しむ人が続出しました。

②水銀

　常温で液体である唯一の金属で、温度計、気圧計、血圧計などの計器類や、水銀灯などに用いられています。金属としての水銀、化合物の有機水銀、無機水銀ともに人体に有害で、特に中枢神経に与える影響が重大です。

　かつて熊本県で発生した水俣病、新潟県で発生した新潟水俣病は、工業排水中に流出したメチル水銀（有機水銀の一種）が、食物連鎖により魚介類の体内で濃縮され、それを摂取した人々の間に発生した公害病で、運動失調、言語障害、聴力障害、視野狭窄などの健康障害が生じました。

生物の体内に蓄積された化学物質が、食物連鎖を経てしだいに濃縮されていく現象を、生物濃縮といいます。食物連鎖の上位にいる捕食者ほど、体内の化学物質の濃度が増していきます。

③鉛

　体内に吸収されると、全身の臓器に分布し、特に脳と肝臓に蓄積されや

すく、造血機能障害や神経障害を引き起こします。

④ヒ素

　金属と非金属の両方の性質を持つ元素で、単体、化合物とも有毒です。3 価、5 価の化合物では、3 価のほうが毒性が強く、経気道曝露では呼吸器障害、経口曝露では、体重減少、疲労、皮膚の色素沈着や角化、末梢神経障害、血液障害、肝障害等を引き起こします。発がん性も認められ、肺、皮膚などの悪性腫瘍を生じるおそれがあります。

ポイントを丸暗記！

1	人間が生理的に必要とする水分量は、1 日約 1.5L である。

体内の老廃物を排出するためには、最低でも 1 日に 0.4 ～ 0.5L の尿を排泄することが必要で、これを不可避尿という。

2	イタイイタイ病の原因になった物質は、カドミウムである。

富山県の神通川流域で発生したイタイイタイ病は、鉱山からの排水に含まれていたカドミウムによる公害病。熊本県で発生した水俣病、新潟県で発生した新潟水俣病は、工業排水中のメチル水銀（有機水銀の一種）が原因。

重要用語を覚えよう！

不感蒸泄

無意識のうちに、皮膚や呼気からの蒸散により失われる水分。発汗は含まない。

病的骨折

疾病により正常な強度が失われ、もろくなった骨が、小さな外力が加わっただけで折れてしまうこと。

感染症の予防

ここが Point！

病原体の種類と感染症の関係を覚えよう。感染症の成立にかかわる３つの要因は、感染源、感染経路、宿主の感受性。

基礎知識を押さえよう！

1．感染症とは

　感染症とは、病原体が生体内に侵入し、増殖することにより引き起こされる疾患の総称です。病原体となるのは、細菌、ウイルス、リケッチア、スピロヘータ、原虫、真菌等です。このうち、最も小さいウイルスは、細胞を持たないので非生物とされることもありますが、他の生物の細胞に寄生して増殖できるので、生物と非生物の中間的な存在といえます。病原体に侵入され、感染する側の人間や動物のことを、宿主といいます。

　感染症は、感染源、感染経路、宿主の感受性の３つの要因がすべて揃った場合に発生します。言い換えると、これらの要因のうちのいずれかを取り除くことが、感染症への対策となります。

●病原体の種類

分　類	大きさ・形態等	主な感染症
ウイルス	10 〜 400nm の球状の小体	痘瘡、麻疹、B 型肝炎、インフルエンザ
リケッチア	300 〜 500nm の球状または桿形の小体	発疹チフス、ツツガムシ病
細菌	1μm前後の球形または桿形の単細胞生物	コレラ、ペスト、結核、レジオネラ症
真菌	1 〜 10μm程度のカビの仲間	カンジダ症、白癬症
スピロヘータ	6 〜 15μmのらせん状の単細胞生物	梅毒、ワイル病
原虫	20 〜 500μm以上の単細胞生物	マラリア、クリプトスポリジウム症

２．感染症対策

①感染源への対策

　感染症発症者（患者）並びに保菌者（病原体を保有しているが発症していない者）を隔離することが、感染源への対策となります。感染症の種類により、患者や保菌者の血液、喀痰（かくたん）、糞便なども感染源となるので、それらに汚染された器具の消毒も、感染源対策として重要です。人間以外の動物が感染源となることもあります。

●感染症の感染経路

直接伝播	直接接触		他人との接触や咬傷等により病原体が直接体内に侵入する。（例：梅毒等の性病）
	飛沫感染※		排菌者の咳、くしゃみなどにより飛散した鼻・口腔分泌物の飛沫に含まれる病原体が、直接あるいは粉じんに付着して他の人の口や鼻などの粘膜に触れて感染する。通常は1～2m程度の至近距離で起きる。（例：インフルエンザ、肺結核、肺炎）
	垂直感染（母子感染）		母親から胎児への感染、母乳を通じての新生児への感染。（例：＜胎盤感染＞風しんウイルス、サイトメガロウイルス＜産道感染＞B型肝炎、ヒト免疫不全ウイルス（HIV）＜母乳感染＞HIV）
間接伝播	媒介物感染	間接接触	衣類や寝具に付着した病原体や、血液関連製剤による感染。（例：結核、薬害によるHIV（エイズ）感染）
		食物感染	病原体を含む食品を摂取することによる感染。（例：A型肝炎、ジストマ、腸チフス）
		水系感染	病原体に汚染された水を摂取することによる感染。（例：クリプトスポリジウム症、コレラ、腸チフス、パラチフス、赤痢、ノロウイルス感染症）
	媒介動物感染		病原体が伝播動物により機械的に運搬されることによる感染経路（ゴキブリ、ハエが運搬する病原体による食中毒等）のほか、媒介する動物（蚊、ダニ、ノミ、シラミ等）の体内で病原体が増殖する生物学的感染（日本脳炎、ツツガムシ病、発疹チフス等）がある。
	空気感染	飛沫核感染※	飛沫が空気中で乾燥し、浮遊する飛沫核による感染。（例：結核）
		飛じん感染	汚染されたほこりや土による感染。（例：レジオネラ症、オウム病、炭疽）

※ 飛沫は直径5μm以上で、水分を含むので重く、すぐに落下するので1m程度の距離までしか到達しない。飛沫核は、飛沫が乾燥したもので、直径5μm以下で軽く、空気中を長時間浮遊する。

105

②感染経路への対策

感染経路は、直接伝播と間接伝播に大きく分かれます（詳細は前ページの表参照）。これらの感染経路を遮断することが感染経路への対策となります。

③宿主の感受性への対策

感染症に対して感受性があるということは、感染するおそれがあること、つまり、免疫がないことや、抵抗力が弱いことなどを意味します。宿主の感受性への対策としては、体力を向上させて抵抗力を高めること、予防接種を受けて後天性免疫を獲得することなどが挙げられます。

④予防対策

消毒・滅菌は、感染源、感染経路への対策として有効です。滅菌とは、ある環境中のすべての微生物を死滅させ、無菌状態にすることをいいます。消毒とは、病原体のみを死滅させることをいいます。消毒・滅菌には、理学的方法（乾熱滅菌、焼却、紫外線消毒、煮沸消毒等）と化学的方法（クレゾール、ホルマリン、エタノール等を使用）があります。

●主な感染症

疾患名	特　徴
結核	結核菌による感染症で、肺結核が代表的だが、あらゆる臓器が侵される。主な感染経路は、飛沫感染・空気感染。世界的に増加傾向にある。感染症法による2類感染症の一つ。
レジオネラ症	レジオネラ属菌（細菌）による肺炎と一過性のポンティアック熱。汚染水のエアロゾルの吸入、汚染水の吸引等により感染する。病原体は自然の土壌や淡水に生息。20〜50℃で繁殖し、36℃前後で最もよく繁殖する。給水・給湯設備、冷却塔、循環式浴槽等の水から感染することがある。4類感染症。
インフルエンザ	A型、B型、C型のインフルエンザウイルスによる感染症。通常の風邪よりも症状が重く、高熱、頭痛、筋肉痛、全身倦怠感、のどの痛み、せき、痰などを伴う。高齢者の場合、肺炎を併発し、死亡することもある。冬季に流行する。5類感染症。
クリプトスポリジウム症	塩素に抵抗性を持つ原虫クリプトスポリジウムによる消化器感染症。人と人との接触、水を介した伝染により起こる。潜伏期間は約1週間で、激しい下痢、腹部けいれんなどの症状が1〜2週間続いたのちに軽減する。5類感染症。

ノロウイルス感染症	ノロウイルスによる消化器感染症。食中毒、感染性胃腸炎（5類感染症）などを生じ、嘔吐、下痢、発熱を伴う。カキ等の二枚貝の生食により感染することが多く、冬季に流行する。感染力は強く、感染者の糞便、嘔吐物も感染源となる。

ゴロ合わせで覚えよう！

◆感染症の病原体

最近、これがベスト！
（細菌）（コレラ）（ペスト）

結局、ラジオね！
（結核）（レジオネラ症）

| 細菌による感染症には、コレラ、ペスト、結核、レジオネラ症などがある。

ポイントを丸暗記！

1　**感染症を引き起こす病原体となるのは、細菌、ウイルス、リケッチア、スピロヘータ、原虫、真菌等である。**

ウイルスによる感染症には、痘瘡（天然痘）、麻疹、B 型肝炎、インフルエンザ、日本脳炎など、細菌による感染症には、コレラ、ペスト、結核、レジオネラ症などがある。

2　**感染症は、感染源、感染経路、宿主の感受性の 3 つの要因により発生する。**

感染症の対策と予防には、感染源の発見と隔離、除去、感染経路の遮断、宿主の感受性への対策（抵抗力の向上、予防接種等）が有効である。

練習問題にチャレンジ！

問　題　　解答と解説は p.109 〜 110

問題 01

体温に関する次の記述のうち、最も適当なものはどれか。

1　顔の皮膚温は、手足の皮膚温よりも低い。

2　寒冷環境では、身体表面と身体内部の温度差が小さくなる。

3　平均皮膚温は、各部位の皮膚温に、それぞれの皮膚面積に応じた重みづけをして平均した値である。

4　熱放散量が熱産生量より大きいと、体温は上昇する。

5　寒冷環境で生じるふるえは、行動性体温調節に含まれる。

➡ Lesson 02

問題 02

快適温度に関する次の記述のうち、最も適当なものはどれか。

1　代謝量に影響される。

2　女性の快適温度は、一般に男性よりも低い。

3　高齢者は、一般に若年者よりも低い室温を好む。

4　不快指数は、気温と黒球温度により求められる。

5　高齢者は、寒さに対する感受性が高い。

➡ Lesson 03

問題 03

室内空気環境に関する次の記述のうち、最も適当なものはどれか。

1　室内環境において、空気中の窒素の人体への影響が問題になることはない。

2　室内の良好な空気環境を維持するためには、1 人当たりおおむね 10㎥ /h 以上の換気量を確保することが必要である。

3　窒素は、空気の約60%を占める。

4　労働安全衛生法に基づく酸素欠乏症等防止規則では、酸素濃度が16%未満である状態を酸素欠乏と定義している。

5　室内の二酸化炭素濃度が1%以下ならば、必要換気量を確保できているとみなされる。

→ Lesson 05

問題 04

音に関する次の記述のうち、最も適当なものはどれか。

1　加齢による聴力の低下では、一般に、低い周波数の音から聞き取りにくくなる。

2　人の聴覚が最も鋭敏な周波数は、8,000Hz付近である。

3　人の聴覚で聞き取れる音の周波数の上限は、約40,000Hz（40kHz）である。

4　音の感覚の3要素とは、音の大きさ、音の高さ、音の強さである。

5　周波数とは、音波の振動が1秒間に繰り返される回数である。

→ Lesson 08

解答と解説　　問題は p.108 〜 109

問題 01　　正解　3

1　×　顔の皮膚温は、手足の皮膚温よりも<u>高</u>く、直腸温より<u>低</u>い。

2　×　寒冷環境では、身体表面と身体内部の温度差が<u>大き</u>くなり、温暖環境では<u>小さ</u>くなる。

3　○　平均皮膚温は、各部位の皮膚温に、それぞれの<u>皮膚面積</u>に応じた重みづけをして平均した値である。

4　×　熱放散量が熱産生量より大きいと、体温は<u>低下</u>する。熱産生量と熱放散量が等しい場合、体温は<u>一定</u>に保たれる。

5　×　寒冷環境で生じるふるえは、<u>自律性体温調節</u>に含まれる。行動性体温調節は、<u>意識的</u>に行う体温調節のことである。

問題02 **正解** 1

1 ○ 温熱環境要素には、環境側の4要素（気温・湿度・風速・熱放射）と人体側の2要素（<u>代謝量</u>・着衣量）がある。

2 × 女性の快適温度は、男性よりも1〜2℃<u>高</u>いとされている。

3 × 高齢者は、一般に若年者よりも<u>暖か</u>い室温を好むといわれる。

4 × 不快指数は、気温と<u>湿球温度</u>（または<u>相対湿度</u>）により求められる。

5 × 高齢者は、寒さに対する感受性が<u>低下</u>している。

問題03 **正解** 1

1 ○ 窒素は、常温常圧では化学反応を起こしにくい<u>不活性</u>な気体なので、室内環境において、空気中の<u>窒素</u>の人体への影響は問題にならない。

2 × 1人当たりおおむね<u>30㎥</u>/h以上の換気量を確保することが必要である。

3 × 窒素は、空気の約<u>78</u>%を占める。

4 × 労働安全衛生法に基づく酸素欠乏症等防止規則では、酸素濃度が<u>18</u>%未満である状態を酸素欠乏と定義している。なお、空気中の酸素濃度がおおよそ16%以下になると頭痛等の症状が現れる。

5 × 室内の二酸化炭素濃度が<u>0.1</u>%（<u>1,000</u>ppm）以下ならば、必要換気量を確保できているとみなされる。

問題04 **正解** 5

1 × 加齢による聴力の低下では、一般に、<u>8,000</u>Hz付近の<u>高</u>い周波数の音から聞き取りにくくなる。

2 × 人の聴覚が最も鋭敏な周波数は、<u>4,000</u>Hz付近である。

3 × 人の聴覚で聞き取れる音の周波数は、約20Hz〜約<u>20,000</u>Hz（<u>20</u>kHz）の範囲である。

4 × 音の感覚の3要素とは、音の大きさ、音の高さ、<u>音色</u>である。

5 ○ <u>周波数</u>とは、音波の振動が1秒間に繰り返される回数である。

ビル管理士試験
合格テキスト

3章 空気環境の調整

熱の単位、伝熱過程、熱貫流

ここが Point !

熱量や熱抵抗など、熱に関する基本的な用語を覚えよう。
計算して数値を求められることもあるため、式は応用的に
使えるようにしよう。

基礎知識を押さえよう！

1．熱の単位

　理論上、分子や原子の運動が完全に停止する温度を絶対零度といい、この絶対零度を基準にした温度を絶対温度といいます。絶対温度の単位は、ケルビン［K］で表され、絶対温度 T［K］と摂氏温度 t［℃］の関係は、次式のとおりです。

　　$T = t + 273$［K］

●熱に関する用語

熱　量	熱量とは、高温物体から低温物体へ移動する熱や、発熱、加熱、放熱、吸熱などの熱の大きさをいう。熱量はエネルギーであり、単位はジュール［J］で表す。
熱　流	熱流とは、単位時間当たりに流れる熱量をいう。1秒間当たりに1Jの熱量が流れたときの熱流は、1J/s となり、これはすなわち 1W となる。熱流の単位はワット［W］で表され、1W は 1J/s で定義される。
熱抵抗	熱抵抗とは、ある物体の熱の伝わりにくさであり、1W の熱流を生じさせるのに必要な温度差として、次式で表される。熱抵抗の単位は［K/W］で表される。 熱抵抗 $= \dfrac{温度差}{熱流}$［K/W］

2．伝熱過程

　壁をはさんで温度差があると、高温側から低温側に壁を貫く熱流、すなわち貫流熱流が生じます。貫流による伝熱には、固体部分を伝わる熱伝導、流体（液体、気体）と壁表面の間を伝わる熱対流、壁面間を電磁波により伝わる熱放射によるものがあります。この熱伝導、熱対流、熱放射を熱移動の三態といいます。熱移動の三態により壁を貫く熱流の大きさは、各部の温度等が一定の定常状態においては、壁のどの部位においても等しくなります。また、熱伝導、熱対流、熱放射を、それぞれ伝導、対流、放射とも呼びます。

　🔧 **熱の移動と貫流熱流**

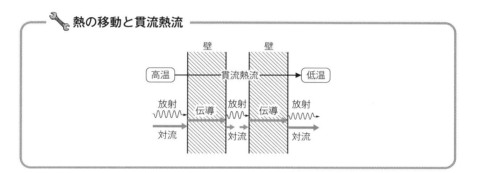

3．熱貫流

　壁を貫いて伝熱することを熱貫流といいます。熱貫流による熱流は、次式で表されます。

$$Q = UA \Delta T = \frac{A \Delta T}{R}$$

Q：熱流〔W〕、U：熱貫流率〔W/（㎡K）〕、R：熱貫流抵抗〔㎡K/W〕
A：伝熱面積〔㎡〕、ΔT：高温側と低温側の温度差〔K〕

　上式の U を熱貫流率、R を熱貫流抵抗といいます。熱貫流率は壁の熱貫流による熱の伝わりやすさ、熱貫流抵抗は壁の熱貫流による熱の伝わりにくさです。熱貫流率と熱貫流抵抗の関係は逆数の関係で、熱貫流率の単位は〔W/（㎡K）〕、熱貫流抵抗の単位は〔㎡K/W〕で表されます。

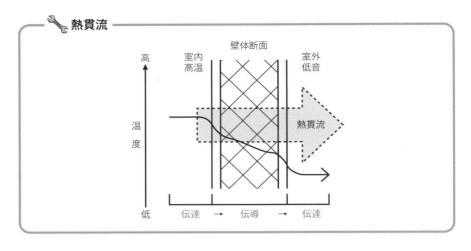

熱貫流

壁体断面

室内
高温

室外
低音

高

温
度

熱貫流

低　　伝達　→　伝導　→　伝達

　なお、壁体が、室内が A 部材、室外が B 部材というように、異なる部材で構成された壁の熱貫流抵抗 R は、次式で表されます。

$$R = \cfrac{1}{室外の熱伝達率} + \text{A 部材の熱伝導抵抗} + \text{B 部材の熱伝導抵抗} +$$

$$\cfrac{1}{室内の熱伝達率} \ [\text{㎡ K/W}]$$

ポイントを丸暗記！

| 1 | 熱量はエネルギーであり、単位はジュール［J］で表す。 |

熱量とは、高温物体から低温物体へ移動する熱や、発熱、加熱、放熱、吸熱などの熱の大きさをいう。

| 2 | 熱貫流率は壁の熱貫流による熱の伝わりやすさ、熱貫流抵抗は壁の熱貫流による熱の伝わりにくさをいう。 |

熱貫流率と熱貫流抵抗の関係は逆数の関係で、熱貫流率の単位は［W/（㎡ K)］、熱貫流抵抗の単位は［㎡ K/W］で表される。

2

熱伝達率、熱伝導率、熱対流

伝達や伝導、放射は熱の性質を知る上で、非常に大切なことです。単位や、それぞれの数値を求める式もあわせて、しっかり覚えましょう。

基礎知識を押さえよう！

1．熱容量

　物体の温度を 1K 上げるのに必要な熱量を、その物体の熱容量といいます。熱容量の単位は、［J/K］で表されます。

　比熱とは、単位質量当たりの熱容量です。単位質量の物質の温度を 1K 上げるのに必要な熱量であり、単位は、［J/（kg・K）］などで表されます。

　なお、比熱の単位には、［J/（kg・K）］、［J/（g・K）］、［kJ/（kg・K）］などが用いられます。

2．熱伝達率

　熱伝達率とは、壁と流体間の熱伝達のしやすさであり、単位面積、単位温度差当たりに熱伝達する熱流の大きさをいいます。熱伝達率の単位は、［W/（㎡ K）］で表されます。

　熱伝達抵抗とは、壁と流体間の熱伝達のしにくさであり、熱伝達率の逆数となります。熱伝達抵抗の単位は、［㎡ K/W］で表されます。

　熱伝達率は、自然対流や強制対流の流体の流れや流速、さらに壁面の粗度等に影響を受けます。一般に、流体の流速が速いほど、壁面が粗いほど、熱伝達率は大きくなります。

3．熱伝導率

熱伝導率とは、物質の熱伝導のしやすさであり、単位面積、単位厚さ、単位温度差当たりに熱伝導する熱流の大きさをいいます。熱伝導率の単位は、［W／（mK）］です。次図に示す熱流は、次式で表されます。

$$熱流 = 熱伝導率 \times \frac{温度差}{厚さ} \times 面積 \ [W]$$

$$熱伝導率 = \frac{熱流 \times 厚さ}{温度差 \times 面積} \ [W／（mK）]$$

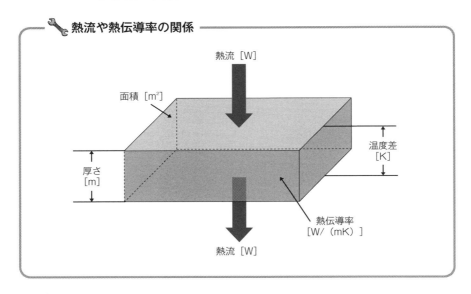

🔧 **熱流や熱伝導率の関係**

熱流［W］

面積［m²］

熱流［W］

厚さ
［m］

温度差
［K］

熱伝導率
［W／（mK）］

4．熱抵抗率、熱伝導抵抗

熱抵抗率とは、物質の熱伝導のしにくさであり、熱伝導率の逆数です。熱抵抗率の単位は、［mK/W］で表されます。

熱伝導抵抗とは、ある物体の熱伝導のしにくさであり、物体の厚さを熱伝導率で除したものです。熱伝導抵抗の単位は、［㎡ K/W］で表されます。

$$熱伝導抵抗 = \frac{厚さ}{熱伝導率} \ [㎡ K/W]$$

5．温度勾配

異なる地点間における温度の変化量を、温度勾配といいます。

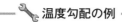 温度勾配の例

$$温度勾配 = \frac{\theta_1 - \theta_2}{\delta} \ [\mathrm{K/m}]$$

θ_1：高温側温度 [K]

θ_2：低温側温度 [K]

δ：厚さ [m]

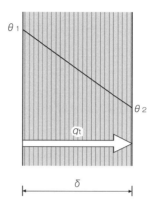

また、単位面積当たりの熱流 q_t [W/㎡] は、熱伝導率 λ [W/（mK）] を用いて、次式より、熱伝導率と温度勾配の積で表されます。

$$q_t = \lambda \frac{\theta_1 - \theta_2}{\delta} \ [\mathrm{W/㎡}]$$

一般に、建材の熱伝導率は、密度が大きい材料ほど、大きくなります。したがって、熱伝導率の逆数である熱抵抗率は、密度が大きい材料ほど、小さくなります。また、同じ材料でも、温度が高いほど、湿気が多いほど、熱伝導率は大きくなります。したがって、熱抵抗率は、温度が高いほど、湿気が多いほど、小さくなります。

6．壁内の温度分布、熱対流

壁が熱伝導率の異なる部材により構成されている場合、壁内の温度分布は異なります。次図の場合、熱伝導率の小さい断熱材のほうが、熱伝導率の大きいコンクリートよりも、温度勾配が大きくなり、温度分布を示す線の温度方向の傾きが大きくなります。

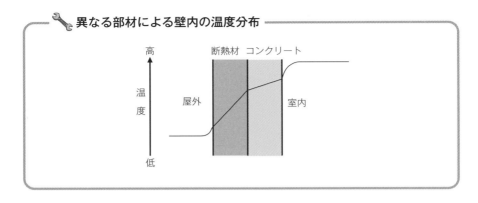
異なる部材による壁内の温度分布

高
温
度
低
断熱材　コンクリート
屋外
室内

　熱対流とは、流体の流れに伴って、流体の保有する熱が運ばれる現象をいいます。流体の流れが、流体内部の温度に伴う作用に起因する場合の対流を自然対流、屋外の風やポンプやファンの機械力などの外的要因に起因する対流を強制対流といいます。

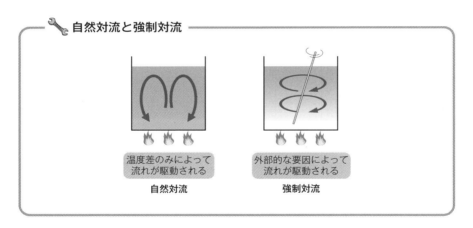
自然対流と強制対流

温度差のみによって
流れが駆動される
自然対流

外部的な要因によって
流れが駆動される
強制対流

7．熱放射

　熱放射とは、熱が電磁波として運ばれる現象、または物体が熱を電磁波として放出する現象をいいます。
　物体表面から放出される単位面積当たりの放射熱流は、物体の絶対温度の4乗に比例し、これを、シュテファン・ボルツマンの法則といいます。たとえば、0℃は絶対温度で表すと273Kとなります。したがって、0℃の固体表面からも、273Kの4乗に比例した熱放射をしています。

また、熱放射に関するキルヒホッフの法則によると、物体の放射の吸収率と放射率は等しくなります。しかし、物体表面の太陽放射による吸収率（日射吸収率）は、長波長放射率と必ずしも等しくなりません。なお、長波長放射率とは、波長の長い赤外線域における放射率であり、物体の表面からの熱の放出しやすさを示します。

●主な建材の日射吸収率と長波長放射率の関係

建材	白っぽい材料 （白色ペイント）	黒っぽい材料 （黒色ペイント）	新しい亜鉛鉄板	光ったアルミ箔
日射吸収率 （as）	0.1	0.9	0.9	0.1
長波長放射率 （ε）	0.9	0.9	0.1	0.1

ポイントを丸暗記！

1	熱伝達率とは壁と流体間の熱伝達の<u>しやすさ</u>であり、熱伝達抵抗とは壁と流体間の熱伝達の<u>しにくさ</u>のことである。

熱伝達率の単位は<u>[W/（㎡ K）]</u>で、熱伝達抵抗の単位は<u>[㎡ K/W]</u>で表される。

重要用語を覚えよう！

日射

日射とは、太陽からの<u>放射エネルギー</u>のことをいう。なお、日射量は、単位面積、単位時間当たりの日射による放射エネルギーの量をいい、1㎡、1秒間当たりの1Jの放射エネルギーの日射量は、<u>1</u>W/㎡となる。

平均放射温度

暑さを示す体感指標の一つで、周囲の全方向から受ける熱放射を<u>平均化</u>して温度表示したもの。MRT（Mean Radiant Temperature）とも表される。

2　熱伝達率、熱伝導率、熱対流

湿り空気の性質、湿り空気線図

ここが Point！

湿り空気や乾き空気、絶対湿度や相対湿度など、対ともいえる用語が多く出てきます。名称から意味が読み取れる用語もありますので、落ち着いて意味を考えるようにしましょう。

基礎知識を押さえよう！

1. 湿り空気の性質

　湿り空気とは、水が気化して気体になった水蒸気を含んだ空気のことをいい、乾き空気とは、水蒸気を含まない空気のことをいいます。

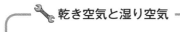

🔧 乾き空気と湿り空気

乾き空気

水蒸気

湿り空気

私たちの周りの空気は、水蒸気を含んでいるから湿り空気ね。

　湿り空気中の水蒸気が飽和状態となり、もうこれ以上、水蒸気を含むことができない状態の湿り空気を飽和湿り空気といいます。湿り空気がどれくらい水蒸気を含むことができるかは、温度の影響を受け、温度が高くなると、より多くの水蒸気を含むことができます。

2．湿度

　湿度とは、湿り空気中に、どれくらいの水蒸気が含まれているかを示すもので、絶対湿度と相対湿度があります。絶対湿度とは、湿り空気の水蒸気の質量と乾き空気の質量との比、すなわち、乾き空気 1kg 当たりの水蒸気の質量 ［kg］ で表されます。絶対湿度の単位は ［kg/kg（DA）］ が用いられます。相対湿度とは、湿り空気の水蒸気分圧と同一温度における飽和水蒸気分圧との比で、単位は ［%］ で表されます。

> 絶対湿度の単位に用いられている DA は、Dry Air の略称で、つまり、乾き空気のことを示しているんだ。

●水蒸気に関する用語

水蒸気分圧	湿り空気中における水蒸気の占める圧力
飽和水蒸気分圧	飽和湿り空気中における水蒸気の占める圧力

　絶対湿度は、湿り空気の温度に左右されない値です。相対湿度は湿り空気の温度により変化する値です。したがって、空間内の場所による差異は、温度の影響を受ける相対湿度は大きく、絶対湿度は小さくなります。

🔧 絶対湿度と相対湿度

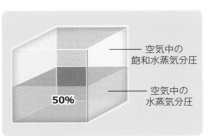

絶対湿度：乾き空気 1kg 中の水蒸気の質量　　相対湿度：飽和水蒸気分圧に対する水蒸気分圧の比

3．空気線図

　空気の状態を知るものの一つに、湿り空気線図があります。湿り空気線図とは、温度、湿度、比エンタルピーなどの指標の目盛り線を、同一の線図上に表したもので、空気線図上の2つの指標の値から空気線図上の座標点を求め、湿り空気の状態がわかるようにしたものをいいます。

 湿り空気線図

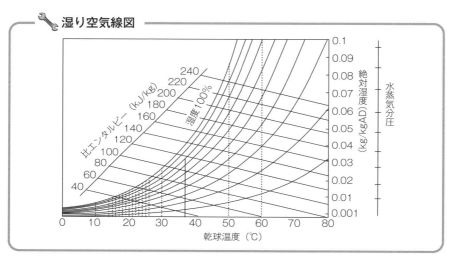

乾球温度（℃）

ポイントを丸暗記！

| 1 | 湿り空気中の水蒸気が飽和状態となり、もうこれ以上、水蒸気を含むことができない状態の湿り空気を<u>飽和湿り空気</u>という。 |

湿り空気がどれくらい水蒸気を含むことができるかは、温度の影響を受け、温度が<u>高く</u>なると、より多くの水蒸気を含むことができる。

| 2 | <u>絶対湿度</u>は湿り空気の温度に左右されない値で、<u>相対湿度</u>は湿り空気の温度により変化する値である。 |

空間内の場所による差異は、温度の影響を受ける<u>相対湿度</u>は大きく、<u>絶対湿度</u>は小さくなる。

湿り空気の状態変化

ここが Point ！

湿り空気の性質や空気線図については、Lesson3 で学びました。湿り空気の性質を踏まえ、ここでは、湿り空気の状態変化をみていきましょう。

基礎知識を押さえよう！

　湿り空気を加熱、冷却、加湿、除湿して状態を変化させたとき、空気線図上の座標点は、次のような過程で変化します。

①加熱時の状態変化

　湿り空気を加熱すると、乾球温度は上昇し、湿り空気中の水蒸気量は変化しません。すなわち、絶対湿度は一定のままで乾球温度が上昇するので、空気線図上の座標点は水平右方向に変化します。加熱により、絶対湿度は変化しませんが、相対湿度は、湿り空気の温度の上昇とともに低下します。

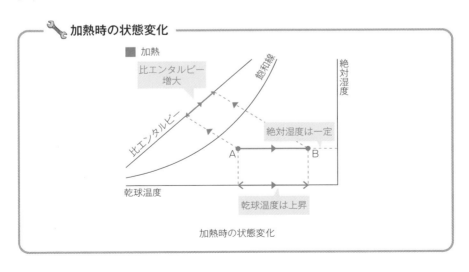

加熱時の状態変化

②冷却時の状態変化

　湿り空気を冷却すると、乾球温度は低下し、湿り空気中の水蒸気量は変化しません。すなわち、絶対湿度は一定のままで乾球温度が低下するので、空気線図上の座標点は水平左方向に変化します（①）。冷却により、絶対湿度は変化しませんが、相対湿度は、湿り空気の温度の低下とともに上昇します。

　さらに冷却を続けると、相対湿度は上昇し、やがて相対湿度100%、すなわち、湿り飽和空気の状態となります。このときの温度を露点温度といいます。湿り空気が露点温度以下になると、湿り空気中の水蒸気が凝縮し、結露が発生します。露点温度以下に冷却された後の空気線図上の座標点は、飽和線に沿って左下方向に変化します（②）。このとき、結露により減湿され、絶対湿度が低下します。冷却とともに減湿される過程を冷却減湿といいます。

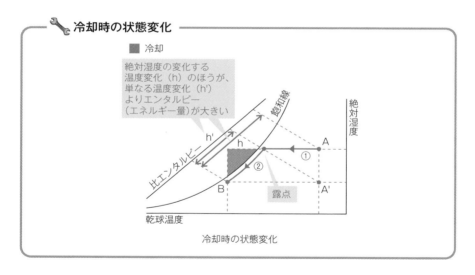

冷却時の状態変化

③加湿時の状態変化

　加湿には、蒸気加湿と水加湿があります。

　蒸気加湿の場合は、加湿により絶対湿度が上昇し、湿り空気よりも温度の高い蒸気を噴霧するため、乾球温度も上昇します。したがって、空気線図上の座標点は右斜め上方向に変化します。

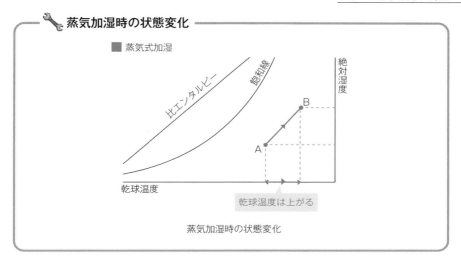

蒸気加湿時の状態変化

■ 蒸気式加湿

蒸気加湿時の状態変化

　水加湿の場合は、加湿により絶対湿度が上昇し、噴霧した水が気化して水蒸気になる際に、周りの湿り空気を冷却するため、乾球温度は低下します。したがって、空気線図上の座標点は左斜め上方向に変化します。

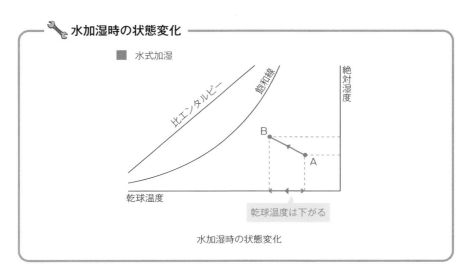

水加湿時の状態変化

■ 水式加湿

水加湿時の状態変化

④化学的減湿時の状態変化

　液体吸収剤や固体吸着剤による化学的減湿では、減湿により絶対湿度が低下し、吸収熱・吸着熱により乾球温度が上昇します。したがって、空気

4

湿り空気の状態変化

線図上の座標点は**右斜め下方向**に変化します。

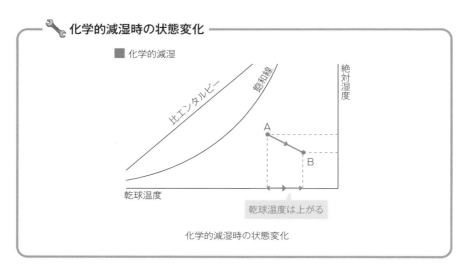

化学的減湿時の状態変化

ポイントを丸暗記！

| 1 | 加湿には、蒸気加湿と水加湿があり、蒸気加湿の場合は、加湿により絶対湿度が<u>上昇</u>し、乾球温度も<u>上昇</u>する。 |

水加湿の場合は、加湿により絶対湿度が<u>上昇</u>し、噴霧した水が気化して水蒸気になる際に、周りの湿り空気を冷却するため、乾球温度は<u>低下</u>する。

重要用語を覚えよう！

比エンタルピー

エンタルピーとは、エネルギーの次元をもつ<u>熱力学</u>的な物理量をいい、比エンタルピーは、<u>1</u>kg 当たりのエンタルピーのことをいう。

化学的減湿

化学的減湿はシリカゲルなどによる減湿法で、<u>デシカント減湿法</u>ともいう。

空気の混合、結露

ここが Point！

冷房時、暖房時それぞれの空調システムは、その過程を丸暗記するのではなく、どのようなしくみとなっているかを理解するようにしましょう。

基礎知識を押さえよう！

1．空気の混合

空気の混合は、右図で説明すると、Aの状態の空気 3,000㎥/h と、Bの状態の空気 7,000㎥/h を混合した場合、新しい状態点C（混合点ともいう）は、AとBの状態点をつないだ直線を、「Bの風量：Aの風量」に内分する位置になります。

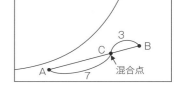

なお、㎥/h は体積流量を表す単位です。

2．空調システムと空気線図上の変化

空調システムにおける湿り空気の空気線図上の座標点は、次のような過程を経て変化します（次ページの図参照）。

①冷房時の空調システム

(1) 外気のa点は状態ア、還気のe点は状態ウに相当する。

(2) 状態アと状態ウがb点で混合し、状態イとなる。

(3) 状態イは冷却器で冷却減湿され、d点で状態オとなる。

(4) 状態オは送風機により断熱圧縮され、状態エの湿り空気が吹出口より給気される。なお、断熱圧縮とは、熱を加えないで気体を圧縮することで、気体を断熱圧縮すると温度が上昇する。

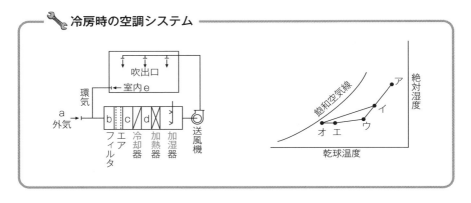

冷房時の空調システム

②暖房時の空調システム

(1) 外気の a 点は状態オ、還気の h 点は状態ウに相当する。

(2) 状態オと状態ウが b 点で混合し、状態エとなる。

(3) 状態エは加熱器で加熱され、e 点で状態イとなる。

(4) 状態イは加湿器で蒸気加湿され、f 点で状態アとなる。

(5) 状態アの湿り空気が送風機により g 点に給気される。

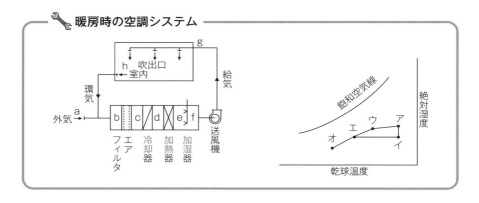

暖房時の空調システム

3. 露点温度と結露

露点温度とは、湿り空気を冷却したとき、飽和湿り空気になる温度です。このとき、湿り空気の乾球温度と湿球温度は等しくなり、相対湿度は100%となります。また、湿り空気を加湿すると、露点温度は高くなります。

乾球温度とは、温度計の感球部を乾燥した状態で計測した温度をいい、湿球温度とは、温度計の感球部を湿潤した状態で計測した温度をいいます。

湿り空気の湿度が低いほど、乾球温度と湿球温度の差が大きくなります。また、湿り空気を加湿すると湿球温度は上昇し、減湿すると低下します。

　結露とは、湿り空気が露点温度以下に冷やされ、湿り空気中の水蒸気が凝縮する現象をいいます。冬季の窓ガラス面など、空間中に温度が低い場所があると、飽和水蒸気量が減少して、結露が発生しやすくなります。また、冬季において、外壁などの断熱材が切れている場所があると、熱橋（ヒートブリッジともいい、断熱材の切れ目に存在する構造物が熱を伝える現象をいう。）により外気の冷気が侵入し、結露が発生しやすくなります。

主な結露防止対策

・外壁の外側に断熱材を施す外断熱を採用する
・外壁の内側に断熱材を施す内断熱の場合、断熱材の室内側に、防湿層を設ける
・室内の湿度をあまり高くしない、換気通風をよくする

 冬季の内部結露

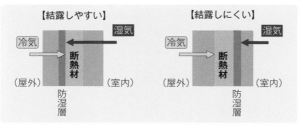

断熱材の室内側に防湿層があると、湿気が冷気にさらされないから、内部結露しにくい。

ポイントを丸暗記！

1　露点温度とは、湿り空気を冷却したとき、飽和湿り空気になる温度のことをいう。

露点温度のとき、湿り空気の乾球温度と湿球温度は等しくなり、相対湿度は100%となる。

空気の混合、結露

気流、換気効率

基礎知識を押さえよう！

1．流体の基礎知識

液体と気体を総称して、流体といいます。流体に関する主な定理などは次のとおりです。

①連続の式（質量の保存則）

定常流において、単位時間に流入する流れと流出する流れの質量は等しいという法則で、次式で表されます。

質量流量＝（流体の密度）×（流体の断面積）×（流速）＝一定

②ベルヌーイの定理（エネルギー保存則）

定常流において、速度エネルギー、圧力エネルギー、位置エネルギーの総和は一定であるというエネルギー保存則で、次式で表されます。

$$\frac{1}{2}\rho U^2 + P + \rho gh = 動圧＋静圧＋位置圧＝一定 \ [\mathrm{Pa}]$$

ρ：流体の密度、U：流速、P：圧力、g：重力加速度、h：高さ

③動圧

ベルヌーイの定理の式における流体の運動エネルギーを表すものを動圧といい、次式で表されます。

$$動圧＝\frac{1}{2}×（流体の密度）×（流速）^2$$

④レイノルズ数

レイノルズ数とは、粘性力に対する慣性力の比で、次式で定義されます。管内の流体は、レイノルズ数が大きくなると乱流に、レイノルズ数が小さくなると層流になりやすくなります。

$$\text{レイノルズ数} = \frac{\text{慣性力}}{\text{粘性力}}$$

●流体に関する用語

定常流	速度、圧力、密度などの物理量が、時間によらず一定である流体の流れ
質量流量	単位時間当たりに流れる流体の質量
体積流量	単位時間当たりに流れる流体の体積
粘性力	流体が流動する時、各部分の速度を一様化しようとする応力
慣性力	流動している流体が運動をし続けようとする力
乱流	流体が不規則に変動する流れ
層流	流体が規則正しく運動している流れ

2．気流

①噴流の拡散

吹出口からの空気の噴流は、吹出口より近いほうから順に、第1領域、第2領域、第3領域、第4領域の4つに区分され、噴流の速度と吹出口からの距離の関係は次のとおりです。なお、吹出口からの空気の噴流の到達距離は、通常の自然噴流に比べて、天井面や壁面に沿った噴流のほうが大きくなります。

領　域	噴流の速度と吹出口からの距離の関係
第1領域	噴流の速度＝吹出し速度
第2領域	噴流の速度 $\propto \dfrac{1}{\sqrt{\text{吹出口からの距離}}}$
第3領域	噴流の速度 $\propto \dfrac{1}{\text{吹出口からの距離}}$
第4領域	噴流の速度 < 0.25 [m/s]

②ドラフトや停滞域を生じにくい気流

ドラフトや停滞域を生じにくい気流は、冷風と温風では密度の差異によ

り異なります。ドラフト等を生じにくい状態は次のとおりです。

冷風：側面上部から吹出す。天井から水平に吹出す。

温風：側面下部から吹出す。天井から下向きに吹出す。

3．換気

換気には、風力や温度差などの自然な力を用いた自然換気と、機械力を用いた機械換気があり、それぞれ下図のような方式があります。

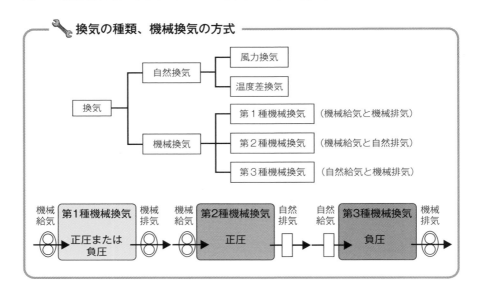

換気の種類、機械換気の方式

①自然換気

◎風力換気

屋外の風による換気方式です。風力換気の換気量は、次式で表されます。

風力換気の換気量＝（流量係数）×（開口部の面積）×（風速）×

$$\sqrt{風圧係数の差}$$

したがって、風力換気の換気量は、開口部の面積と風速に比例し、風圧係数の差の平方根に比例します。風力換気の換気力は、次式で表されます。

$$風力換気の換気力＝\frac{（風圧係数）×（空気の密度）×（風速）^2}{2}$$

したがって、風力換気の換気力は、風速の2乗に比例します。

◎温度差換気

　温度差換気は、空気の温度差で生じる密度差による換気方式で、重力換気ともいわれます。温度差換気の換気量は、次式で表されます。

　温度差換気の換気量

　＝（流量係数）×（開口部の面積）×

　　　$\sqrt{（開口部の高低差）×（空気の温度差）}$

　したがって、温度差換気の換気量は、開口部の高低差の平方根に比例します。

　また、温度差換気による換気力は、次式で表されます。

　温度差換気の換気力＝（開口部の高低差）×（空気の密度差）×

　　　　　　　　　　　　（重力加速度）

　したがって、温度差換気の換気力は、開口部の高低差に比例します。

●自然換気に関する用語

換気量	単位時間当たりに流れる流体の体積。[㎥/h] などの単位で表される。
風圧係数	建物が風力を受ける度合いを表す係数。
換気力	単位面積当たりに受ける力、すなわち、圧力のこと。単位は［Pa］などで表される。
ハイブリッド換気	自然換気と機械換気を併用した換気方式。
整流方式	室内を一方向の流れとなるように給気・排気する換気方式。排気が室内に拡散しないという特徴をもつ。
置換方式	床面付近に低温・低速の空気を供給し、天井面付近で排気する。温度差による密度差など、空気の物性を利用して、汚染空気を新鮮空気に置き換えて換気する方式。排気が室内に拡散しないという特徴をもつ。
換気回数	単位時間当たりに室内の空気が換気により何回入れ替わるかを示す指標で、単位は［回/h］などが用いられる。次式のように、換気量を室容積で除した値が換気回数となる。 　換気回数＝$\dfrac{換気量}{室容積}$
空気齢	給気された空気が給気口からその位置までに移動するのにかかる時間のことで、換気効率の指標の一つ。

6

気流、換気効率

133

②機械換気

◎第1種機械換気方式

　機械給気と機械排気を用いた換気方式で、室内は正圧（大気圧より高い圧力）または負圧（大気圧より低い圧力）になります。汚染室の換気は、室内の空気を外部に拡散させないよう、室内の圧力を周囲より低くなるようにします。

◎第2種機械換気方式

　機械給気と自然排気を用いた換気方式で、室内は正圧になります。室内が正圧であるので、室外の汚染された空気が室内に侵入しにくいため、手術室など、清浄な空気環境を要する用途に用いられています。

◎第3種機械換気方式

　自然給気と機械排気を用いた換気方式で、室内は負圧となります。室内が負圧であるので、室内の汚染された空気が室外に侵出しにくいため、感染症室・汚物処理室・工場・作業場など、汚染された空気を排出する必要のある用途に用いられています。

機械換気方式における留意事項

・ボイラ室の換気は、酸素供給のため第1種または第2種機械換気方式とし、室内が正圧になるようにする。
・地下駐車場の換気は、排気ガス除去のため第1種または第3種機械換気方式とし、室内が負圧になるようにする。
・給気口（外気取入口）は、冷却塔から離す。

4．換気量、濃度の計算

　一般的に、1人当たり必要換気量は、人の呼吸による二酸化炭素の排出量から算出されます。

①ザイデルの式

$$Q = \frac{M \times 10^6}{C - C_o}$$

C：室内濃度［ppm］、C_o：外気濃度［ppm］
Q：換気量［m³/h］、M：汚染物質発生量［m³/h］

②完全混合（瞬時一様拡散）の室内濃度の式

$$C = C_O + (C_S - C_O)\ \frac{1}{e^{nt}} + \frac{M \times 10^6}{Q}\ (1 - \frac{1}{e^{nt}})$$

C：室内濃度 [ppm]、C_O：外気濃度 [ppm]、C_S：初期濃度 [ppm]、
Q：換気量 [$\mathrm{m^3/h}$]、M：汚染物質発生量 [$\mathrm{m^3/h}$]、t：時間 [h]、
n：換気回数 [回 /h]

5．エアロゾル

　エアロゾルとは、気体中に浮遊する微小な液体または固体の粒子をいいます。空気中のエアロゾルのうち粒径 $10\,\mu\mathrm{m}$ 以上のものは沈降しますが、粒径 $1\,\mu\mathrm{m}$ 以下のものは空気中を浮遊し、呼吸器から人体に取り込まれて有害な影響を及ぼすものがあります。主なエアロゾルの粒径は次のとおりです。

　①花粉……$10 \sim 100\,\mu\mathrm{m}$　②細菌（バクテリア）……$0.3 \sim 30\,\mu\mathrm{m}$
　③たばこ煙……$0.01 \sim 1\,\mu\mathrm{m}$　④ウイルス……$10 \sim 400\mathrm{nm}$

①大気の粒子

　都市大気中の粒径分布は、個数濃度分布のグラフにおいて粒径 $0.01\,\mu\mathrm{m}$ にピークがあり、すなわち、大気中の粒子の個数は、粒径 $0.01\,\mu\mathrm{m}$ 程度のものが最も多いことを示しています。

　一方、質量濃度分布のグラフにおいて粒径 $1 \sim 2\,\mu\mathrm{m}$ に谷があり、すなわち、粒径 $1 \sim 2\,\mu\mathrm{m}$ 程度のものは、大気中の粒子の質量としては少ないことを示しています。

●粒子に関する用語

ストークス径 （沈降径）	同じ沈降速度を持つ球体の直径をもって表した粒径
ニュートン域	レイノルズ数 > 500 の乱流域
ストークス域	レイノルズ数 < 2 の領域

●粒子の物理的性質

物理的性質	他の物理的性質との関係
粒子の抵抗	・粒子の体積に比例する ・ニュートン域ではレイノルズ数に比例する
抵抗係数	・ストークス域ではレイノルズ数に反比例する ・粒子が小さくなると、気体の分子運動の影響を受けやすい
気体から受ける抵抗力	・相対速度の2乗に比例する
静電気力による移動速度	・粒径に反比例する
重力による終末沈降速度	・粒径の2乗に比例する
拡散係数	・粒径に反比例する

②相当径

　エアロゾルの大きさは、球体であることを想定して、直径を用いて粒径として表されます。しかしながら、実際の粒子はさまざまな形をしていたり、形が不明であったりするので、粒径に相当する径として、幾何形状から算出される幾何相当径（定方向径、円等価径）と、物理的性状から換算する物理相当径（空気力学径、ストークス径（沈降径）、光散乱径、電気移動度径）が用いられています。

ポイントを丸暗記！

1	粘性力とは流体が流動する時、各部分の速度を一様化しようとする応力のことをいう。

なお、慣性力とは流動している流体が運動をし続けようとする力のことをいう。

空気調和負荷、空気調和設備、空調方式

ここがPoint！

適切な温度や湿度を保つために、さまざまな負荷がかかわってきます。特に、冷房時、暖房時にどのような負荷が加わり、空気の流れが生じるのかを押さえましょう。

基礎知識を押さえよう！

1．空調熱負荷

室内の温度、湿度を適切に保つために、冷房時には室内の熱量を除去・排出し、暖房時には室内に熱量を投入する必要があります。これらの熱量をそれぞれ室内冷房負荷、室内暖房負荷といいます。また、室内の空気の清浄度を適切に保つため、換気をする必要があります。換気のために導入した外気による熱負荷を外気負荷といいます。これらの負荷が、空調熱負荷になります。

2．空調熱負荷の種類

①外気負荷

換気のために取り入れた外気を、室内で定めた温度、湿度にまで処理するのに必要な空調機負荷をいいます。外気負荷は、加熱や冷却により温度を変化させる顕熱負荷と、加湿や減湿により状態を変化させる潜熱負荷で構成されています。

②人体負荷

在室している人体による熱負荷で、顕熱負荷と潜熱負荷で構成されています。人体負荷のうち顕熱負荷は、対流・放射の伝熱により生じ、室温が高くなると減少します。これは、室温が高くなると、室温と体温の温度差

が少なくなり、顕熱負荷は減少するためです。人体負荷のうち潜熱負荷は、発汗・蒸発により生じ、室温が高くなると増加します。これは、室温が高くなると、発汗が多くなり、潜熱負荷が増加するためです。

③室内負荷

　室内負荷は、外壁やガラス面を通過する熱負荷と室内で発生する熱負荷に分けられます。このうち、外壁やガラス面を通過する熱負荷は、顕熱負荷のみで構成され、内外温度差と熱貫流率の積で算定されます。

　室内で発生する負荷の一つに、照明器具による熱負荷があります。照明器具の熱負荷のうちの蛍光灯の熱負荷は、ランプの熱負荷と安定器の熱負荷で構成されています。また、照明器具による熱負荷は、顕熱負荷のみで構成されています。

　なお、人体負荷も室内で発生する負荷の一つです。

3．空調熱負荷設計の考え方

　熱源・空調システムは、室内負荷に外気負荷、損失を加えたものを空調装置が負担し、空調装置の負荷に損失を加えたものを熱源が負担しています。したがって、それぞれの負荷の設計値の大小関係は、大きい順に熱源負荷、装置負荷、室内負荷となります。また、冷房時、暖房時に熱負荷となるものは算定し、負荷にならないものは無視して設計します。

負荷の種類	冷房時	暖房時
日射負荷	算定する	無視する
接地床の構造体負荷	無視する	算定する
送風機による負荷	算定する	無視する
照明器具による負荷	算定する	無視する

※接地床の構造体負荷とは、土間床や地下壁を介して地中から侵入・侵出する熱負荷のことをいう。

4．空気調和機

①空気調和機の構成

　空気調和機とは、室内の空気環境を適切に保つため、空気を加熱、冷却、加湿、減湿するもので、エアコンディショナや、エアハンドリングユニットとも呼びます。ビルなど大規模な建物には、エアフィルタ、コイル（冷

138

却・加熱）、ドレンパン（コイル下部に設ける排水受け）、加湿器、エリミネータ（空気の流れによる水滴の飛散を防止する板）、送風機が、ユニット化されているエアハンドリングユニット（エアハン）が用いられています。エアハンドリングユニットは、熱源機から冷房期は冷水、暖房期は温水（または蒸気）の供給をコイルに受けて、冷却、加熱しています。したがって、エアハンドリングユニットには、熱源装置や膨張弁は内蔵していません。

②コイル

　エアハンドリングユニットの冷却コイル（冷却器）、加熱コイル（加熱器）は、プレートフィン式熱交換器が用いられています。ユニット内の各コイルは、上流側から、冷却コイル→加熱コイル→加湿器の順に設置されています。また、各コイルの上部には空気抜きキャップ、下部には水抜きキャップが設けられています。

　コイルの伝熱面を接触しないで通過する空気をバイパス空気といい、バイパス空気量と全通過空気量の比をバイパスファクタといいます。

> プレートフィン式熱交換器は、プレート（板）状のフィン（ひれ）を多数組み合わせた熱交換器のことをいうよ。

5．空調方式

①単一ダクト方式

　単一ダクト方式とは、前項のエアハンドリングユニット等により、1系統のダクトで室内の空調を行う方式です。単一ダクト方式には、給気風量を一定にして、給気温度を変化させて熱負荷の変動に対応する定風量方式（CAV（Constant Air Volume）方式）と、給気風量を変化させて熱負荷の変動に対応する変風量方式（VAV（Variable Air Volume）方式）があります。変風量方式は、熱負荷に見合った風量を給気することで、定風量方式に比べ、送風機の所要風量が少なくなり、消費動力も少なくてすむ特徴があります。

②ファンコイルユニット方式

　建物内の熱負荷変動の類似する部分をグループ化することを、ゾーニングといいます。外気の影響を受けて熱変動が大きい外周部（ペリメータ）をゾーニングしたものをペリメータゾーンといい、ファンコイルユニット方式とは、ペリメータゾーンにファンコイルユニットを配置した空調方式です。

◎ファンコイルユニットの特徴

　ファンコイルユニットは、エアフィルタ、コイル、ドレンパン、ファンなどで構成され、通常、加湿機能はありません。また、熱の搬送は冷温水配管による冷温水であるため、ダクト方式に比べて、熱量当たりの運搬動力が小さくなります。

◎ペリメータゾーンの空調

　ペリメータゾーンの空調は、次の事項を考慮する必要があります。

・TAC温度：超過確率を考慮した設計用外気温度
・実効温度差：日射の影響を考慮した設計用の室内外温度差
・日射熱取得率：ガラスの侵入日射量と入射日射量の比

　なお、厚さ3mmの普通透明ガラスの日射熱取得率を標準熱取得率といいます。

③個別空調方式

　個別空調方式は、主に、パッケージ型空気調和機を、各所に個別に配置した空調方式です。パッケージ型空気調和機とは、機器内部に蒸発器、圧縮機、凝縮器、膨張弁で構成される蒸気圧縮冷凍機の熱源装置を内蔵した空気調和機です。個別空調方式に用いられるパッケージ型空気調和機は、ヒートポンプ式冷暖房兼用機が主に用いられています。また、圧縮機は、インバータにより熱負荷に応じて回転数を制御することで、所要動力の節減が図られています。その他、冷却塔やダクトが不要である等の長所があります。一方、外気処理機能を有していない、単独で十分な換気能力がない等が短所となります。

●そのほかの空調方式

空調方式	概　要
床吹出し空調方式	二重床に設けた吹出口より室内に給気する空調方式。低温の給気に適さない。
ターミナルエアハンドリングユニット方式	ダクト終端部にエアハンドリングユニットを設け、再冷却、再加熱する空調方式。ダクトによる空気と配管による水を終端まで搬送する空気―水方式である。
ウォールスルーユニット方式	外壁開口部に室外機と室内機が一体型になったユニットを配置した空調方式。
誘引ユニット方式	誘引ユニットに他の空調機より一次空気を供給し、一次空気に誘引された二次空気により冷暖房する空調方式。
放射冷暖房方式	水や空気により加熱・冷却された面からの放射により、冷房・暖房する空調方式。単独で換気能力を有していないので、別に換気システムを要する。
二重ダクト（デュアルダクト）方式	冷風と温風、一次空気と二次空気等の2系統のダクトによる空調方式。2系統の空気を混合して空調するため混合損失（冷風と温風、冷水と温水、給水と給湯、一次空気と二次空気など、温度差のあるものを混合するときに生じる損失）が発生する。

ポイントを丸暗記！

1 **顕熱負荷とは、温度を変化させるのに要する負荷で、加熱、冷却を要する。**

また、潜熱負荷とは、状態を変化させるのに要する負荷で、加湿、減湿を要する。

2 **人体負荷のうち顕熱負荷は、対流・放射の伝熱により生じ、室温が高くなると減少する。**

また、人体負荷のうち潜熱負荷は、発汗・蒸発により生じ、室温が高くなると増加する。

8 冷凍サイクルとモリエル線図、冷却塔

ここが Point ！

まず、冷凍作用がどのようなサイクルで行われるのかを知り、それを踏まえた上で、どのような冷凍機や冷却塔があるかを身につけましょう。

基礎知識を押さえよう！

1．冷凍サイクルとモリエル線図

①蒸気圧縮冷凍サイクル

　蒸気圧縮冷凍サイクルとは、蒸発器でガス化した冷媒（ガス）を、圧縮機で圧縮し、凝縮器で液化させた冷媒（液）を、膨張弁を介して再び蒸発器に送るという一連のサイクルをいいます。冷凍作用は、蒸発器で冷媒がガス化することにより行われます。冷媒には、主にフロンが用いられています。また、モリエル線図（p-h線図ともいう）とは、冷凍サイクル内の冷媒の状態を、圧力と比エンタルピーのグラフ上に図示したものです。

🔧 **蒸気圧縮冷凍サイクルと、モリエル線図の例**

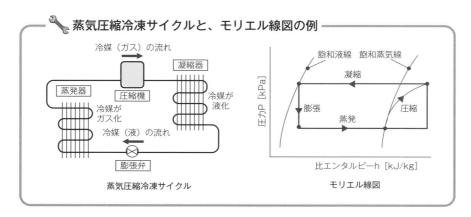

蒸気圧縮冷凍サイクル　　　　　　　モリエル線図

●蒸気圧縮冷凍サイクルに関する用語

冷媒	熱を移動させるために用いられる媒体で、一般に、状態変化をしながら熱を移動させるものを冷媒という。
フロン	フルオロカーボン（炭素とフッ素の化合物）のこと。フロンのうち、CFC（クロロフルオロカーボン）とHCFC（ハイドロクロロフルオロカーボン）がオゾン層破壊物質。代替フロンのHFC（ハイドロフルオロカーボン）は塩素がないためオゾン層を破壊しない。

②吸収冷凍サイクル

　蒸発器でガス化した冷媒（ガス）は、吸収器で吸収液に吸収され、再生器で加熱されて吸収液から分離したのち、凝縮器に送られて液化します。液化した冷媒（液）を、膨張弁を介して再び蒸発器に送るという一連のサイクルを吸収冷凍サイクルといいます。

　冷凍作用は、蒸発器で冷媒がガス化することにより行われます。冷媒は水、吸収液は臭化リチウム溶液が用いられています。また、蒸気圧縮冷凍機に比べて、騒音、消費電力が小さい、冷凍機本体・冷却塔が大きいという特徴があります。

2. 冷凍機の種類

①蒸気圧縮冷凍機

　蒸気圧縮冷凍サイクルによる冷凍機で、冷媒にはフロン、アンモニア等が用いられています。アンモニアは自然冷媒で、オゾン層破壊係数（ODP）がゼロ、地球温暖化係数（GWP）も非常に低い冷媒ですが、可燃性ガス、毒性ガスであるので安全面での注意が必要です。また、凝縮器を水で冷やす水熱源方式と、空気で冷やす空気熱源方式があり、成績係数は水熱源方式のほうが大きくなります。

　なお、成績係数は圧縮機の所要動力に対する蒸発器での冷凍効果の比をいい、数値が大きいと、圧縮機の動力が効率よく冷凍効果に作用したことを示します。

②吸収冷凍機

　吸収冷凍サイクルによる冷凍機で、再生器の加熱源により、蒸気で加熱する方式とガスを燃焼させて加熱する方式があります。ガスを燃焼させて

加熱する方式は、直焚き方式ともいいます。直焚き方式のうち、ガスの燃焼熱から温水も取り出せるようにしたものを直焚き吸収冷温水機といい、1台の機器で冷水と温水を製造することが可能です。また、再生器が、高温再生器と低温再生器の2段で構成されている方式を二重効用式といいます。再生器の熱を効率よく利用できるので、広く用いられています。

　吸収冷凍機、吸収冷温水機は、装置内部が大気圧以下であり、高圧ガス保安法やボイラー及び圧力容器安全規則の規制を受けないので、運転に資格が不要です。

3. 冷却塔

　空調用の冷却塔は、主に冷凍機の凝縮熱を、冷却水を介して大気に放熱するための機器です。冷却塔には、冷却水を直接大気に開放して放熱させる開放型と、冷却水を大気に開放せずに冷却水管の外部に水を散布して放熱させる密閉型に分類されます。

　開放型は、冷却水を大気に開放して放熱するため、密閉型に比べて放熱しやすく、同じ冷却能力の場合、密閉型に比べて装置を小さくすることができます。一方、冷却水を大気に開放するため、大気中の汚染物質が冷却水に混入しやすく、冷却水が汚染されやすい性質を持ちます。

　密閉型は、冷却水が密閉されているので大気中の汚染物質による汚染は生じにくいですが、散布水は大気に開放されているので汚染されやすく、水処理が必要となります。

	開放型	密閉型
装置の大きさ	冷却能力が同じ場合、密閉型に比べ小さい	冷却能力が同じ場合、開放型に比べ大きい
冷却水の汚染	大気中の汚染物質により汚染されやすい	大気中の汚染物質による汚染はされにくい
水処理	冷却水の水処理が必要である	散布水の水処理が必要である
散水ポンプ	不要	必要

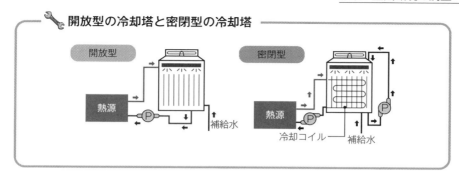

開放型の冷却塔と密閉型の冷却塔

開放型

密閉型

熱源　補給水

熱源　冷却コイル　補給水

4．冷却塔の管理

　冷却塔周囲の気流障害や充てん剤の目詰まりによる送風量の減少や、冷却能力に対して冷却水の循環水量が多すぎると、冷却水の水温が下がらなくなる原因になるので注意が必要です。また、冷却水・散布水の水処理用の多機能型薬剤は、連続的に投入することが必要です。

5．蓄熱槽

　蓄熱槽とは、冷水や温水などの熱媒体を貯めることで熱を蓄える槽のことです。熱を蓄えることを蓄熱といいます。蓄熱の目的は、熱の需要が少ないときに熱を生成して蓄え、熱の需要が多いときに蓄熱した熱を使用するためなどに設けられています。蓄熱槽は、水を蓄熱する水蓄熱槽、氷を蓄熱する氷蓄熱槽、冷水を蓄熱する冷水槽、温水を蓄熱する温水槽、季節により冷水・温水を切り替える冷温水槽に、さらに、大気に開放されている開放型、密閉されている密閉型に分類されます。開放型は、地下ピットを利用した蓄熱槽の水をポンプでくみ上げて循環させるため、ポンプの搬送動力が、密閉型に比べて大きくなります。

　蓄熱槽の効果として、夜間の熱の需要が少ないときに熱を蓄え、昼間の熱の需要が多いときに蓄熱した熱を使用することで、消費電力のピークシフトによる負荷平準化が可能です。そのほか、時間外空調などの部分負荷時の熱源機器の運転を避けることにより、部分負荷への対応がしやすいなどの長所もあります。ピークシフトとは、ある負荷の消費電力の生じる時間帯を、電力需要のピークの時間帯からずらすことで、最大需要電力を抑える（ピークカット）ことをいいます。

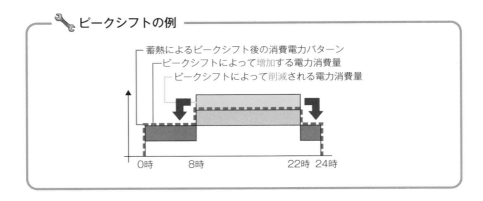

蓄熱によるピークシフト後の消費電力パターン
ピークシフトによって増加する電力消費量
ピークシフトによって削減される電力消費量

0時　8時　22時 24時

6．地域冷暖房

　地域冷暖房とは、特定の地域や複数の建物群に、地域冷暖房プラントから冷水・温水・蒸気などを配管で供給し、地域や建物群の冷房・暖房などを行うことをいいます。地域冷暖房事業のうち、一定規模以上のものは、熱供給事業法の適用を受けます。地域冷暖房のメリットは、個々の建物に熱源を配した個別システムに比較して、大型化・集約化による効率的な運用が可能、環境への負荷が小さいなどが挙げられます。

ポイントを丸暗記！

| 1 | 開放型の冷却塔は、冷却水を大気に開放して放熱するため、密閉型に比べて放熱しやすい。 |

ただし、冷却水を大気に開放するため、大気中の汚染物質が冷却水に混入しやすく、冷却水が汚染されやすい。

| 2 | 開放型の冷却塔は、密閉型に比べて放熱しやすく、また、密閉型に比べて装置を小さくできる。 |

なお、密閉型の冷却塔は、大気中の汚染物質による汚染は生じにくいが、散布水は汚染されやすく、水処理が必要となる。

ボイラ

基礎知識を押さえよう！

1．ボイラ

　ボイラとは、ガス・油などの燃料による燃焼熱や電熱により、暖房や給湯のために、蒸気や温水を取り出す装置のことをいいます。ボイラは構造や材質、法規制などにより、次のように分類されます。

構造上の分類	
丸ボイラ	円筒形の胴で構成されるボイラ
水管ボイラ	円筒形のドラムと水管で構成されるボイラ
貫流ボイラ	ドラムや胴はなく、水管だけで構成されるボイラ
材質上の分類	
鋼製ボイラ	鋼板で製造されたボイラ
鋳鉄製ボイラ	鋳鉄で製造されたボイラ
加熱源による分類	
油焚きボイラ	重油や灯油などの石油燃料の燃焼により加熱するボイラ
ガス焚きボイラ	都市ガスなどの気体燃料の燃焼により加熱するボイラ
石炭焚きボイラ	固体燃料の石炭の燃焼により加熱するボイラ
電気ボイラ	電気ヒーターの電熱により加熱するボイラ
排熱回収ボイラ	ガスタービン発電機等の排ガスの排熱により加熱するボイラ
用途上の分類	
空調用ボイラ	暖房や加湿の加熱源、加湿源として用いられるボイラ
給湯用ボイラ	浴室、手洗い、プールなどの給湯に用いられるボイラ

熱媒体上の分類	
蒸気ボイラ	熱媒体として蒸気を生成するボイラ
温水ボイラ	熱媒体として温水を生成するボイラ
労働安全衛生法上の分類	
ボイラー	一定規模を超えるボイラー。取り扱いには免許等が必要である。
小型ボイラー	一定規模以下のボイラー。取り扱いには特別教育が必要である。

●ボイラに関する用語

水管	ボイラ内の配管で、伝熱のため内部を水が通る管を水管という。
鋳鉄	鉄と炭素の合金。鋼よりも炭素の含有率が高い。
煙管	ボイラ内の配管で、伝熱のため内部を燃焼ガスが通る管を煙管という。

●労働安全衛生法で用いられる用語が意味すること

用語	意味すること
一定規模	伝熱面積や圧力等における規模を指す。
免許等が必要	ボイラー技士免許の所持、またはボイラー取扱技能講習を修了していることを指す。
特別教育が必要	取扱特別教育を修了していることを指す。

「ボイラ」と「ボイラー」……。呼び方が異なるのはどうしてですか？

労働安全衛生法では「ボイラー」と定義されていて、実際の試験では「ボイラ」と表記されていることが多いんだ。本書では試験にあわせ、基本的には「ボイラ」と表記しているよ。

①主なボイラの種類
◎炉筒煙管ボイラ

　代表的な丸ボイラで、炉筒形の燃焼室と直管の煙管群で構成されています。大きな横型ドラムを有し、保有水量が多く、負荷変動に対して安定性があります。

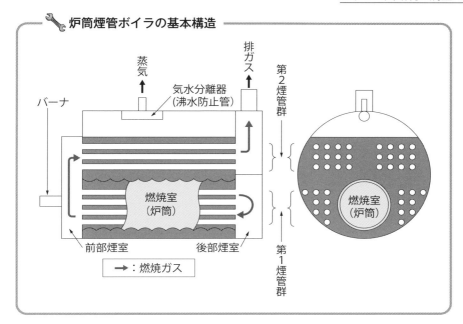

炉筒煙管ボイラの基本構造

蒸気　排ガス
気水分離器（沸水防止管）
バーナ
第2煙管群
燃焼室（炉筒）
前部煙室　後部煙室
第1煙管群
→：燃焼ガス

9 ボイラ

◎貫流ボイラ

　胴やドラムを有しておらず、水管だけで構成されているボイラです。ボイラ水が、ボイラ内の水管を通る間に加熱され、所定の温水または蒸気となって取り出されます。保有水量が少ないという特徴をもちます。

◎鋳鉄製セクショナルボイラ

　ボイラ本体がセクションに分割されており、分割搬入やセクションの増設による容量増加が可能なボイラです。鋳鉄は鋼よりも耐食性にすぐれていますが、硬くて脆いため高圧、大容量の用途には適していません。

◎水管ボイラ

　ドラムとそれを連結する水管で構成され、水管群を壁状に配した水管壁の燃焼室を有しています。高圧、大容量の用途に適しており、蒸気用、高温水用ボイラに用いられます。

◎真空式温水発生機、無圧式温水発生機

　真空式温水発生機は、容器内を大気圧より低い状態で密閉し、蒸発した熱媒水により給水を加熱し、温水を取り出す装置です。

　無圧式温水発生機は、容器を大気に開放した状態で、熱媒水により給水

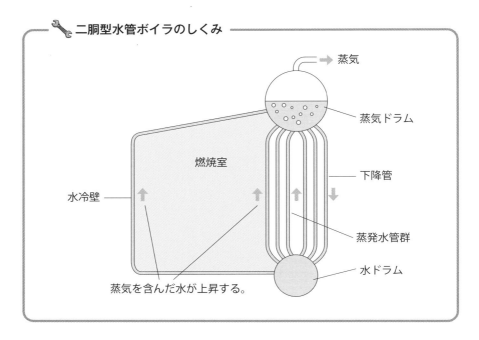

二胴型水管ボイラのしくみ

蒸気

蒸気ドラム

燃焼室

下降管

水冷壁

蒸発水管群

水ドラム

蒸気を含んだ水が上昇する。

を加熱し、温水を取り出す装置です。

　真空式温水発生機・無圧式温水発生機ともに、労働安全衛生法のボイラーに該当しないため、取扱い資格が不要です。

ポイントを丸暗記！

| 1 | ボイラを構造によって分類すると、大きく、丸ボイラ、水管ボイラ、貫流ボイラに分類できる。 |

丸ボイラは円筒形の胴で構成されるボイラ、水管ボイラは円筒形のドラムと水管で構成されるボイラ、貫流ボイラはドラムや胴はなく、水管だけで構成されるボイラである。

熱交換器

ここが Point！

それぞれの熱交換器が有する性質をきちんと覚えましょう。顕熱や潜熱、高温や低温など、混同しないよう注意が必要です。

基礎知識を押さえよう！

1. 全熱交換器

　全熱交換器とは、換気のために行う外気導入負荷の軽減を目的に、空調空気の排気と導入外気の間で顕熱及び潜熱の全熱を熱交換する装置で、外気導入負荷の軽減による省エネルギー機器として、広く用いられています。全熱交換器には、エレメント（熱交換素子）が回転しながら全熱を熱交換する回転型と、エレメントが静止した状態で熱交換が行われる静止型があります。全熱交換器を用いた空調システムでは、全熱交換器を介して空調機に外気が導入されているので、全熱交換器とは別の外気取入系統は不要となります。

①回転型全熱交換器

　回転型全熱交換器は、アルミの表面に吸湿性のある樹脂などを塗布し、ハニカム（ハチの巣）状に成形したロータ（回転体）のハニカムロータを低速回転させて、排気と外気の間で顕熱・潜熱の全熱を熱交換します。

　夏季の冷房時は、外気側で温められたロータが排気側に移動して排気に放熱することで、外気の顕熱を排気に放熱し、外気の顕熱負荷を低減します。同時に、外気側で外気の湿気を吸湿したロータが、排気側に移動して排気に湿分を放出することで、外気の潜熱を排気に放出し、外気の潜熱負荷を低減します。冬季の暖房時は、排気側で温められたロータが外気側に移動して外気に放熱することで、排気の顕熱を導入外気に回収し、顕熱負荷を低減します。同時に、排気側で排気の湿気を吸湿したロータが、外気

側に移動して外気に湿分を放出することで、排気の潜熱を導入外気に回収し、外気の潜熱負荷を低減します。

　また、全熱交換器は、導入外気が空調負荷となるときに使用し、外気冷房時等、外気を導入したほうが空調上有利になるときは、全熱交換器を使用しないで、直接外気を導入するように運用します。

②静止型全熱交換器

　静止型全熱交換器は、外気と排気を隔てる仕切り板に、伝熱性と透湿性を持たせることにより、仕切り板を介して外気と排気の間で顕熱・潜熱の全熱を熱交換する装置です。エレメントは回転せず、静止したままで、外気と排気の間で顕熱と潜熱の熱交換を行います。

　夏季の冷房時においては、高温の外気から低温の排気へ放熱し、多湿の外気から乾燥した排気へ放湿することで、導入外気の顕熱、潜熱を低減します。冬季の暖房時においては、高温の排気から低温の導入外気へ熱を回収し、多湿の排気から乾燥した導入外気へ湿分を回収することで、導入外気の顕熱、潜熱を低減します。

２．顕熱交換器

　顕熱交換器は、エレメントに伝熱性のみを持たせ、吸湿性のない材質のものも用いることにより、顕熱のみを熱交換し、潜熱の熱交換を行わない熱交換器です。寒冷地の空調換気用や、湿分の回収を必要としない厨房や温水プールの換気用などに用いられています。

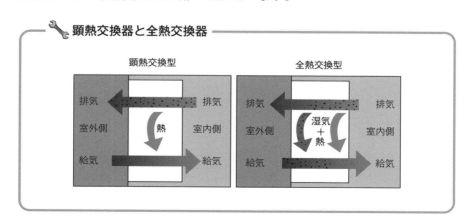

🔧 顕熱交換器と全熱交換器

●そのほかの熱交換器

多管式 熱交換器	シェルアンドチューブ熱交換器ともいい、胴体（シェル）に多数の伝熱管（チューブ）を収めた構造のもので、蒸気－水熱交換器や水－水熱交換器に用いられる。高温、高圧流体の熱交換には適すが、建築設備における空調に使用する比較的低温の温度領域ではプレート式熱交換器に比べやや不向き。
プレート式 熱交換器	ステンレス鋼などの薄板を波形加工した伝熱プレートを重ね、伝熱プレートの波形の隙間を高温流体と低温流体が交互に流れることで、伝熱プレートを介して熱交換が行われる。プレート式熱交換器は高性能、小型で、設置面積当たりの伝熱面積は多管式熱交換器よりも大きくすることができ、空調用の水－水熱交換器などに多用されている。
ヒートパイプ	内部に封入された作動媒体が蒸発・凝縮の状態変化のサイクルを繰り返すことで、熱輸送する装置で、構造が簡単で、熱輸送能力の高い熱交換器として、産業用・空調用に広く用いられる。蒸発・凝縮の状態変化による潜熱を利用して、蒸発部と凝縮部間の熱輸送をしているが、ヒートパイプ内部と外部の間は、隔壁を介した顕熱のみの熱交換となり顕熱交換器に分類される。

ポイントを丸暗記！

1　**全熱交換器は、空調空気の排気と導入外気の間で顕熱及び潜熱の全熱を熱交換する装置である。**

全熱交換器は、外気導入負荷の低減による省エネルギー機器として広く用いられており、エレメントが回転しながら熱交換する回転型と、エレメントが静止した状態で熱交換する静止型がある。

2　**顕熱交換器は、顕熱のみを熱交換し、潜熱の熱交換を行わない熱交換器である。**

寒冷地の空調換気用や、湿分の回収を必要としない厨房や温水プールの換気用などに用いられる。

11 成績係数

ここが Point ！

成績係数が何を示すのかを知ろう。モリエル線図を見て、
成績係数を導けるようにしよう。

基礎知識を押さえよう！

１．成績係数

　成績係数は、冷凍機やヒートポンプなどの熱機関の効率を示す指標で、熱サイクルを稼働させるのに必要となる入力に対して、冷凍能力または加熱能力の出力が、どのぐらいの割合となるかを表すことができます。

　成績係数は、動作係数または COP とも呼び、次式で表されます。

$$成績係数 = \frac{冷凍能力または加熱能力〔kW〕}{熱サイクルの所要入力〔kW〕}$$

　成績係数の値が大きい装置ほど、熱サイクルへの入力に対して、冷凍能力や加熱能力が大きくなるので、効率がよく性能がすぐれているといえます。成績係数は冷凍機などの熱機関の省エネルギー性能を示す指標として用いられることもあります。

２．蒸気圧縮冷凍装置の成績係数

①冷凍機の成績係数

　【図 a】の蒸気圧縮冷凍装置のモリエル線図は【図 b】のとおりです。

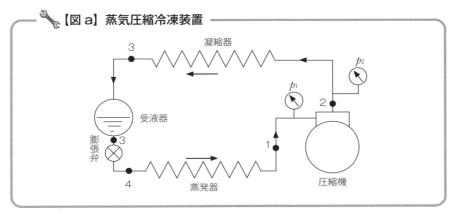

【図 a】蒸気圧縮冷凍装置

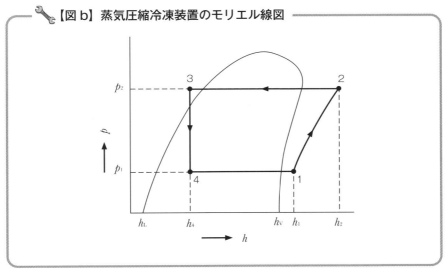

【図 b】蒸気圧縮冷凍装置のモリエル線図

　【図 a】のような蒸気圧縮冷凍装置を冷凍機として運転させたときの成績係数は、モリエル線図より次式で表されます。

$$\text{冷凍機の成績係数（COP}_\text{C}） = \frac{\text{冷凍能力［kW］}}{\text{熱サイクルの所要入力［kW］}}$$

$$= \frac{\text{蒸発器の冷凍能力［kW］}}{\text{圧縮機の消費動力［kW］}}$$

155

$$\text{冷凍機の成績係数}(\text{COP}_\text{C}) = \frac{\text{蒸発器の冷凍能力 [kW]}}{\text{圧縮機の消費動力 [kW]}}$$

$$= \frac{q\,(h_1 - h_4)}{q\,(h_2 - h_1)} = \frac{h_1 - h_4}{h_2 - h_1}$$

q：冷媒循環量 [kg/s]

h_1：圧縮機入口における冷媒の比エンタルピー [kJ/kg]

h_2：圧縮機出口における冷媒の比エンタルピー [kJ/kg]

h_4：蒸発器入口における冷媒の比エンタルピー [kJ/kg]

②ヒートポンプの成績係数

　【図 a】のような蒸気圧縮冷凍装置を、ヒートポンプとして運転させたときの成績係数は、モリエル線図より次式で表されます。

$$\text{ヒートポンプの成績係数}(\text{COP}_\text{H}) = \frac{\text{加熱能力 [kW]}}{\text{熱サイクルの所要入力 [kW]}}$$

$$= \frac{\text{凝縮器の加熱能力 [kW]}}{\text{圧縮機の消費動力 [kW]}}$$

$$\text{ヒートポンプの成績係数}(\text{COP}_\text{H}) = \frac{\text{凝縮器の加熱能力 [kW]}}{\text{圧縮機の消費動力 [kW]}}$$

$$= \frac{q\,(h_2 - h_4)}{q\,(h_2 - h_1)} = \frac{h_2 - h_4}{h_2 - h_1}$$

q：冷媒循環量 [kg/s]

h_1：圧縮機入口における冷媒の比エンタルピー [kJ/kg]

h_2：圧縮機出口における冷媒の比エンタルピー [kJ/kg]

h_4：凝縮器出口における冷媒の比エンタルピー [kJ/kg]

　また、ヒートポンプの成績係数は、冷凍機の成績係数を用いて、次式で表されます。

$$\text{ヒートポンプの成績係数（COP_H）} = \frac{h_2 - h_4}{h_2 - h_1}$$

$$= \frac{(h_2 - h_1) + (h_1 - h_4)}{h_2 - h_1} = 1 + \text{（COP_C）}$$

h_1：圧縮機入口における冷媒の比エンタルピー［kJ/kg］
h_2：圧縮機出口における冷媒の比エンタルピー［kJ/kg］
h_4：凝縮器出口における冷媒の比エンタルピー［kJ/kg］
COP_C：冷凍機の成績係数

　すなわち、ヒートポンプの成績係数は、冷凍機の成績係数に 1 を加えた数値となります。

> 一般に、蒸発器入口における冷媒の比エンタルピーと凝縮器出口における比エンタルピーはともに h_4 で示されるよ。

3．運転条件と成績係数

　冷凍装置の運転条件が変化すると、成績係数も変化します。次ページのモリエル線図上の実線で示された 1 → 2 → 3 → 4 → 1 の冷凍サイクルで運転していた冷凍装置が、蒸発温度が低くなり、凝縮温度が上がったときには、点線で示された 1′ → 2′ → 3′ → 4′ → 1′ の冷凍サイクルに冷媒の状態点が変化します。

　このときの圧縮機の消費動力は、Δh から Δh′ に増加します。蒸発器の冷凍能力は、4 → 1 の比エンタルピー差から 4′ → 1′ の比エンタルピー差に減少します。したがって、圧縮機の消費動力が増加し、蒸発器の冷凍能力が減少するので、成績係数は小さくなります。

　また、蒸発温度だけ低下した場合も、凝縮温度だけ上昇した場合も、成績係数は小さくなります。したがって、冷凍機の冷水温度を低下させて蒸発温度を低下させたり、外気温度が上昇するなどして冷却水温が上昇し凝縮温度を上昇させたりすると、冷凍機の成績係数は小さくなります。

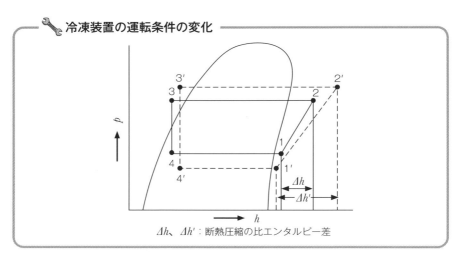

Δh、$\Delta h'$：断熱圧縮の比エンタルピー差

ポイントを丸暗記！

1	成績係数の値が<u>大きい</u>装置ほど、熱サイクルへの入力に対して、冷凍能力や加熱能力が大きくなる。

成績係数は、成績係数 $= \dfrac{\text{冷凍能力または加熱能力 [kW]}}{\text{熱サイクルの所要入力 [kW]}}$ で求められる。

2	冷凍装置において、冷凍機の冷水温度を<u>低下</u>させて蒸発温度を低下させた場合、冷凍機の成績係数は<u>小さく</u>なる。

また、外気温度が上昇するなどして冷却水温が上昇し凝縮温度を<u>上昇</u>させた場合も、成績係数は<u>小さく</u>なる。

重要用語を覚えよう！

ヒートポンプ

冷媒や発熱、空気熱などを利用して、<u>少ない</u>エネルギーで<u>低温</u>部分から<u>高温</u>部分へ<u>熱</u>を移動させるものをいう。

空気浄化装置

ここが Point ！

空気を浄化するための方法や、それに用いられるフィルタ、
各浄化方法の性質など、それぞれの特徴を覚えましょう。

基礎知識を押さえよう！

1．空気浄化装置

　空気浄化装置とは、取入外気中や循環空気中の粉じんや有害ガスなどの
汚染物質を除去するために、空調設備・換気設備に用いられる装置です。
固体である粉じんを除去する目的で用いられるものを粒子用エアフィル
タ、気体である有害ガスを除去する目的で用いられるものをガス除去用エ
アフィルタといいます。ガス除去用エアフィルタは、使用目的により、脱
臭フィルタやケミカルフィルタなどと呼ばれます。

　粒子用エアフィルタは、通過空気中の固体である粉じんを捕らえて集め
て除去します。粉じんを捕らえて集めることを捕集といいます。粒子用エ
アフィルタの粉じんの捕集方式は、ろ過式と静電式に大別されます。

①ろ過式

　ろ過式は、空気中の粉じんが、ろ材のすき間を通過する際に働く、慣性
衝突、拡散、衝突などの作用を利用して、ろ材に沈着捕集させるものです。

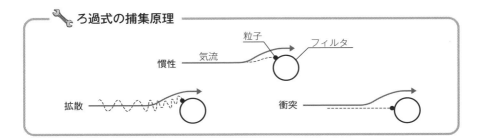

🔧 ろ過式の捕集原理

慣性　　気流　　粒子　　フィルタ

拡散　　　　　　　　　　　衝突

②静電式

静電式は、通過空気に高圧電界を与えて粉じんを荷電させ、静電気力による吸着を利用して粉じんを捕集する、電気集じん器の捕集方式です。

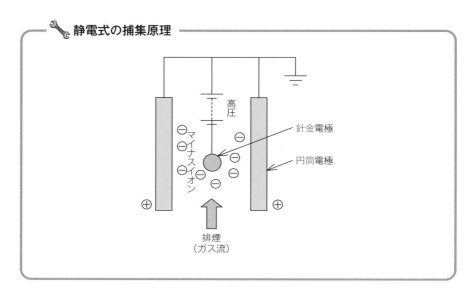

静電式の捕集原理

高圧

針金電極

円筒電極

マイナスイオン

排煙
（ガス流）

◎ガス除去用エアフィルタの捕集方法

空気中の有害ガスを除去するガス除去用エアフィルタには、吸着剤を用いたもの、触媒を用いたもの、イオン交換繊維を用いたものなどがあります。吸着剤として活性炭を用いた活性炭フィルタは、脱臭目的の脱臭フィルタなどに広く用いられています。

活性炭とは、炭素を主成分とした多孔質の物質で、微細な穴（細孔）に多くの物質を吸着させる性質があります。活性炭フィルタは、活性炭の吸着作用を利用して、通過空気中に含まれる悪臭成分を除去し、脱臭します。

触媒とは、触媒そのものはその化学反応で変化はせずに、別の物質の化学反応を促進したり抑制したりする物質のことをいうよ。

2．ろ過式エアフィルタの種類

①パネル形エアフィルタ

　アルミ製フレームにろ材を充てんした簡易な構造のエアフィルタで、ユニット型空気調和機のプレフィルタや、ファンコイルユニットの粗じん用フィルタなどに用いられています。

　プレフィルタは高性能のフィルタの上流側に設けて前処理をするためのフィルタで、粗じん用フィルタは粗い粒子を除去するためのろ材の目の粗いフィルタのことをいいます。

②自動巻取形エアフィルタ

　ロール状のろ材を自動的に巻き取って、ろ材の更新が自動的に行われるようにしたエアフィルタで、ユニット形空気調和機のプレフィルタなどに用いられています。オートロールフィルタともいいます。

　自動巻取によるろ材の更新には、タイマにより一定時間経過後に自動更新する方法と、ろ材の上流と下流の静圧の差をマノメータ（差圧計）で計測し、ろ材の目詰まりによる圧力損失の増加を検知して自動更新を行う方法があります。自動巻取形エアフィルタは、粉じん捕集効率があまり高くないが、保守管理が容易という特徴があります。

③袋形エアフィルタ・折込み形エアフィルタ

　金属製または木製のフレームに、袋形または折込み形のろ材を組み込んだ形状のエアフィルタで、ユニット形空気調和機のメインフィルタなどに用いられています。プレフィルタなどの粗じん用フィルタと、後述する高性能フィルタの中間程度の捕集性能を有しているものは、中性能フィルタなどと呼ばれています。ろ材を袋形・折込み形状にすることで、通過風速を遅くして、圧力損失の低減を図っています。

④HEPA フィルタ

　HEPA フィルタ（High Efficiency Particulate Air Filter）とは、高性能フィルタのことで、微細な粒子の粉じんを高い性能で捕集できる（$0.3\mu m$ 以上の粉じんに対して 99.97％以上の粉じん捕集効率を有している）ろ過式折込みエアフィルタです。クリーンルームなど高度な清浄空間が要求される施設の空調装置のメインフィルタ等に用いられています。

12

空気浄化装置

3．空気浄化装置の性能

①圧力損失

　圧力損失とは、空気浄化装置の上流側と下流側の静圧の差で表されます。圧力損失が大きいと、空気浄化装置を空気が通過するときの抵抗が大きくなるので、空気浄化装置の性能としては、圧力損失が小さいほうが望ましいです。

　一方、微細な粉じんを捕集するためには、ろ材の目を細かくする必要があり、ろ材の目が細かいほど圧力損失は大きくなります。したがって、一般的な性能のろ過式エアフィルタよりも、HEPA フィルタなどの高性能なエアフィルタのろ材のほうが、圧力損失が大きくなります。また、ガス除去用エアフィルタのほうが、圧力損失が小さくなります。

②汚染除去容量

　汚染除去容量とは、空気浄化装置が最大限保持できる汚染物質の質量のことで、空気浄化装置の単位面積当たりの汚染物質の質量［kg/㎡］、または、空気浄化装置の単位個数当たりの汚染物質の質量［kg/ 個］で表されます。汚染物質が粉じんの場合、粉じん保持容量ともいいます。

　汚染除去率は、空気浄化装置に流入する汚染物質の除去割合を示し、汚染物質が粉じんの場合は粉じん除去率（粉じん捕集率ともいう）といいます。

$$汚染除去率 = \frac{上流側汚染物質濃度 - 下流側汚染物質濃度}{上流側汚染物質濃度} \times 100 \; [\%]$$

$$粉じん捕集率 = \frac{上流側粉じん濃度 - 下流側粉じん濃度}{上流側粉じん濃度} \times 100 \; [\%]$$

③粉じん除去率（粉じん捕集率）の測定法

◎質量法

　空気浄化装置に捕集された粉じんの質量と、空気浄化装置を通過した粉じんの質量から、粉じん捕集率を測定する方法で、粗じん用フィルタの測定方法として用いられます。

◎比色法

　空気浄化装置の上流側と下流側の空気を、測定用ろ紙を介して吸引し、ろ紙に捕集された粉じんによる光透過率の変化により、粉じん捕集率を測定する方法で、中性能フィルタの測定方法として用いられます。また、同じ空気浄化装置でも測定方法により粉じん捕集率の数値は異なり、質量法で90％でも、比色法では50％程度となります。

◎計数法

　空気浄化装置の上流側と下流側の粒子の粒径と個数を計測する方法で、高性能フィルタの測定方法として用いられます。

ポイントを丸暗記！

1	パネル形エアフィルタは、アルミ製フレームにろ材を充てんした簡易な構造のエアフィルタである。

ユニット型空気調和機のプレフィルタや、ファンコイルユニットの粗じん用フィルタなどに用いられている。

ダクトと付属品

ここが Point！

空気調和機、ダンパ、制気口、変風量装置など、ダクトに関する設備はさまざまです。それぞれの役割をしっかり覚えましょう。

基礎知識を押さえよう！

1．ダクト系の構成

　ダクト系とは、室内の空気環境の快適性、衛生性の確保を目的に、除じん（粉じんを除去すること）、調温、調湿された空気を搬送するシステムのことです。ダクト系は、空気の導管であるダクト、除じん、調温、調湿を行う空気調和機、空気を搬送する送風機、風量の調整やダクトの閉鎖を行うダンパ、吸込口や吹出口の制気口、そのほか全熱交換器、消音装置、変風量装置（VAV）などで構成されています。

①ダクト

　空気の導管であるダクトは、形状から分類すると、断面が長方形の長方形ダクト（角ダクトまたは矩形ダクトともいう）と断面が円形の円形ダクト（丸ダクトともいう）に大別されます。ダクトの材質から分類すると、亜鉛鉄板ダクト、ステンレス鋼板ダクト、硬質ポリ塩化ビニル板ダクト、グラスウールダクトなど、ダクト内の空気の圧力から分類すれば、高圧ダクト、低圧ダクト、使用用途から分類すれば、空調ダクト、換気ダクト、厨房排気ダクト、排煙ダクトなどに分類されます。

　空調ダクトは調温された空気を搬送するので、ダクトからの熱損失の防止のため、ダクト外面に保温材が施されます。また、結露が発生する用途のダクトにも、防露のため保温材が施されています。

ダクトにおいては、一般的に、常用圧力± 500kPa の範囲の圧力を低圧、常用圧力± 500kPa の範囲外の圧力を高圧というよ。

②空気調和機

　室内からの還気と新鮮空気を取り入れるための外気を混合し、フィルタで除じんした後、夏季の冷房時には冷却コイルで冷却減湿し、冬季の暖房時には加熱コイルと加湿器で加熱加湿し、除じん・調温・調湿された空気を送風機にて給気する装置です。

③送風機

　送風機とは、羽根車の回転運動により気体に圧力エネルギーを与える機械で、外部の空気を室内に搬送したり、室内の空気を外部に排出したりするために用いられます。外部の空気を室内に搬送する用途のものを送風機または給気ファン、室内の空気を外部に排出する用途のものを排風機または排気ファン、室内の空気を循環させる用途のものを、還風機または還気ファンといいます。

④ダンパ

　ダンパとは、搬送する空気の風量の調整や空気の遮断を目的に設けられる装置で、ダクト内に設けられた可動羽根により、風量調整等を行います。ダンパは用途により、風量を調整するための風量調整ダンパ（VD：Volume Damper）、火災時の延焼防止のためにダクトを閉鎖する防火ダンパ（FD：Fire Damper）、火災時の煙の拡散防止のためにダクトを閉鎖する防煙ダンパ（SD：Smoke Damper）に分類されます。

⑤制気口

　空気を室内に吹き出すための吹出口や室内の空気を吸い込むための吸込口を、制気口といいます。調温・調湿のための空調用のものを空調吹出口、空調吸込口、換気用の吹出口を給気口、換気用の吸込口を排気口などと呼んで区別する場合もあります。また、吹出口は気流の噴出方法により、空気を放射状に吹き出すふく流吹出口、空気をダクトの軸方向に吹き出す軸流吹出口に分類されます。

⑥**全熱交換器**

　全熱交換器は、換気のために室外に排出する排気と、換気のために室内に取り入れる外気との間で、顕熱と潜熱の全熱を熱交換することにより、外気負荷低減による省エネルギー化を図る目的で設置される装置です。

⑦**消音装置**

　消音装置とは、送風機の運転音や、ダンパやダクトの曲がりなどのダクト系内を空気が通過することにより発生する音等が、ダクト系を介して室内に伝播して、在室者の騒音とならないように、消音する目的で設けられる装置です。消音装置には、装置内部に吸音材を張り、さらに音が発生・伝播しにくい形状とした、消音器や消音ボックス等があり、必要な箇所のダクト系に設けられています。

⑧**変風量装置（VAV）**

　変風量装置（VAV）は室内の熱負荷に応じて、吹出風量を変化させて調整する装置です。室内の温度を検出し、VAVユニットと呼ばれる、装置内部のダンパの可動羽根の開度を調節して、風量を制御しています。変風量装置は、定風量装置（CAV）に比較して、省エネ性、個別制御性にすぐれています。

空気調和機や送風機、全熱交換器等は前のレッスンで習ったね。

忘れてしまったら後回しにせず、すぐに復習しよう。

2．ダクト

①**ダクトの設計・施工**

　ダクトの設計法には、ダクトの長さ当たりの摩擦損失が一定となるようにダクト寸法を決定する等圧法と、ダクト内の風速が一定となるようにダ

クト寸法を決定する等速法があります。一般建築物の空調ダクト、換気ダクトなどの設計には、等圧法による設計法が用いられ、等速法による設計は、粉体輸送などの産業用の特殊用のダクト設計などに用いられています。なお、粉体輸送はダクトを利用して粉体を輸送することで、一定の風速の確保が求められます。

　ダクトを設計・施工する際は、次のような留意事項があります。

・空調ダクトや換気ダクトが防煙区画（火災時に建築物内を煙が拡散しないようになされた区画）を貫通する部分には、煙感知器と連動してダクトを閉鎖する防煙ダンパを設ける。

・空調ダクトや換気ダクトが防火区画（火災時に建築物内を延焼しないようになされた区画）を貫通する部分には、防火ダンパ（内蔵された温度ヒューズが火災の熱により溶断すると、自動的にダクトを閉鎖して火災の延焼を防止するもの）を設ける。

・ダクト及び防火ダンパのケーシング（外箱）は、延焼防止のため 1.5mm 以上の厚さのものを設ける。

・ダクト系統に排水の通気管を設けてはならない。

②ダクトの強度・消音

◎スパイラルダクト

　スパイラルダクトとは、亜鉛めっき鋼板をらせん状に加工して、はぜと呼ばれる、鋼板を折り曲げた継目により接合したダクトです。らせん状の継目が補強となり、一般的な円形ダクト（丸ダクト）より強度が大きいという特徴を有しており、高圧ダクトなどに用いられます。

◎グラスウールダクト、内張りダクト

　ダクト系の騒音に対する消音効果を目的に、グラスウールダクトや内張りダクト等が用いられます。

　グラスウールダクトは、ガラス繊維であるグラスウールで構成されたダクトで、鉄板などの金属製ダクトに比べて、吸音性が高く、消音効果にすぐれているという特徴を有しています。静寂性が求められる用途等に用いられています。

　内張りダクトは、鉄板製ダクトの内面にグラスウールなどの内張り材を施したものです。内張りダクトの消音効果は、中・高周波域の音に対して

は大きく、低周波域の音に対しては小さいという特徴があります。

3．ダクト付属品

①風量調整ダンパ

　風量を調整するためのダンパを、風量調整ダンパ（VD）といい、ダンパ内部の可動羽根の角度を変えることにより、ダンパの通過風量を制御する装置です。風量調整ダンパには、可動羽根の形状により、平行翼型ダンパと対向翼型ダンパがあり、一般的には、風量調整能力にすぐれた対向翼型ダンパが用いられています。

②制気口

　空調設備や換気設備の吹出口や吸込口を制気口といいます。

　ダクトの軸方向に気流を吹き出す吹出口を、軸流吹出口といい、ノズル型、グリル型などの種類があります。軸流吹出口は、誘引比（吹出し空気に対する誘引された室内空気の比）が小さく、到達距離が長いという特徴を有しています。

　気流を放射状に吹き出す吹出口を、ふく流吹出口といい、アネモ型と呼ばれる天井ディフューザが該当します。ふく流吹出口は、誘引比が大きく、気流の混合と拡散性にすぐれ、室内の温度分布が均一になりやすいという特徴を有しています。

　また、吸込口の気流には、指向性は求められないので、一般にはグリル型が用いられています。

4．ダクト系の圧力損失

　空気など気体の流体がダクト系を流れるとき、ダクトとの摩擦や流路の形状変化等により、流体の圧力が低下します。これを圧力損失といいます。次図の直線ダクトの圧力損失は、次式で表されます。

$$\Delta p = \lambda \frac{L}{D} \cdot \frac{\rho}{2} U^2 \ [\mathrm{Pa}]$$

　Δp：圧力損失 [Pa]、λ：摩擦抵抗係数、L：ダクト長 [m]、D：ダクト径 [m]、ρ：流体の密度 [kg/m^3]、U：流速 [m/s]

上式の $\dfrac{\rho}{2}U^2$ を動圧といいます。したがって、次のことがいえます。

・直線ダクトの圧力損失は、動圧に比例する
・直線ダクトの圧力損失は、流速の2乗に比例する
・直線ダクトの圧力損失は、直径に反比例する

🔧 直線ダクトの圧力損失

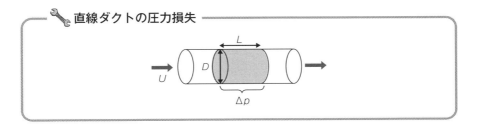

次図のようなダクトの形状変化による圧力損失は、次式で表されます。

$$\Delta p = \xi \dfrac{\rho}{2}U^2 \ [\text{Pa}]$$

Δp：圧力損失［Pa］、ξ：形状抵抗係数、ρ：流体の密度［kg/m³］、U：流速［m/s］

🔧 ダクト形状変化の圧力損失

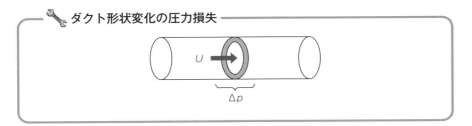

5．開口部の流量係数

　開口部の流量係数とは、実際の開口面積に対する流量計算に用いる有効開口面積の比をいいます。開口部の流量係数は、開口部の形状により異なり、主な形状の開口部の流量係数は次ページの表のとおりです。

開口部の流量係数

名称	形　状	流量係数
通常の窓	➡	0.6〜0.7
ベルマウス	➡	約1.0
ルーバ	➡ β $\begin{cases}90° \\ 70° \\ 50° \\ 30°\end{cases}$	0.70 0.58 0.42 0.23

ポイントを丸暗記！

1	空気調和機は、室内からの<u>還気</u>と新鮮空気を取り入れるための<u>外気</u>を混合し、除じん・調温・調湿された空気を送風機にて<u>給気</u>する装置である。

フィルタで<u>除じん</u>した後、夏季の冷房時には冷却コイルで<u>冷却減湿</u>し、冬季の暖房時には加熱コイルと加湿器で<u>加熱加湿</u>する。

重要用語を覚えよう！

除じん

空気中の<u>ちり</u>や<u>ほこり</u>を取り除くこと。

送風機

基礎知識を押さえよう！

1．送風機の分類

　送風機は吐出し圧力の大きさ 9.8kPa を境にして、ファンとブロアに分類されます。空調用の送風機は、圧力 9.8kPa 未満のファンに該当し、約 1.5kPa 以下のものが多用されています。

●送風機の空気の流れ

形式	空気の流れ
遠心式	羽根車の軸方向から入り、径方向に出る
軸流式	羽根車の軸方向から入り、軸方向に出る
斜流式	羽根車の軸方向から入り、軸に対して斜め方向に出る
横流式	羽根車の周方向から入り、反対側の周方向に出る

　送風機の性能は、横軸に風量、縦軸に静圧をとったグラフ上の曲線で示され、この曲線を特性曲線といいます。ダクトなどの送風系の抵抗も横軸に風量、縦軸に静圧をとったグラフ上の曲線で示されます。この曲線を抵抗曲線といいます。抵抗曲線は、送風系の抵抗は風量の 2 乗に比例するため、原点を通る 2 次曲線となります。

①送風機の運転点

　次図の曲線 P の特性曲線で示される性能を有している送風機を、次図

171

の曲線 R の抵抗曲線で示される抵抗を有している送風系に接続して運転すると、曲線 P と曲線 R の交点 A で示される運転点で送風機は稼働します。このときの送風機の風量は Q_A となります。

　次に、この送風系のダンパの開度を絞ると、ダンパにより送風系の抵抗が増加し、抵抗曲線は曲線 R から曲線 R´ に変化します。このときの送風機の運転点は点 A から点 B に変化し、送風機の風量は Q_A から Q_B に減少します。これがダンパによる風量調整の原理です。

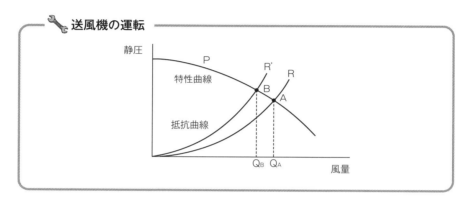

🔧 送風機の運転

②送風機の直列運転と並列運転

　同一性能のファンを 2 台直列で運転した場合は、単独運転に比べ、静圧が増加します。同一性能のファンを 2 台並列で運転した場合は、単独運転に比べ、風量が増加します。

　なお、送風機の回転数と送風機の性能は、次の関係があります。

・送風機の風量は、回転数に比例する
・送風機の全圧は、回転数の 2 乗に比例する
・送風機の軸動力は、回転数の 3 乗に比例する

風圧には、空気が静止した状態で圧力を加える「静圧」と、空気の流れによって圧力を加える「動圧」があり、全圧とは、静圧と動圧を加えた圧力のことをいうよ。

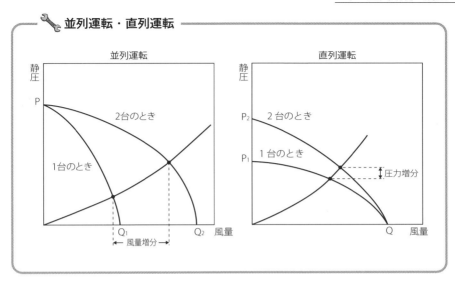

🔧 並列運転・直列運転

③サージング

　サージングとは、ダンパの開度を絞るなどして送風系の抵抗を増加させて、送風機を低風量で運転させたときに、脈動、振動、騒音などが発生し、送風機の運転が不安定になる現象です。サージング発生時にはダンパの開度を開けるなどして、サージング域での低風量運転を避けるようにする必要があります。

ポイントを丸暗記！

| 1 | 同一性能のファンを2台直列で運転した場合、単独運転に比べ、静圧が増加する。 |

同一性能のファンを2台並列で運転した場合、単独運転に比べ、風量が増加する。

ポンプ

基礎知識を押さえよう！

1．ポンプ

　ポンプとは、電動機など外部の機器より動力の供給を受けて、ポンプ内部の水などの液体にエネルギーを加えて、低水位の状態にある液体を高水位に、または低圧力の状態にある液体を高圧力のところに送る機器です。ポンプを駆動する原動機は一般に電動機が用いられます。一部、停電時などの非常時にも駆動できるように、備蓄した燃料で駆動できる内燃機関の原動機が用いられています。

　ポンプは、作動原理や構造などから、ターボ型、容積型、特殊型に大別されます。建築設備の空調設備、衛生設備の水を搬送するポンプには、ターボ型の遠心ポンプが多用されています。

ターボ型	遠心ポンプ	渦巻ポンプ
		ディフューザポンプ
	斜流ポンプ	
	軸流ポンプ	
容積型	往復ポンプ	ピストンポンプ
		プランジャポンプ
		ダイヤフラムポンプ
	回転ポンプ	歯車ポンプ
		ねじポンプ
		ベーンポンプ

特殊型	渦流ポンプ
	気泡ポンプ
	水撃ポンプ
	ジェットポンプ
	電磁ポンプ
	粘性ポンプ

15

ポンプ

　遠心ポンプは、渦巻き型のケーシングを有している渦巻ポンプ（ボリュートポンプともいう）と、渦巻き型ケーシングの内部に案内羽根（ガイドベーン）を有しているディフューザポンプ（タービンポンプともいう）に分類されます。

　容積型には、往復ポンプのダイヤフラムポンプ、回転ポンプの歯車ポンプなどがあります。回転ポンプは、燃料油などの粘度の高い流体の輸送に用いられています。往復ポンプは、空調配管の水処理用の薬液注入などに用いられています。

2．ポンプの性能
①揚程
　ポンプが水をくみ上げられる高さに相当する圧力を揚程（ようてい）といい、揚程のうち、実際に水をくみ上げる高さに相当する圧力を実揚程、実揚程に損失水頭を加えたものを全揚程といいます。なお、水頭とは、水の保有するエネルギーを水柱の高さで表したもので、ヘッドともいいます。

　全揚程［m］＝実揚程［m］＋損失水頭［m］

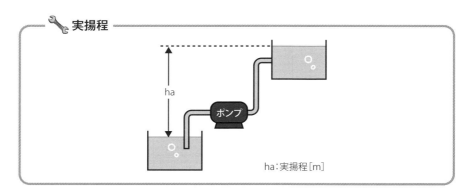

🔧 実揚程

ha：実揚程［m］

175

②ポンプの特性曲線

　ポンプの特性曲線は、横軸に吐出し量をとって、縦軸に全揚程、効率、軸動力などの数値を示した曲線で表されます。

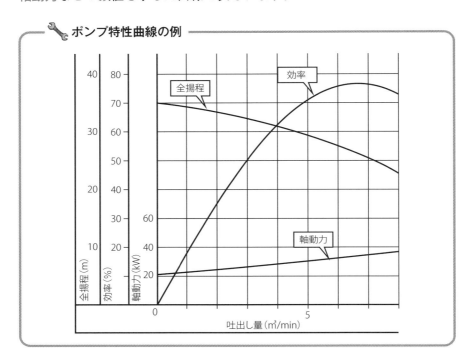

ポンプ特性曲線の例

③ポンプの異常現象

◎キャビテーション

　キャビテーションは空洞現象ともいい、ポンプの吸込み部分で流体の圧力が低下して、液体の温度に相当する蒸気圧力以下になり、液体の一部が蒸発して気泡を生じて発生する現象のことです。キャビテーションが生じるとポンプに騒音・振動が発生し、吐出し量が低下する、キャビテーションの発生部分が損傷・浸食されるなどの不具合が起こります。

◎ウォータハンマ

　ウォータハンマは水撃作用ともいい、運転中のポンプが急停止すると、流体の流速が急激に変化し、液体の圧力エネルギーが急激に変動する作用のことです。ウォータハンマが生じると、衝撃音や衝撃圧力により、配管

系に被害が及ぶことがあります。

◎サージング

　ポンプも、同じ流体機器である送風機と同様に、サージングが発生することがあります。揚程の特性曲線が右上がりになっている低流量領域でポンプを運転すると発生しやすくなります。

④逆止弁

　逆止弁とは、順方向には流体を流すが、流体が逆方向に流れようとすると自動的に閉弁する弁です。ポンプの吐出し側に、逆流を防止するために逆止弁が設けられます。逆止弁は、内部の構造により、リフト式とスイング式に分けられます。

　リフト式は、逆止弁内部の弁体が垂直方向に可動するもので、一般に水平配管に取り付けて用いられます。垂直配管には、垂直配管専用のものを使用します。

　スイング式は、逆止弁内部の弁体が、ヒンジピンを支点にドアのような動作をして、流路を開閉するもので、垂直配管、水平配管どちらにも取り付けることが可能です。

ポイントを丸暗記！

1	ポンプが水をくみ上げられる高さに相当する圧力を揚程、実際に水をくみ上げる高さに相当する圧力を実揚程という。

また、実揚程に損失水頭を加えたものを全揚程といい、全揚程を求める式は、全揚程［m］＝実揚程［m］＋損失水頭［m］である。

2	ウォータハンマが生じると、衝撃音や衝撃圧力により、配管系に被害が及ぶことがある。

ウォータハンマは、運転中のポンプが急停止すると、流体の流速が急激に変化し、液体の圧力エネルギーが急激に変動する作用のことをいう。

加湿装置

ここがPoint！

加湿装置の各方式を知り、それぞれの特徴を覚えましょう。
水、蒸気、霧など、状態を混同しないよう注意しましょう。

基礎知識を押さえよう！

1．加湿装置

　空調設備における加湿装置とは、主として、冬季の暖房時に相対湿度が低下するのを防ぐために用いられる調湿装置です。室内湿度を適切に調節することにより、快適で衛生的な環境を確保するための装置です。

●加湿装置の加湿方法

加湿方式	加湿方法
蒸気吹出し方式	加湿装置より蒸気を吹出し、空気に吸引させる。
水噴霧方式	加湿装置より水を霧状に吹出し、空気中に気化させる。
気化方式	加湿装置内の接触面で水を気化させる。

①蒸気吹出し方式

　蒸気吹出し方式は、装置内にヒータ等の蒸気発生装置が内蔵されているものと、ボイラ等の他の蒸気発生装置より蒸気の供給を受けるものに大別されます。

●蒸気吹出し方式の加湿装置

名　称	原　理
内蔵装置より発生	
電熱式	シーズヒータ（電熱線を絶縁し、金属管に収めた構造のヒータ）により加熱する。

電極式	電極間の水をジュール熱（電気抵抗に電流が流れることにより生じる熱）により加熱する。電極の寿命は約 5,000 〜 8,000 時間。
赤外線式	赤外線の放射熱により水を加熱する。赤外線ランプの寿命は約 6,000 時間。
他の装置より受給	
蒸気拡散管式	ボイラからの蒸気を過熱蒸気（飽和温度以上に加熱された蒸気）として放出する。蒸気配管、ドレン配管が必要。
蒸気ノズル式	ボイラからの蒸気を放出する。蒸気配管、ドレン配管が必要。

②**水噴霧方式**

　水噴霧方式は、遠心力、超音波振動、噴霧圧力などの作用を利用して、水を細分化して、空気中に放出することにより加湿する方式です。

●**水噴霧方式の種類**

名　称	原　理
遠心式	遠心力により霧化する。軸受けの寿命は約 20,000 〜 30,000 時間。
超音波式	超音波振動子により霧化する。振動子の寿命は約 5,000 〜 10,000 時間。
2 流体スプレー式	高速空気流により霧化する。圧縮機が必要。
スプレーノズル式	水の圧力によりノズルで霧化する。

③**気化方式**

　気化方式とは、固体表面に水の薄膜を生じさせ、空気流を通過させることにより、通過空気を加湿する方式です。

●**気化方式の種類**

名　称	原　理
エアワッシャ式	多量の水と空気を接触させて気化する。そのため、多量の水を必要とする。
滴下式	加湿材の上部へ給水し、加湿材をぬらして気化する。応答性が悪い。
透湿膜式	透湿膜内へ給水し、透過した水分が通風気化する。
回転式	加湿材を回転し、水槽でぬらして通風気化する。

16

加湿装置

毛細管式	毛細管現象（細い管（毛細管）内の水が管の中を上昇する現象）で加湿材をぬらして通風気化する。加湿材への不純物の堆積が速い。

●加湿方式の特徴

加湿方式	特　徴
蒸気吹出し方式	・加湿装置に菌が発生しにくい。 ・水中の塩類、微生物、消毒用塩素などの不純物を放出しにくい。 ・加湿により、空気温度が降下しない。 ・水噴霧方式に比べて加湿効率が高い。
水噴霧方式	・加湿装置水槽内における汚れ、微生物の繁殖に配慮が必要。 ・水中の塩類、微生物、消毒用塩素などの不純物を放出する。 ・加湿により、空気温度が降下する。 ・蒸気吹出し方式に比べて加湿効率が低い。
気化方式	・水中の塩類、微生物、消毒用塩素などの不純物を放出しにくい。 ・加湿により、空気温度が降下する。 ・飽和湿度以下で放出し、吹出し空気の相対湿度が100%を超えることがなく、結露が生じにくい。 ・加湿量は、空気の温度、湿度等により決まり、空気の相対湿度が高くなるほど、加湿量が減少する。 ・他の加湿方式に比べて加湿効率（気流中に放出された水分量に対する実際に流通空気に付加された量（有効加湿量）の割合）が低い。

ポイントを丸暗記！

1	**蒸気吹出し方式は、加湿装置より蒸気を吹出し、空気に吸引させる方式である。**

蒸気吹出し方式において、蒸気が内蔵装置より発生し、シーズヒータにより加熱するものは、電熱式である。

室内環境の測定

ここが Point ！

空気中にはさまざまな気体が存在します。気体が持つ特徴と、その気体の測定方法を学びましょう。特徴と測定方法を関連付けて覚えることが大切です。

基礎知識を押さえよう！

1．空気汚染物質の測定

①一酸化炭素

　一酸化炭素は、化学式では CO と表される炭素の酸化物で、常温・常圧で無色無臭の気体です。炭素や有機物が燃焼すると二酸化炭素が発生しますが、酸素の供給が不十分な環境で不完全燃焼が起こると、一酸化炭素が発生します。建築物内では、喫煙、燃焼器具、駐車場排気などにより発生し、また、一酸化炭素中毒の原因物質でもあります。

　一酸化炭素中毒は頭痛やめまい、吐き気などのほか、重症になると死に至る場合もあります。

◎検知管法

　検知管は、気体の濃度を測定するための測定器で、測定対象の気体に対して変色反応を示す検知剤をガラス管に充てん、封印して使用します。測定は、ガラス管の両端を折り取り開口し、シリンダとピストンからなる専用の採取器を用いて、測定対象の気体を通気させて検知剤の変色範囲を読み取って行います。

◎定電位電解法

　定電位電解法は、建築物衛生法の測定法として認められている測定法で、

定電位電解式センサを用いて一酸化炭素や二酸化硫黄、窒素酸化物などの汚染物質を測定します。

　ガス透過性隔膜、電極、電解槽等で構成されており、測定対象を電解槽中の電解質溶液に拡散吸収させて電極に酸化電位を与えて酸化し、このときに流れる酸化電流値より汚染物質の濃度を測定するものです。

②二酸化炭素

　二酸化炭素は、化学式では CO_2 と表される炭素の酸化物です。常温・常圧では無色無臭の気体で、炭素を含む物質（石油、石炭、木材など）の燃焼などによって発生し、建築物内では人の呼吸、燃焼器具などが二酸化炭素の発生源です。

　二酸化炭素は、一酸化炭素と同様に、検知管法、定電位電解法によって測定するほか、赤外線吸収法でも測定できます。

◎赤外線吸収法

　赤外線吸収法は、汚染物質の気体が、その物質特有の波長の赤外線を多く吸収する性質を利用した測定法です。測定対象に赤外線を放射し、どんな長さの波長がどの程度吸収されたかを測定することにより、汚染物質の濃度を測定します。赤外線吸収法のうち、非分散型赤外線吸収法は、光源から放射される全波長の赤外線を用いて測定する方法です。

　しくみとして、光源から放射された赤外線は、光路に導入された試料ガス中の二酸化炭素濃度により、特有の波長の赤外線が吸収され、減少した赤外線量が受光素子に達します。受光素子で到達した赤外線量に比例した電気信号を出力し、表示器で二酸化炭素濃度を表示します。

③窒素酸化物

　窒素酸化物は、一酸化窒素（NO）、二酸化窒素（NO_2）、一酸化二窒素（N_2O）などの窒素の酸化物の総称で、化学式から NO_x ともいいます。窒素酸化物は、物質が燃焼すると生じ、高温・高圧で燃焼することで空気中の窒素と酸素が反応して窒素酸化物になるサーマル NO_x と、燃料由来の窒素化合物から窒素酸化物となるフューエル NO_x が発生します。建築物内では、燃焼器具、自動車排ガスなどが発生源となります。

ゴロ合わせで覚えよう！

◆二酸化炭素の測定方法

兄さん、　　　玄関で
（二酸化炭素）　（検知管法）

着替え中に　　停電
（赤外線吸収法）（定電位電解法）

二酸化炭素の測定方法には、検知管法、赤外線吸収法、定電位電解法がある。

◎ザルツマン法

　ザルツマン法とは、大気中の窒素酸化物の環境基準測定法の一つで、二酸化窒素とザルツマン試薬との反応による桃紫色の発色により、二酸化窒素濃度を測定する方法です。一酸化窒素については、酸化器により二酸化窒素に酸化して測定します。

◎化学発光法

　一酸化窒素にオゾンを反応させると、励起状態の二酸化窒素が生じて、これが基底状態に戻るときに発光（化学発光ともいう）します。このときの発光強度を測定することにより、一酸化窒素濃度を測定することができます。

　二酸化窒素については、一度、変換器（コンバータともいう）で一酸化窒素に変換してから、オゾンと反応させて、発光強度を測定します。こうすることにより一酸化窒素と二酸化窒素の濃度を測定することができます。この測定法を化学発光法といいます。

④硫黄酸化物

　硫黄酸化物は、一酸化硫黄（SO）、二酸化硫黄（SO_2）、三酸化硫黄（SO_3）など硫黄の酸化物の総称で、化学式からSO_xともいいます。石油や石炭など硫黄分が含まれる化石燃料を燃焼させること等により発生します。建築物内では、灯油ストーブや重油ボイラー、ディーゼル発電機の軽油燃焼などの石油の燃焼排気などにより生じます。ガスストーブやガス湯沸かし

器、ガスコンロなどのガス燃料による燃焼排気からは発生しません。

◎溶液導電率法

　硫酸酸性の過酸化水素水溶液に二酸化硫黄を通すと、二酸化硫黄が溶液に吸収され、化学反応を起こして硫酸となり、電気伝導率（導電率）を増加させます。電気伝導度（導電率）の変化を測定することにより、二酸化硫黄濃度を測定する方法が溶液導電率法です。

◎紫外線蛍光法

　二酸化硫黄に一定量の紫外線を照射すると、二酸化硫黄は紫外線を吸収して励起状態となります。励起状態になった二酸化硫黄は、基底状態に戻る際に一定量の蛍光を発生します。このときの蛍光強度を測定することにより、二酸化硫黄の濃度を測定する方法が紫外線蛍光法です。

⑤酸素

　酸素は無色無臭の気体で、空気中には体積で約21％含まれています。生物の呼吸や燃料の燃焼に不可欠で、反応性に富み、ほとんどの元素と化合して酸化物をつくり、反応の際に熱と光を生じます。建築物内で酸素濃度が問題になるのは、排水槽等の閉鎖空間での酸素濃度の低下です。

◎ガルバニ電池方式

　ガルバニ電池方式は、酸化・還元反応における電流値を測定することにより酸素濃度を測定します。電極、電解液、薄膜等により構成されます。電解液に酸素を通じさせると、電極反応（酸化反応・陰極還元反応）を引き起こし、電流が流れます。このとき発生する電流値は酸素量に比例するため、電流値を測定することにより酸素濃度を測定することができます。

◎ポーラログラフ方式

　ポーラログラフ方式は、金または白金などのカソードと銀等のアノードの電極を電解液内に配した構造の測定方式です。電極間に電圧を印加して、隔膜を透過してきた電解液内の酸素を還元させ、そのとき発生した電流値を測定することにより、酸素濃度を測定します。

酸素濃度が18％未満の状態を酸素欠乏と呼ぶことは、2章のレッスン5で学びましたね。

⑥オゾン

　オゾンは、分子式 O_3 の 3 つの酸素原子からなる酸素の同素体で、酸化力が強く、特徴的な刺激臭を持つ有毒な気体です。建築物内では、電気式空気清浄機、コピー機、レーザプリンタなどが発生源になります。

●オゾンの測定法

測定法	測定原理
紫外線吸収法	紫外線領域オゾンに固有な吸収波長における吸光度を測定する
半導体法	オゾンにより半導体の薄膜表面を酸化させ、薄膜の抵抗変化により検出する
吸光光度法	吸収液を用いたオゾンの液中での反応により、分光光度計で吸光度を測定する
化学発光法	エチレン、一酸化窒素などがオゾンと反応するときに発生する化学発光量を測定する
検知管法	検知剤との反応によって指示層の色の変化の長さから濃度を読み取る
CT 法	オゾン濃度と接触時間の積で、変色または消色する程度を肉眼で確認する

⑦臭気

　臭気の原因となる、臭い物質は、揮発性、化学反応性に富む、比較的低分子の有機化合物です。

●臭気の測定法

測定法	測定方法
ASTM 臭気測定法	試料を何倍まで希釈すると臭いを感じなくなるかを調べる
3 点比較式臭袋法	試料 1 つと無臭 2 つの 3 つの袋から試料の袋を選択させる
オルファクトメータ法	無臭と感じる希釈倍率の変化を自動化した測定方法
入室式無臭室法	無臭室に徐々に臭気を加え、臭気を感知した時点を調べる
テストチャンバ法	一定の温度、湿度、気流下のチャンバを用いた臭気測定法
現場調査法	直接対象空間に入り、嗅覚測定を行う方法

⑧放射線

　放射線には、アルファ（α）線、ベータ（β）線、ガンマ（γ）線、エックス（X）線、中性子線などがあります。放射線は物質を透過する能力を持っており、透過能力は放射線の種類によって異なります。

　放射線に係る単位には、放射性物質が放射線を出す能力を表すベクレル［Bq］、人体が受けた放射線による影響の度合いを表す単位シーベルト［Sv］等が用いられます。

　放射性物質の一つであるラドンは、土壌中の放射性ウランが、放射線を出して変化する過程で生成される無色無臭の放射性の気体です。生成後数日程度で放射線を出す固体となり、粉じん等に付着して気管支や肺に沈着し、肺がんを引き起こすと考えられています。

　ラドンの測定には、感光する特殊フィルムやシンチレーションカウンタが用いられています。シンチレーションとは、放射線が蛍光物質に衝突したときに短時間発光する現象です。

⑨アスベスト

　アスベストは、天然にできた鉱物繊維です。代表的なアスベストには、クリソタイル、アモサイト、クロシドライトがあります。アスベストは、きわめて細い繊維で、熱、摩擦、酸やアルカリにも強く、丈夫で変化しにくいという特性を持っているため、吹き付け材、保温・断熱材、スレート材などといったさまざまな建材に使用されてきました。しかし、アスベストは肺がんや中皮腫を発症する発がん性が問題となり、現在では、原則として製造・使用等が禁止されています。

●アスベストの測定法

測定法	測定方法
計数法	光学顕微鏡（位相差・位相干渉差）
	電子顕微鏡（走査型・透過型）
	繊維状粒子自動計数装置
質量法	エックス線回折分析法
	赤外線吸収スペクトル分析
	示差熱分析法

◎エックス線回折分析法

　エックス線回折分析法は、試料にエックス線を照射した際、エックス線が散乱、干渉した結果起こる回折現象を分析することで、試料の構成成分の同定や定量をする方法です。

◎赤外線吸収スペクトル分析

　試料に赤外線を照射すると、赤外線が吸収され分子の構造に応じたスペクトル（分光分布）が得られます。赤外線吸収スペクトル法は、このスペクトルから分子の構造を解析する分析法です。

すでにアスベストが使用されている建物等を取り壊す際には、アスベストが飛散する可能性があるため、注意が必要です。

⑩揮発性有機化合物

　揮発性有機化合物（VOCs）は、常温・常圧で大気中に容易に揮発する有機化学物質の総称を表す用語です。揮発性有機化合物には、トルエン、ベンゼン、フロン類、ジクロロメタンなどがあり、これらは溶剤、燃料として幅広く使用されています。

　一方で、環境中へ放出されると、健康被害を引き起こすものがあります。建築物内においては、特に、建材に使用されるホルムアルデヒドによって引き起こされる、シックビル症候群や化学物質過敏症が問題となっています。

　そのほかの揮発性有機化合物の用途としては、スチレンが接着剤、断熱材などに、ダイアジノンが防蟻剤に、パラジクロロベンゼンが防虫剤に、ベンゼンやトルエンが溶剤、抽出剤、希釈剤などに使用されています。

　揮発性有機化合物の測定方法は、ポンプを用いて強制的に化学物質を捕集するアクティブサンプリング法（吸引方式）と、捕集管を室内に静置して化学物質を捕集するパッシブサンプリング法（拡散方式）に大別されます。

　それぞれの代表的な測定方法として、アクティブサンプリング法にはDNPH カートリッジ法、AHMT 吸光光度法などが、パッシブサンプリング

法には DNPH 含浸チューブ法などがあります。

◎ DNPH カートリッジ捕集・溶媒抽出 − HPLC 法

　吸引ポンプを用いて、試料を DNPH カートリッジ（試薬を含浸したシリカゲルを充てんした捕集管）に捕集し、有機溶媒で溶出後、HPLC（高速液体クロマトグラフィ）で分析して、濃度を測定する方法です。

　高速液体クロマトグラフィ法とは、物質が固定相とこれに接して流れる移動相との作用の違いから一定の比率で分布し、その比率が物質によって異なることを利用して各物質を分離する方法です。

◎ DNPH 含浸チューブ − HPLC 法

　DNPH 含浸チューブ（試薬を含浸したシリカゲルを充てんしたチューブ）を静置し、パッシブサンプリング法により捕集した試料を、HPLC（高速液体クロマトグラフィ）で分析して、濃度を測定する方法です。

◎ AHMT 吸光光度法（光電光度法）

　試料を溶液に捕集し、試薬と反応させて赤色を呈色させます。この赤色の溶液の吸光度を分光光度計で測定し、濃度を定量する方法です。AHMT 吸光光度法（光電光度法）は HPLC 法（高速液体クロマトグラフィ）に比べて、妨害ガスの影響を受けにくいという特長を有しています。

◎ GC/MS 法

　ガスクロマトグラフ質量分析計（GC/MS）を用いた測定法で、試料を吸着剤に捕集した後、加熱脱着して分析する固相捕集・加熱脱着 − GC/MS 法と、試料を吸着剤に捕集した後、溶媒に抽出して分析する固相捕集・溶媒抽出 − GC/MS 法があります。加熱脱着法は、専用の前処理装置を要しますが、溶媒抽出法よりも測定感度が高いという特長を有しています。

⑪アレルゲン

　建築物の室内のアレルゲンには、ダニ、カビ、花粉などがありますが、このうちダニアレルゲンの測定には、ELISA（エライザ）法が用いられています。ELISA 法とは、酵素免疫測定法ともいい、酵素反応を利用してアレルゲンを検出・定量する方法です。

⑫浮遊粉じん

　建築物内の浮遊粉じんは、相対沈降径が $10\,\mu\mathrm{m}$ 以下の質量濃度が、建築物衛生法で測定の対象として規定されています。浮遊粉じんの測定方法

には、光散乱法と圧電天秤法（ピエゾバランス法）等があります。

◎光散乱法

　空気中の浮遊粒子に光を照射すると、光散乱現象により粒子から散乱光が発生します。散乱光の強さが粉じんの質量と比例することを利用して、散乱光の強さを測定することにより粉じん濃度を測定する方式です。光散乱粉じん計による相対濃度は、次式により算定されます。

$$C = KA(R - D)$$

C：浮遊粉じん相対濃度［mg/㎥］
K：標準粒子に対する 1cpm 当たりの質量濃度［mg/㎥］
A：較正計数（通常 1.3）
R：1 分間当たりの測定カウント数［cpm］
D：バックグラウド値（ダークカウント値）［cpm］

◎圧電天秤法（ピエゾバランス法）

　圧電天秤の上に粉じんを静電沈着させ、粉じん量の増加に伴い、振動数（周波数）が減少する圧電効果（ピエゾ効果）を利用して、粉じんの質量濃度を測定する方法です。圧電天秤法（ピエゾバランス法）による粉じん計を、ピエゾバランス粉じん計といいます。

2．温熱環境の測定

①乾湿計

　乾湿計とは、乾球温度、湿球温度を測定することにより、温度、湿度等を測定するものです。乾球温度計、湿球温度計の 2 個の温度計で構成されています。

　湿球温度計は、球部を蒸留水で湿らせた状態で測定します。湿球温度計の示す温度（湿球温度）は、球部において水が蒸発して蒸発熱を奪うため、球部を乾燥した状態の乾球温度計の示す乾球温度以下の低い温度を示します。このとき、乾湿計の周囲の空気の湿度が低いほど、湿球温度はより低い数値を示します。乾湿計には、次のものがあります。

◎アウグスト乾湿計

　アウグスト乾湿計とは、湿球部が水つぼとガーゼで構成された乾湿計です。水つぼ中の水は、ガーゼの毛管現象により湿球部に到達し、周囲の空気の湿度に応じて蒸発して、湿球温度計は湿球温度を示します。アウグスト乾湿計は、周囲の気流や放射の影響を受けやすいので、アスマン通風乾湿計と比較して、精度は高くありません。

◎アスマン通風乾湿計

　アスマン通風乾湿計は、反射性の高い金属めっきされた部分に湿球部・乾球部を内蔵し、送風機で一定速度の通風を与え、周囲の気流や放射の影響を受けにくいようにした乾湿計です。送風機の動力は、電動機またはぜんまいばねにより駆動させています。

②グローブ温度計

　グローブ温度計とは、表面に黒色つや消し塗装をした薄銅製の中空球体内に、ガラス管温度計（棒状温度計）の球部を挿入したもので、熱放射の影響を測定する温度計です。グローブ温度計によって測定した温度をグローブ温度といいます。グローブ温度計は、気流の影響も受けるため、気流の大きいところは測定に不適なので、注意が必要です。

③そのほかの温度計

　そのほかの温度計としては、温度による金属（白金など）や半導体の電気抵抗の変化を利用したサーミスタ温度計や、2種類の金属（バイメタル）の膨張率の差を利用したバイメタル温度計等があります。

3．静圧・風量・換気量の測定

①マノメータ

　マノメータとは、U字管に液体を入れて、U字管の一方に測定したいダクト内や空調機内の圧力を加え、一方は大気に開放します。測定したい静圧と大気圧との圧力差に応じて生じるU字管内の液面の高低差を読み取ることにより、ダクト内や空調機内の静圧を測定するものです。

②ピトー管

　ピトー管は、圧力損失を無視できるのならば、流れの上流側の流体の全圧と下流の流体の全圧は不変であるというベルヌーイの定理により、先端

の全圧孔で生じる全圧と、下流にある静圧孔で生じる静圧の差から流体の動圧を求めることにより、流体の風速を測定するものです。

③オリフィス流量計

オリフィス流量計は差圧流量計の一つで、流体が流れている管路にオリフィス板を入れて流れを絞り、その前後に発生した差圧を測定することにより、差圧と流量に一定の関係があることを利用して、流量を測定するものです。

④トレーサガス減衰法

トレーサガス減衰法は、建物の内部にトレーサガスを発生させ、換気によるそのガス濃度の減衰の時間変化を測定することにより、間接的に換気量や換気効率を算定する方法です。

ポイントを丸暗記！

1	一酸化炭素は常温・常圧で無色無臭の気体であり、酸素の供給が不充分な環境で不完全燃焼が起こると発生する。

一酸化炭素の測定方法には検知管法、定電位電解法などがあり、このうち、建築物衛生法の測定法として認められている測定法は、定電位電解法である。

2	酸素は無色無臭の気体で、空気中には体積で約 21%含まれている。

酸素はほとんどの元素と化合して酸化物をつくり、反応の際に熱と光を生じる。

重要用語を覚えよう！

励起

原子や分子が外部からエネルギーが与えられることで、エネルギーの低い状態から、エネルギーの高い状態へ移行すること。

光環境の管理

ここがPoint！

光に関するさまざまな用語をしっかり覚えなくてはなりません。わからない場合は、身の回りにあるものでイメージしてみましょう。

基礎知識を押さえよう！

●光環境を表す用語

光束	人の目に感じる光源の明るさを表したもので 単位はルーメン［lm］。
光度	単位立体角当たりから放出される光束で、光源からある方向に照射される光の強さを表す。単位はカンデラ［cd］。
輝度	光度を観測方向から見た見かけの面積で割った値で、光源のまぶしさを表す。単位は［cd/㎡］。
照度	単位面積当たりに入射する光束で、被照射面の明るさを表す。単位はルクス［lx］。
昼光率	室内のある点の昼光照度を屋外の天空照度（直射日光を除いたもの）で除した比率。直射日光を除く天空照度を全天空照度という。

🔧 照度や光度

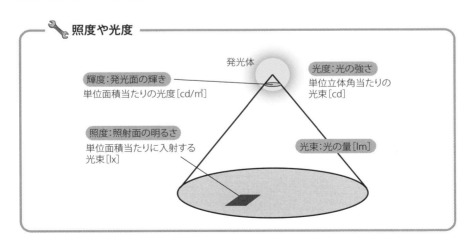

発光体

輝度:発光面の輝き
単位面積当たりの光度［cd/㎡］

光度:光の強さ
単位立体角当たりの光束［cd］

照度:照射面の明るさ
単位面積当たりに入射する光束［lx］

光束:光の量［lm］

　昼光率は、屋内の天空の明るさによる直接昼光率と、室内の床、壁、天井の反射に起因する間接昼光率に分けられます。直接昼光率は、窓ガラスの透過率の影響を受け、間接昼光率は、室内の床、壁、天井の反射率の影響を受けます。全天空照度は、散乱光の影響を受け、快晴時よりも散乱光がある薄曇り時の方が高くなるという特徴があります。なお、昼光率は、全天空照度に対する室内のある点の照度の比となります。

$$昼光率 = \frac{室内のある点の照度}{屋外の天空照度（直射日光を除く）} = \frac{室内のある点の照度}{全天空照度}$$

①建築物に主に使用される照明器具
◎白熱電球
　白熱電球とは、温度放射により発光する照明器具です。ランプ寿命は1,000時間程度で蛍光ランプより短いという特徴を有しています。ハロゲン電球などが含まれます。
◎ LED 照明器具
　LEDとは発光ダイオードのことで、発光する半導体です。寿命が長い、消費電力が少ない、応答が速いなどの基本的な特長を持っています。
◎ HID ランプ
　HIDランプとは、高輝度放電ランプのことで、高圧水銀ランプ、メタルハライドランプ、高圧ナトリウムランプが含まれます。このうち、高圧ナトリウムランプは点灯姿勢の影響を受けにくい、水銀ランプは点灯姿勢の影響を受けやすいという特徴を有しています。
②照明器具の性能
◎発光効率
　照明器具の消費電力［W］当たりの光束［lm］を発光効率（ランプ効率ともいう）といいます。単位は［lm/W］で表されます。

●主な光源のランプ効率

光　源	ランプ効率　[lm/w]
白熱電球（100W）	15
ハロゲン電球（500W）	21
LED 照明器具（白色）	100 ～ 200
HID ランプ（高圧蛍光水銀ランプ：400W）	51 ～ 55
HID ランプ（高圧ナトリウムランプ：400W）	54 ～ 132
低圧ナトリウムランプ（180W）	175

◎色温度

　色温度とは、光源などの光の色を数値で表現するために、黒体が温度放射するときの光の色をそのときの絶対温度で表したものです。単位はケルビン［K］で表されます。色温度が高いほど青味を帯びた光になり、色温度が低いほど赤味を帯びた光になります。

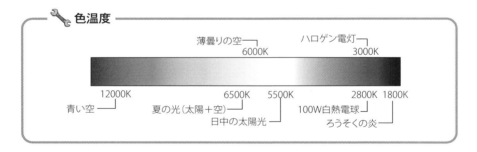

◎演色性

　演色性とは、照明で物体を照らすときに、自然光が当たったときの色をどの程度再現しているかを示す指標で、演色評価数で表されます。演色評価数が 100 に近い光源ほど、自然光を想定した基準光源とのずれが小さくなります。また、光源の色温度が高くなるほど、光源の光色は青みがかり、演色性を示す演色評価数は低くなります。

◎設計光束維持率と曲線

　設計光束維持率とは、光源の時間経過による照度低下を補償する係数で、光源の初期光束と交換直前の光束の比で表されます。設計光束維持率と時間経過を示した曲線を設計光束維持率曲線といいます。

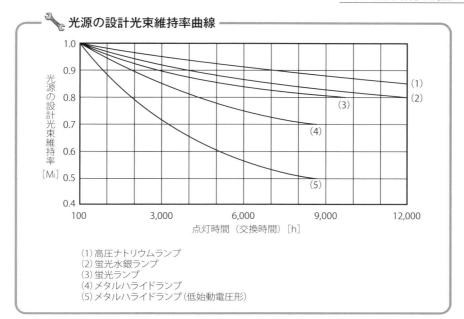

光源の設計光束維持率曲線

縦軸：光源の設計光束維持率 [Mᵗ]（1.0 / 0.9 / 0.8 / 0.7 / 0.6 / 0.5 / 0.4）
横軸：点灯時間（交換時間）[h]（100 / 3,000 / 6,000 / 9,000 / 12,000）

(1)高圧ナトリウムランプ
(2)蛍光水銀ランプ
(3)蛍光ランプ
(4)メタルハライドランプ
(5)メタルハライドランプ(低始動電圧形)

18

③特徴的な照明方式や照明器具の型式

◎タスクアンビエント照明

　作業（タスク）のための局部照明（タスク照明）と、周囲環境（アンビエント）のための全般照明（アンビエント照明）を組み合わせた照明方式を、タスクアンビエント照明といいます。

◎コーブ照明とコーニス照明

　コーブ照明は、壁面より天井を照射する間接照明で、コーニス照明は、壁に平行に下向きに光源を取り付け、壁を照射する間接照明です。

◎ブラケットとダウンライト

　壁に取り付ける照明器具をブラケット、天井に埋め込む照明器具をダウンライトといいます。

④照度計算

　照度はそれぞれ、次のように算出されます。

◎点光源の光源直下の照度

　光源 A による被照射面 P の照度 E は、光源からの距離の 2 乗に反比例します。

$$E = \frac{I}{\mathrm{h}^2} \ [\mathrm{lx}]$$

E：照度〔lx〕、I：光源の光度〔cd〕、

h：光源からの距離〔m〕

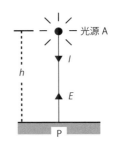

◎光源から水平方向に離れた面の照度

　被照面上の高さを h、光源直下の点を Q、Q から水平方向に d だけ離れた点を P とすると、法線照度、水平面照度は、逆 2 乗の法則及び入射角の余弦法則より、次式のとおり算出されます。

法線照度　$E_n = \dfrac{I_\theta}{R^2} \ [\mathrm{lx}]$

水平面照度　$E_h = E_n \cos \theta$

鉛直面照度　$E_v = \dfrac{I_\theta}{R^2} \cos (90° - \theta) = \dfrac{I_\theta}{R^2} \sin \theta$

E_n：法線照度〔lx〕、E_h：水平面照度〔lx〕、

E_v：鉛直面照度〔lx〕、I_θ：光度〔cd〕

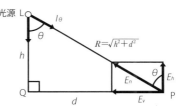

◎直射日光による照度

　地上の水平面照度　$E_h = E_n \sin \phi \ [\mathrm{lx}]$

E_h：地上の水平面照度〔lx〕

E_n：直射日光による法線照度〔lx〕、ϕ：太陽高度〔°〕

◎平均照度

$$E = \frac{FNUM}{A} \ [\mathrm{lx}]$$

E：照度〔lx〕、A：室の床面積〔㎡〕、F：1 灯当たりの光束〔lm〕、

N：灯具数、U：照明率、M：保守率

照明率とは、光源から出る光束のうち、被照射面に達する光束の割合です。照明率は、照明器具の構造の影響を受けますが、光源の設計光束維持率や照明器具の清掃間隔には関係しません。

保守率とは、照射面の照度が時間の経過とともに低下してくる割合です。保守率は、照明器具の構造、光源の設計光束維持率、照明器具の清掃間隔の影響を受けます。

⑤照明器具の交換方式

照明器具の灯具には寿命があり、寿命に達した灯具は交換する必要があります。照明器具の交換方式には、個別交換方式、個別的集団交換方式、集団交換方式、集団的個別交換方式があります。

個別交換方式とは、不点灯の器具をその都度交換する方式です。

個別的集団交換方式とは、不点灯の器具をその都度交換しつつ、定期に器具を全交換するものです。

集団交換方式とは、器具が不点灯になっても交換せず、定期に器具を全交換するもので、大規模な部分で、かつ、交換作業が困難な場所に適す交換方式です。

集団的個別交換方式は、不点灯になった光源がある程度まとまったとき、あるいは一定期間経過したときに、不点灯の光源のみを交換する方式で、頻繁に個別交換しにくい場所に適しています。

ポイントを丸暗記！

1	光束は人の目に感じる光源の明るさを表したもので、光度は単位立体角当たりから放出される光束で、光源からある方向に照射される光の強さを表す。

また、輝度は、光度を観測方向から見た見かけの面積で割った値で、光源のまぶしさを表し、照度は、単位面積当たりに入射する光束で、被照射面の明るさを表す。

電気・自動制御の基礎知識

ここが Point ！

絶縁抵抗値や、温度、圧力の制御に関する値は必ず押さえましょう。夏季と冬季に有効な手段も、しっかり覚えることが大切です。

基礎知識を押さえよう！

１．電気設備

①受変電設備

受変電設備とは、電力会社から受電した高圧や特別高圧の電力を、需要家の負荷設備に適した低圧の電圧に変換し、各負荷設備に電力を配電する電気工作物です。電圧を変成する変圧器、電路を開放・投入する遮断器や開閉器、電圧、電流、電力等を指示する指示計器、異常な電流、電圧を検知して警報を発したり、遮断器に遮断信号を送出する継電器、力率改善のためのコンデンサ、各負荷に配電する配電盤等で構成されています。受変電設備の方式は、受変電設備機器を接地された金属製の外箱に収納した、キュービクル方式の受変電設備が多用されています。

●電圧種別

電圧種別	交　流	直　流
低圧	600V 以下	750V 以下
高圧	低圧を超え 7,000V 以下	
特別高圧	7,000V を超えるもの	

②負荷設備

需要家の負荷設備は、冷凍機、ポンプ、送風機等の電動機等の動力設備、蛍光灯や白熱灯等の照明設備、コンセント設備に大別されます。動力設備の電力には相が 3 つの三相交流電力が、照明設備とコンセント設備には相が 1 つの単相交流電力が、主に用いられています。

③絶縁抵抗

絶縁抵抗とは、電路間や電路と大地間に電流が漏れ出さない性能のことです。絶縁抵抗の値が低くなると、漏電を生じて感電や火災等の原因となるので、定期的に絶縁抵抗の測定を行うことが重要です。

電路は原則として、大地から絶縁しなければなりませんが、構造上やむをえない場合や、異常が発生した際の危険を回避する措置などが講じられている場合は、絶縁しなくてもよいとされています。

●低圧の電路の絶縁性能

電路の使用電圧の区分		絶縁抵抗値
300V 以下	対地電圧（接地式電路においては電線と大地間の電圧、非接地式電路においては電線間の電圧をいう）が 150V 以下の場合	0.1M Ω以上
	その他の場合	0.2M Ω以上
300V を超えるもの		0.4M Ω以上

2．自動制御

ある目標に適合するよう対象に所要の操作を加えることを制御といい、制御を機械によって自動的に行わせることを自動制御といいます。フィードバックによって制御量の値を目標値と比較し、それらを一致させるように訂正動作を行うフィードバック制御が、室温や水温の自動制御に用いられています。

フィードバック制御の方式には、操作量を動作信号の現在値に比例させる比例制御や上限値・下限値によるオンオフ制御などがあります。建築物の室内の温度、湿度の自動制御には、温度検出器（サーモスタット）、湿度検出器（ヒューミディスタット）が用いられています。

3．外気制御

　夏季、冬季に外気を導入することは、室内空気環境のうちの温度、湿度に対して負荷となります。したがって、夏季、冬季では、二酸化炭素濃度を基準値以下に確保できる必要最小限の外気導入に制御することが有効です。1日のサイクルにおいては、室内の始業時間前に行う予冷・予熱運転時には、換気による外気導入は不要であるので、夏季、冬季の外気導入を停止することが有効です。

　また、春季、秋季の夏季と冬季の中間期では、室内と屋外のエンタルピー差によっては、外気導入による冷房が可能な場合があります。室内に外気を導入することにより室内を冷房することを外気冷房といい、中間期においては外気冷房を行うことが有効です。

　建築物の空調に用いられる冷水、温水等の温度・圧力は、おおむね次のように制御されています。なお、節電対策としては、夏季の冷房時にはできるだけ冷水温度を高く保ち、冬季の暖房時にはできるだけ温水温度を低く保つことが有効です。冷却水温度は、通期でできるだけ低く保つことが節電対策につながります。

●建築物の空調に関する制御

用　途	温度・圧力
冷水配管	5 〜 10℃
高温水配管	120 〜 180℃
冷却水配管	20 〜 40℃

用　途	温度・圧力
氷蓄熱用不凍液配管	− 10 〜− 5℃
低圧蒸気配管	0.1Mpa 未満
高圧蒸気配管	0.1 〜 1MPa

ポイントを丸暗記！

1	低圧とは、交流において 600V 以下、直流において 750V 以下の電圧のことをいう。

また、高圧は低圧を超え 7,000V 以下、特別高圧は 7,000V を超える電圧のことをいう。

練習問題にチャレンジ！

問　題　　　解答と解説は p.203 ～ 204

問題 01

熱に関する用語とその単位との組合せとして、誤っているものは次のうちどれか。

1　絶対温度　　　K
2　摂氏温度　　　℃
3　熱流　　　　　W
4　熱抵抗　　　　K/W
5　熱貫流抵抗　　W/（㎡K）

➡ Lesson 01

問題 02

湿り空気に関する次の記述のうち、最も不適当なものはどれか。

1　湿り空気とは、水が気化して気体になった水蒸気を含んだ空気のことをいう。
2　飽和湿り空気とは、湿り空気中の水蒸気が飽和状態となり、それ以上、水蒸気を含むことができない状態の湿り空気のことをいう。
3　飽和湿り空気中における水蒸気の占める圧力のことを、水蒸気分圧という。
4　絶対湿度とは、湿り空気の水蒸気の質量と乾き空気の質量との比で表される。
5　絶対湿度の値は、湿り空気の温度に左右されない。

➡ Lesson 03

問題 03

結露に関する次の記述のうち、最も不適当なものはどれか。

1 結露は、湿り空気が露点温度以下に冷やされ、湿り空気中の水蒸気が凝縮する現象をいう。
2 飽和水蒸気量が増加すると、結露が発生しやすくなる。
3 熱橋により外気の冷気が侵入すると、結露が発生しやすくなる。
4 結露防止には、外壁の内側に断熱材を施す内断熱の場合、断熱材の室内側に、防湿層を設ける。
5 結露防止には、室内の湿度をあまり高くしない。

➡ Lesson 05

問題 04

冷却塔に関する次の記述のうち、最も適当なものはどれか。

1 空調用の冷却塔は、主に冷凍機の凝縮熱を冷却水を介して大気に放熱するための機器である。
2 開放型の冷却塔は、凝縮熱を直接大気に開放して放熱させるものである。
3 密閉型の冷却塔は、開放型に比べて放熱しやすいという特徴をもつ。
4 密閉型の冷却塔は、開放型に比べて装置を小さくすることができる特徴をもつ。
5 密閉型の冷却塔には散水ポンプが不要だが、開放型には散水ポンプが必要である。

➡ Lesson 08

問題 05

ダクトに関する次の記述のうち、最も不適当なものはどれか。

1 ダクトの長さ当たりの摩擦損失が一定となるようにダクト寸法を決定する設計法を、等圧法という。
2 粉体輸送などの産業用の特殊ダクト設計には、一般に等速法が用いられる。

3 　空調ダクトや換気ダクトが防煙区画を貫通する部分には、煙感知器と連動してダクトを閉鎖する防炎ダンパを設ける。

4 　空調ダクトや換気ダクトが防火区画を貫通する部分には、ケーシングの厚さが 1.5mm 以上の防火ダンパを設ける。

5 　ダクトのケーシング（外箱）は、延焼防止のため 1.5mm 以上の厚さのものを設ける。

➡ Lesson 13

解答と解説　　問題は p.201 〜 203

問題 01　**正解　5**

熱貫流抵抗は壁の熱貫流による熱の伝わりにくさであり、単位は ［㎡ K/W］ である。選択肢の ［W/（㎡ K）］ は、熱貫流率で用いられる単位である。

問題 02　**正解　3**

1 　○　水が気化して気体になった水蒸気を含んだ空気のことを湿り空気といい、水蒸気を含まない空気のことを乾き空気という。

2 　○　湿り空気がどれくらい水蒸気を含むことができるかは、温度の影響を受け、温度が高くなると、より多くの水蒸気を含むことができる。

3 　×　水蒸気分圧は、湿り空気中における水蒸気の占める圧力のことである。飽和湿り空気中における水蒸気の占める圧力は、飽和水蒸気分圧という。

4 　○　絶対湿度は、乾き空気 1kg 当たりの水蒸気の質量 ［kg］ であり、絶対湿度の単位は ［kg/kg（DA）］ である。

5 　○　絶対湿度の値は、湿り空気の温度に左右されない。なお、相対湿度の値は、湿り空気の温度により変化する。

正解 2

　飽和水蒸気量が増加すると、空気中に含むことができる水蒸気の量が<u>増える</u>ため、結露は発生しにくくなる。

問題04 **正解** 1

1 ○　冷却塔は、冷凍機の<u>凝縮熱</u>を活用し冷却水を効率よく<u>循環利用</u>するための装置である。

2 ×　開放型の冷却塔は、<u>冷却水</u>を直接大気に開放して放熱させるものである。<u>凝縮熱</u>を開放するのではない。

3 ×　開放型は、冷却水を大気に開放して放熱するため、<u>密閉型</u>よりも<u>開放型</u>の冷却塔のほうが放熱しやすい。

4 ×　同じ冷却能力の場合、装置を小さくできるのは<u>開放型</u>である。

5 ×　開放型は、散水ポンプが<u>不要</u>である。密閉型は散水ポンプが<u>必要</u>であり、散布水は大気に開放されているので<u>汚染</u>されやすく、<u>水処理</u>が必要となる。

問題05 **正解** 3

1 ○　<u>等圧法</u>は、長さ当たりの摩擦損失が一定となるように決定する設計法である。また、ダクト内の風速が一定となるようにダクト寸法を決定するダクトの設計法は、<u>等速法</u>という。

2 ○　粉体輸送はダクトを利用して粉体を輸送することで、一定の<u>風速</u>の確保が求められる。

3 ×　空調ダクトや換気ダクトが防煙区画を貫通する部分に設けるものは、<u>防煙ダンパ</u>である。<u>防炎ダンパ</u>ではない。

4 ○　換気ダクト等が防火区画を貫通する部分には、ケーシングの厚さが<u>1.5</u>mm 以上の防火ダンパを設ける。防火区画とは、火災時に建築物内が延焼しないようになされた区画のことをいう。

5 ○　ダクトのほか、<u>防火ダンパ</u>のケーシング（外箱）にも、延焼防止のため<u>1.5</u>mm 以上の厚さのものを設ける。

ビル管理士試験
合格テキスト

4章 建築物の構造概論

Lesson 1 建築物の計画と設計

ここが Point !

建築物と環境に関する用語や、建築図面の種類、建築士の資格の種類などを覚えよう。

基礎知識を押さえよう！

1．建築物の計画と環境への配慮

　建築物を建設するためには、まず、建築物の計画を立案し、その計画に沿って建築物の設計を行うことが必要です。建築物の計画と設計は、通常、建築主（施主）から依頼・発注を受けた設計者が行います。

　建築物の計画にあたっては、建築物の目的、規模、敷地、建設費用、工期、意匠、構造、設備等の諸条件を整理し、検討します。また、建築物の維持管理についてもあらかじめ考慮するとともに、建築物の工事や完成後の使用に際して、環境への負荷をできるかぎり軽減するよう配慮しなければなりません。

　建築物の環境性能を総合的に評価する手法として、CASBEE（建築環境

●建築物と環境に関する用語

ヒートアイランド現象	都市部の気温が、その周囲の郊外に比べて高くなる現象。建築物による熱の蓄積や、空調機器等による排熱もその原因の一部と考えられている。
ストリートキャニオン	ビルの谷間にある道路が半密閉状態になり、道路や建築物の表面の蓄熱や自動車からの排熱、排気等により、高温で不快な環境になる現象。
コージェネレーション	天然ガス、石油、LPガス等を燃料として発電を行うと同時に、その際に生じる排熱を給湯や冷暖房等に利用し、エネルギー効率を高める方式。

206

総合性能評価システム）が広く活用されています。

２．建築物の設計と図面

　建築物の基本計画がまとまってきたら、その計画に基づいて基本設計を行います。基本設計では、設計図面のほかに模型や完成予想図が作成され、工事費の概算書も作成されます。基本設計について、建築主と設計者の間で合意が得られたら、実施設計の段階に移行します。

　実施設計では、基本設計に基づいて、実際に建築物を施工するために必要な、詳細な図面が作成されます。これを実施設計図面といいます。

　基本設計、実施設計とも、意匠設計、構造設計、設備設計の３分野に分かれ、さまざまな種類の設計図面が作成されます（次ページの表参照）。また、図面のほかに、仕様書、構造計算書などの書類も作成されます。これらの書類や図面をまとめて、設計図書といいます。

🔧 図面に使用される表示記号（開口部の形態を表現するもの）

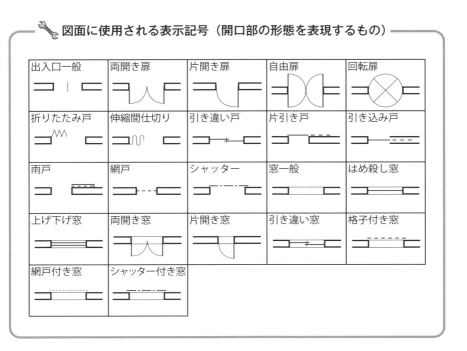

1

建築物の計画と設計

207

●**主な図面・設計図書の種類**

意匠図面	配置図	敷地内の建築物の位置、方位、敷地と隣地や道路との関係等を示す。
	平面図	各階の部屋の配置を平面的に示す。壁、柱、窓、開口部の位置なども描かれる。
	断面図	建築物を垂直に切った断面を横から見た図。主要部について2面以上描かれる。垂直寸法関係を示す。
	立面図	建築物の外観(壁面)を横から見た図。通常は4面作成される。
	展開図	各室の内部壁面を横から見た図。北から時計回りに描かれる。開口部の位置等を示す。
	天井伏図	天井面の仕上げ材、割付、天井高さ、照明の位置等を示す。
	屋根伏図	建築物を上空から見下ろした図。屋根の形状、仕上げ、勾配等を示す。
	透視図	空間の構成や雰囲気がわかりやすいように、透視図法を用いて立体的に表現した図。
	詳細図	出入口、窓、階段、便所、その他の主要部分の平面、断面、展開などの詳細な収まりを示す。
	仕上表	建築物の外部、内部の仕上材の種類や色などを示す。
	仕様書	使用材料の種類や施工方法等を指示。標準仕様書と特記仕様書がある。
構造図面	基礎伏図	基礎の形状等を示す。
	床伏図	各階の床面と、柱、梁、壁などの平面方向の配置、形状、大きさ等を示す。
	軸組図	柱、梁などの高さ方向の配置、大きさ等を示す。
	仕様書	特記事項の記入、構造概要、工法、材料等を指定する。
	構造計算書	建築物にかかる荷重に対して構造物に生じる応力を計算し、その結果をまとめた書類。
設備図面	各種設備図	設備分野ごとに、電気設備図、給排水衛生設備図、空気換気設備図、ガス設備図、防災設備図、昇降機設備図などが作成され、設備の配置等が示される。
	仕様書	設備の種類、施工方法等を指示。

3．建築物の設計と工事監理

　建築士法により、建築物の設計、設計図書、工事監理は、以下のように定義されています。

> **建築士法 第2条第6項**
> この法律で「設計図書」とは建築物の建築工事の実施のために必要な図面（現
> 寸図その他これに類するものを除く。）及び仕様書を、「設計」とはその者の
> 責任において設計図書を作成することをいう。
>
> **同第8項**
> この法律で「工事監理」とは、その者の責任において、工事を設計図書と照
> 合し、それが設計図書のとおりに実施されているかいないかを確認すること
> をいう。

　建築士には、一級建築士、二級建築士、木造建築士があり、建築物の構
造、階数、延べ面積、用途等によって、一級建築士でなければ設計、工事
監理ができないもの、一級または二級建築士でなければできないもの、一
級、二級または木造建築士でなければできないものなどがあります。

　また、高度な専門能力を必要とする一定の建築物の設計・工事監理につ
いては、構造設計一級建築士、設備設計一級建築士の資格が必要です。

　なお、一級建築士は国土交通大臣の免許を、二級建築士、木造建築士は
都道府県知事の免許を受けて得られる資格です。

4．方位別日射受熱量と日射遮蔽

　日射による受熱、特に直達日射（いわゆる直射日光）による受熱は、建
築物の温熱環境に大きく影響します。太陽の位置は時々刻々と変化し、季
節によっても軌道が異なるため、建築物が受ける日射量も変化します。

　東京における方位別日射受熱量を比較すると、太陽高度が高い夏至には、
水平面が正午に受ける日射受熱量が最も多くなります。次いで多いのは、
ほぼ真正面から日射を受ける、朝方の東面と夕方の西面です。夏至には、
建築物の北面も、早朝と夕方に直達日射を受けます。建築物の南面が受け
る日積算日射量は、太陽高度が低い冬至に最大、夏至に最小になります。

　窓ガラスにブラインドを内付けした場合と外付けにした場合では、後者
のほうが、日射遮蔽効果が大きくなります。

5．事務所建築物の計画

オフィスビルのような建築物では、階段、エレベーター、トイレ等の共用スペースや、設備スペース、構造用耐力壁などを各階の一部分に集約する計画が採用されることが多く、そのような区画を<u>コア</u>（コアスペース）といいます。事務所スペースとコアスペースの配置によって、いくつかのコアタイプ（コアプラン、コアシステムともいう）があります。

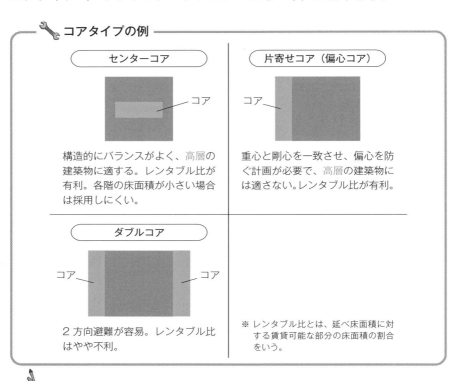

🔧 **コアタイプの例**

センターコア	片寄せコア（偏心コア）
構造的にバランスがよく、高層の建築物に適する。レンタブル比が有利。各階の床面積が小さい場合は採用しにくい。	重心と剛心を一致させ、偏心を防ぐ計画が必要で、高層の建築物には適さない。レンタブル比が有利。

ダブルコア

2方向避難が容易。レンタブル比はやや不利。

※ レンタブル比とは、延べ床面積に対する賃貸可能な部分の床面積の割合をいう。

ポイントを丸暗記！

1	**一級建築士は<u>国土交通大臣</u>の免許を、二級建築士、木造建築士は<u>都道府県知事</u>の免許を受けて得られる資格である。**

建築物の構造、階数、延べ面積、用途等によって、一級建築士でなければ<u>設計</u>、<u>工事監理</u>ができないもの、一級または二級建築士でなければできないもの、一級、二級または木造建築士でなければできないものなどがある。

Lesson 2 建築物の構造① 〈構造力学と荷重／構造形式〉

ここがPoint！

建築物にかかる荷重と、荷重に応じて部材に生じる応力の種類を覚えよう。剛接合とピン接合、ラーメン構造とトラス構造の違いを理解しよう。

基礎知識を押さえよう！

1. 建築物にかかる荷重

建築物には、建築物自体の重量（固定荷重）、建築物の内部にいる人間や物品、家具等の重量（積載荷重）のほか、風圧力や地震による振動など、さまざまな力が加わります。建築物の構造は、それらの力に十分耐え得るものでなければなりません。

建築物に荷重が作用すると、その力に応じて、建築物の部材に応力（抵抗力）が生じます。応力とは、外力による物体の変形に対抗して物体の内部に生じる力（内力）を、物体のある断面に働く単位面積当たりの力として定義したものです。

●建築物にかかる荷重の分類

作用方向による分類	原因による分類	作用時間による分類
鉛直荷重	固定荷重	常時荷重
	積載荷重	
	積雪荷重	
水平荷重	風圧力	非常時荷重
	地震力	
	土圧・水圧	常時荷重
その他	振動・衝撃・熱など	状況による

211

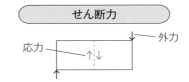

軸方向力

部材の軸方向に生じる応力。
引張力と圧縮力がある。

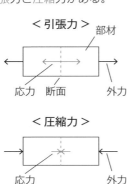

＜引張力＞　部材

応力　断面　外力

＜圧縮力＞

応力　外力

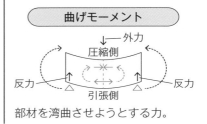

せん断力

外力

応力

部材の軸に直角な方向に働き、
断面をずれさせるように作用する。

曲げモーメント

外力
圧縮側
反力　引張側　反力

部材を湾曲させようとする力。

荷重が大きくなるほど、部材の内部に生じる応力も大きくなり、限界を超えると部材は破断します。材料が耐え得る最大の引張力を引張強さ、または引張強度といい、材料が耐え得る最大の圧縮力を圧縮強さ、または圧縮強度といいます。せん断強さ、曲げ強さについても同様です。

建築物の主要構造部は、柱、梁、壁、床などからなります。このうち、柱、梁などの棒状の材を組み立てて作られる、建築物の基本的な構造をなす部分を、建築物の骨組みといい、骨組みを構成する部材の接合部を節点といいます。節点の接合のしかたには、剛接合とピン接合があります。部材の両端が剛接合されている部材の内部には、軸方向力、せん断力、曲げモーメントの３つの応力が生じます。一方、両端がピン接合されている部材の内部に生じる応力は、軸方向力だけです。

建築物の構造設計では、部材そのものの強度ももちろん重要ですが、部材どうしをどのように接合するかが非常に重要です。

🔧 剛接合とピン接合

＜剛接合＞

柱　梁

鉄筋コンクリート等

部材と部材が剛に接合され、外力を受けても変形しない。

＜ピン接合＞

ボルト等　梁　柱

外力を受けると部材と部材の角度が変化する。

荷重が加わると変形する。

筋かい（ブレース）

耐力壁

変形を防ぐには、筋かいや耐力壁が必要。

🔧 ラーメン構造とトラス構造

＜ラーメン構造＞

剛接合による骨組みをラーメン構造という。

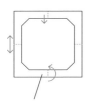

部材に生じる応力は、軸方向力、せん断力、曲げモーメント。

＜トラス構造＞

節点をピン接合とし、部材を三角形に組み合わせて構成する骨組みを、トラス構造という。

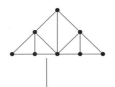

三角形で構成されるので変形に強く、細長い部材を組み合わせて、軽量で強い構造物を造れる。

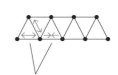

部材に生じる応力は軸方向力のみで、せん断力、曲げモーメントは生じない。

◆建築物の構造形式

ラーメン大盛り、
（ラーメン構造）（応力）

具材は
（部材）

全部乗せ！
（軸方向力・せん断力・曲げモーメント＝全部）

■ 節点が剛接合されているラーメン構造の部材の内部には、軸方向力、せん断力、曲げモーメントの３つの応力が生じる。

ポイントを丸暗記！

1	水平荷重には、風圧力、地震力等がある。

風圧力は、時間とともに変化する動的荷重であるが、構造計算では、通常、静的荷重として扱われる。

2	柱と梁が剛接合された骨組みを、ラーメン構造という。

ラーメン構造の部材に生じる応力は、曲げモーメント、せん断力、軸方向力である。

3	部材をピン接合し、三角形を基本単位として構成する構造を、トラス構造という。

トラス構造の部材に生じる応力は、軸方向力のみである。

建築物の構造② 〈材料による分類〉

基礎知識を押さえよう！

1．鉄筋コンクリート構造（RC 構造）

　鉄筋コンクリート構造は、コンクリートに鉄筋を埋め込んで補強した鉄
筋コンクリートを用いた建築物の構造です。コンクリートは圧縮強度が大
きく、耐火性・耐久性にもすぐれていますが、引張力に弱く、ひび割れを
生じやすい材料です。一方、鉄筋は引張強度が大きく、圧縮強度が小さい
ので、これらを組み合わせることにより互いの短所を補い、長所を生かす
ことができます。コンクリートと鉄筋は付着力が強く、熱膨張率（線膨張
係数）がほぼ等しいので、これらを組み合わせることは非常に合理的です。

　鉄筋コンクリートを施工する際は、まず鉄筋を組み立て、鉄筋を囲むよ
うにして型枠を組み立てて、型枠にコンクリートを流し込みます。コンク
リートが硬化したら、型枠を解体します。

　鉄筋コンクリート用の鉄筋には、普通棒鋼と異形棒鋼があります。異形
棒鋼は、コンクリートの付着力を強めるために、表面に網状等の突起を設
けたものです。コンクリートの表面から鉄筋の表面までの距離を、鉄筋に
対するコンクリートのかぶり厚さといいます。

　鉄筋コンクリート構造の長所は、耐火性、耐久性に富み、自由な形態を
得やすく、比較的安価なことなどです。短所は、自重が大きく地震力の影
響を受けやすいこと、施工時の状況（材料の管理や養生）が強度に影響し

やすいこと、解体が容易でないこと、工程が長くなることなどです。

　近年は、大規模な建築物では、工場などであらかじめ製造された鉄筋コンクリート部材を現場に運搬して設置するプレキャスト工法が導入されることが多く、工期の短縮が図られるようになっています。

鉄筋の腐食を防ぎ、鉄筋コンクリートの耐久性を高めるには、かぶり厚さを十分に確保することが重要です。

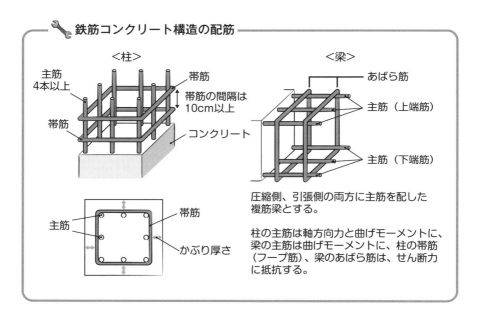

🔧 **鉄筋コンクリート構造の配筋**

＜柱＞
主筋 4本以上
帯筋
帯筋
帯筋の間隔は 10cm以上
コンクリート

主筋
帯筋
かぶり厚さ

＜梁＞
あばら筋
主筋（上端筋）
主筋（下端筋）

圧縮側、引張側の両方に主筋を配した複筋梁とする。

柱の主筋は軸方向力と曲げモーメントに、梁の主筋は曲げモーメントに、柱の帯筋（フープ筋）、梁のあばら筋は、せん断力に抵抗する。

● **鉄筋に対するコンクリートのかぶり厚さの規定（建築基準法施行令第 79 条）**

耐力壁以外の壁、床	2cm 以上
耐力壁、柱、梁	3cm 以上
直接土に接する壁、柱、床もしくは梁または布基礎の立上り部分	4cm 以上
基礎（布基礎の立上り部分を除く）※	6cm 以上

※捨てコンクリートの部分を除く。捨てコンクリートとは、地盤の上に、底面を平らにするために敷きならすコンクリートで、建築物の強度には直接関係しない。

2. 鉄骨構造（S 構造）

　鉄骨構造は、建築物の主な構造体として鋼材を用いる構造です。使用される鋼材には、形鋼、平鋼、鋼板、鋼管等があります。鋼材の接合方法には、リベット接合、ボルト接合、溶接接合等がありますが、近年はボルト接合が主流になっています。ボルト接合には、普通ボルト、高力ボルトが使用されます。高力ボルト接合は、材間圧縮力により力を伝達します。床には、鉄筋コンクリート床版やデッキプレート等が用いられます。

　鋼材の性質として、炭素量が増すと強度が高くなりますが、じん性、溶接性は低下します。また、鋼材は火災時などに高温になると急激に強度が低下し、1,000℃でほとんど強度ゼロとなり、1,400 ～ 1,500℃で溶解します。このように、鋼材は耐火性にとぼしいことから、火災時に部材の温度上昇を抑制するために耐火被覆を施す必要があります。

　鉄骨構造の長所は、じん性に富み、耐震的に有利な構造にしやすいこと、工期が短いこと、解体が容易であることなどです。短所としては、耐火性、耐食性にとぼしいことが挙げられます。

3. 鉄骨鉄筋コンクリート構造（SRC 構造）

　鉄骨鉄筋コンクリート構造は、鉄骨部材を内蔵した鉄筋コンクリート構造で、鉄筋コンクリート構造と鉄骨構造の長所を兼ね備え、耐震性、耐火性にすぐれています。短所としては、施工が複雑で工期が長くなり、コスト高になります。6 ～ 15 階建て程度の建築物に用いられます。

4. 木構造

　木構造（木造）は、一般住宅によく用いられます。工法としては、在来工法（木造軸組工法）、プレハブ工法、木造枠組壁工法（ツーバイフォー工法）等があります。

3

建築物の構造②〈材料による分類〉

工事中の建築物を観察すると、その建物がどんな構造で造られているかがよくわかりますね。

ポイントを丸暗記！

| 1 | コンクリートは<u>圧縮力</u>に強く、<u>引張力</u>に弱い。 |

鉄筋は<u>引張力</u>に強く、<u>圧縮力</u>に弱い。鉄筋コンクリート構造は、鉄筋とコンクリートを組み合わせることにより互いの短所を補い、長所を生かした構造である。

| 2 | 鉄筋に対するコンクリートのかぶり厚さとは、コンクリートの<u>表面</u>から鉄筋の<u>表面</u>までの距離をいう。 |

鉄筋に対するコンクリートのかぶり厚さは、耐力壁以外の壁、床で<u>2</u>cm 以上、耐力壁、柱、梁で<u>3</u>cm 以上、直接土に接する壁、柱、床もしくは梁または布基礎の立上り部分で<u>4</u>cm 以上、基礎では<u>6</u>cm 以上としなければならない。

| 3 | 鋼材は、炭素量が増すと強度が高くなるが、<u>じん性</u>、溶接性は低下する。 |

また、鋼材は火災時などに高温になると急激に強度が低下し、1,000℃でほとんど強度ゼロとなる。鋼材は耐火性にとぼしいので、<u>耐火被覆</u>を施す必要がある。

重要用語を覚えよう！

デッキプレート

<u>波付け</u>された広幅の帯鋼で、鉄骨構造の鋼床版として、また、鉄筋コンクリート構造の床型枠として用いられる。

じん性

材料の粘り強さ。外力により破壊されにくい性質。

建築材料とその性質

ここが Point ！

コンクリート、木材、金属材料、その他の建築材料の特徴
や用途を覚えよう。

基礎知識を押さえよう！

1．コンクリート

　コンクリートは、セメント、水、細骨材（砂）、粗骨材（砂利、砕石）
を混合し、練り混ぜて凝固させたものです。セメントは、粘土を含む石灰
石や石膏を焼成して粉末にしたもので、水を加えて練ると、化学反応によ
り硬化します。

　セメントと水だけを練り合わせたものはセメントペーストといい、これ
に細骨材を加えたものをモルタルといいます。さらに粗骨材を加えたもの
がコンクリートです。

　コンクリートは、圧縮強度が大きく、耐久性・耐火性に富み、部材の形
状を自由に成形できること、鋼材の防錆力が大きいこと、安価で経済的で
あることなど、多くの長所を持っています。短所は、自重が大きいこと、
引張強度が小さいこと、硬化時に亀裂を生じやすいことなどです。

　コンクリートを施工する際は、型枠を組み立て、その中にコンクリート
を流し込み（打設）、硬化するのを待ってから型枠を解体します。硬化す
る前のコンクリートを、フレッシュコンクリート、または生コンクリート
（生コン）といいます。

　コンクリートの圧縮強度は、水とセメントの混合割合（水セメント比）
によって左右されます。水セメント比は、通常は40〜65％程度です。水
分量は、生コンの打設作業のしやすさ（ワーカビリティ）にも関係します。
生コンの流動性を調べるスランプ試験は、品質管理において重要です。

●コンクリートの種類

軽量コンクリート	密度がおおむね 2.0t/㎥以下。粗骨材、細骨材に軽量材を使用。
普通コンクリート	密度がおおむね 2.3t/㎥程度。圧縮強度は 21N/㎟。一般に広く用いられる。
重量コンクリート	密度がおおむね 3.0t/㎥以上。重量骨材を使用。放射線の遮蔽用等に用いられる。
高強度コンクリート	設計基準強度が 36N/㎟を超える部材に用いる。
流動性コンクリート	施工現場で流動化剤を添加し、流動性を高めたコンクリート。
高流動性コンクリート	製造時に著しく流動性を高めたコンクリート。

　コンクリートの打設後は、適度な温度や湿度を保ち、硬化が十分に進むまで衝撃から保護するなどの配慮が必要で、そのための作業を養生といいます。コンクリートの強度は、養生方法にも大きく影響されます。

　コンクリートの打設後に、コンクリートを練り混ぜるために使用した水の一部が表面に浮いてくる現象を、ブリージングといいます。この水とともに石灰石の微粒子や骨材の微粒分が浮上して泥状の層になったものを、レイタンスといいます。

コンクリートを打ち継ぐ場合は、ひび割れや水密性の低下を防ぐために、レイタンスを除去することが必要です。

2. 木材

　建築材料としての木材の長所は、比重の割に強度が大きく、軽量で加工しやすいこと、まっすぐで長い材料を得やすいこと、熱伝導率が小さく、断熱性能にすぐれていること、線膨張系数（熱膨張率）が小さいことなどです。短所は、可燃性であること、吸水・吸湿性が大きく、水分による変形が大きいこと、腐朽しやすいこと、シロアリ等による虫害を受けやすいこと、節や繊維方向によって強度にばらつきがあることなどです。

　木材の出火危険温度は 260℃前後で、400 ～ 490℃で発火します。木材の加工品であるベニヤ（合板）は、奇数枚の薄い板を、繊維方向が直交するように重ねて、接着剤で張り合わせたものです。

3．金属材料

　建築用の金属材料としては、鉄骨構造に用いられる鋼材や、鉄筋コンクリート構造に用いられる鉄筋が代表的です（鋼材、鉄筋の強度等については、p.215 ～ 217 参照）。

　ステンレス鋼は、鉄とクロム、ニッケル等の合金で、耐食性、耐熱性、強度にすぐれています。台所用品、各種機械器具、サッシ、外装用板などに用いられます。

　アルミニウムは、比重が鉄の約 3 分の 1 と軽量で、やわらかく加工しやすい点が長所です。短所としては、熱、電気の伝導率が大きく、火災に弱いことが挙げられます。屋根葺材、カーテンウォール材、窓枠、サッシ、ルーバ、建具金物等に用いられています。

　鋼板にすずめっきしたものをブリキ、亜鉛めっきしたものを亜鉛鉄板（トタン）といいます。トタンは屋根材としてよく用いられます。

4．ガラス

　ガラスとは、液体を急冷して、結晶させずに固化させた物質のことですが、一般にガラスと呼ばれているのは、ケイ酸を主成分とするもので、主原料は珪砂です。通常はほぼ無色透明で、可視光線のほとんどを透過します。板状のガラスを板ガラスといい、建築物では主に窓に用いられます。

　複層ガラス（ペアガラス）は、2 枚以上の板ガラスを一定の間隔に保って組み合わせ、周辺を密封して、内部に乾燥空気を封入したもので、断熱性能にすぐれ、結露防止にも効果的です。合わせガラスは、複数枚のガラスを透明なプラスチックフィルムをはさんで接着したもので、破損による脱落や飛散を防止する効果があります。強化ガラスは、板ガラスに熱処理を施して圧縮応力を付加したもので、曲げ・衝撃・熱に強く、破片は細かい粒状になるので安全性においてもすぐれています。熱線吸収ガラスは、熱線の吸収を高めるために原料に着色したガラスで、直射日光をやわらげ、ガラスを透過する熱を抑え、冷房の負荷を軽減します。熱線反射ガラスは、表面に金属皮膜を形成させたもので、ミラー効果もあります。

　板ガラスは不燃材料ですが、部分的に加熱されると破壊しやすく、550℃程度で軟化するので、火災の侵入を防ぐことはできません。

5．その他の建築材料

　鉄筋コンクリート構造の陸屋根の防水層には、アスファルト防水層、シート防水層、塗膜防水層、ステンレスシート防水層等があります。シート防水層は、合成ゴム系、塩化ビニル樹脂系等の材料でつくられたシートを接着剤で貼り付け、もしくは金物類で固定するものです。塗膜防水層は、ウレタン系、FRP系等の液状の樹脂を塗布し、硬化させるものです。ステンレスシート防水層は、接合部を溶接することにより一体化するため、非常に高い防水性が得られます。

　外壁の仕上げ材には、モルタル塗、吹付け、タイル張り、石張り等があります。鉄筋コンクリート構造では、コンクリート打ち放し仕上げも用いられます。内壁の仕上げ材には、吸音性、遮音性、テクスチュア（質感）のよさなどが求められ、しっくい、プラスタ、クロス、化粧合板等が用いられます。床の仕上げ材には、テラゾ、タイル、縁甲板、フローリング材、カーペット、畳等があります。

内装に使われる建築材料では、色やデザイン、手触り、清掃のしやすさなども重要ですね。

イラストひと目で丸暗記！

セメントペースト

セメント ＋ 水 ＋ 砂 ＋ 砂利

モルタル　　　コンクリート

コンクリートの材料は、セメント、水、砂、砂利！

ポイントを丸暗記！

| 1 | **軽量コンクリートの密度は、おおむね 2.0t/㎥以下である。** |

普通コンクリートの密度は、おおむね 2.3t/㎥程度である。

| 2 | **木材の出火危険温度は 260℃前後である。** |

木材の出火危険温度は 260℃前後で、400 〜 490℃で発火する。

| 3 | **複層ガラスは 2 枚以上の板ガラスを一定の間隔に保って組み合わせ、周辺を密封して内部に乾燥空気を封入したものである。** |

合わせガラスは、複数枚のガラスを透明なプラスチックフィルムをはさんで接着したもので、破損による脱落や飛散を防止する効果がある。

重要用語を覚えよう！

カーテンウォール
建築物の荷重を負担しない非耐力壁。帳壁（ちょうへき）ともいう。

ルーバ
壁や天井の開口部に細長い羽板を平行、または格子状に組み、羽板の角度を変えることにより、採光、通風、視界等の調節ができるもの。

プラスタ
石膏、石灰等の粉に水を加えて練り合わせたもの。

テラゾ
大理石等の石材の砕石をセメントや樹脂で固めたもの。人造大理石。

建築材料とその性質

建築設備の種類と役割

ここが Point ！

建築物に必要な設備の種類と、それぞれの役割を理解しよう。電気設備、ガス設備、輸送設備についてはよく出題されるので、要点を押さえておこう。

基礎知識を押さえよう！

1．建築設備の概要

　建築物には、居住者や利用者の利便性、快適性、安全性等を確保するために、また、建築物の中で行われる生産活動や商業活動等のために、多くの設備が設けられています。電気設備、給排水設備、ガス設備、空気調和設備をはじめ、照明設備、防犯設備、防災設備、情報通信設備、輸送設備、駐車場設備、廃棄物処理設備など、現代の建築物は多様な設備を必要としています。

　不動産投資を検討する際に、対象となる物件の価値を詳細に調査し、分析することをデューディリジェンスといいますが、建築物の価値を評価する場合は、建築設備の維持管理や稼働状況に関するデータも求められます。築年数が経過した建築物では、ESCO 事業等により、省エネルギーを目的とした設備の更新が行われる例も多くなっています。

2．電気設備

　一般家庭や小規模な事業所、店舗などには、変圧器によってあらかじめ100V もしくは 200V に降圧された電気が供給されていますが、契約電力が 50kW 以上となる大規模な建築物では、電力会社と高圧受電の契約を結び、6,600V の高圧配電線から送られてきた電気を、建築物内に設置し

た自前の受変電設備により降圧して使用しています。

　高圧配電線から供給される電気は 3 相交流なので、建築物内の設備機械の動力としては、効率のよい 3 相誘導電動機（3 相モーター）がよく使用されます。電源の交流を一度直流に変換し、再度交流に変換することにより周波数と電圧を自在に変え、モーターの回転速度や出力トルクを調節するインバータ制御が広く取り入れられています。

　電力会社から供給される電力のほかに、需要地に近接した場所に小規模な発電装置を分散配置して電力を供給するしくみを分散電源システム（分散型電源）といいます。太陽光発電や風力発電が代表的です。なかでも、太陽光発電は、建築物自体に直接発電装置を設けることが可能で、既設の商用電源と系統連系して電源を構成することができます。

大規模な建築物では、火災時などに停電になっても、消火設備やエレベーターなどが支障なく稼働できるように、自家発電設備をもつことも必要です。

3．ガス設備

　一般に利用されるガスには都市ガスと LP ガス（液化石油ガス）があり、供給方式やガスの性質、適用される法規がそれぞれ異なります。都市ガスは、都市部において配管により供給されるガスで、液化天然ガス（LNG）として輸入される天然ガスが主原料です。LP ガスは、天然ガスからの分離や石油精製の過程で製造されるガスで、ボンベ等に詰めて供給されます。

　都市ガスで主に採用されているのは 13A という種類の、空気よりも軽いガスです。LP ガスは、空気よりも重いガスです。

●都市ガスと LP ガスの比較

	都市ガス（13A）	LP ガス（プロパン）
比重	0.638（空気よりも軽い）	1.550（空気よりも重い）
総発熱量 [*1]	45.0 [MJ/m³ (N)]	102 [MJ/m³ (N)]
理論空気量 [*2]	10.70 [m³ (N)/m³ (N)]	24.29 [m³ (N)/m³ (N)]

※ 1 発熱量は、ある単位の物質が完全燃焼したときに発生する熱量。総発熱量は、燃焼時に生成される水蒸気の潜熱を含む値で、高位発熱量ともいう。
※ 2 理論空気量は、ある単位量の燃料を完全燃焼させるのに最小限必要な空気の量。実際の燃焼時に必要な空気量（実際空気量）は、理論空気量よりも多くなる。

４．輸送設備

　建築物内の輸送設備には、人を輸送するものと、専ら荷物のみを輸送するものがありますが、人を輸送する設備の場合は、特に高い安全性能が求められます。

　エレベーターは、ロープ式、油圧式に大きく分かれますが、ロープ式エレベーターは汎用性が高く、速度制御が広範囲に行えるため、中高層、超高層建築物に多く採用されています。油圧式エレベーターは、低速での運転が適している集合住宅用や、重量物の運搬用等に用いられていますが、徐々にロープ式に切り替えられています。

　建築基準法により、高さ31mを超える建築物には、非常用の昇降機（エレベーター）を設けることが義務づけられています（p.229 参照）。

　エスカレーターと動く歩道については、国土交通省の告示により、下表のように定格速度が定められています。

●エスカレーター・動く歩道の勾配と定格速度

勾　配		分　類	定格速度
8度以下		動く歩道	50m/min 以下
8度を超え30度以下	15度以下で踏段が水平でないもの		45m/min 以下
	踏段が水平なもの	エスカレーター	
30度を超え35度以下			30m/min 以下

ポイントを丸暗記！

1 **不動産投資を検討する際に、対象となる物件の価値を詳細に調査し、分析することを<u>デューディリジェンス</u>という。**

建築物の価値を評価する場合は、<u>建築設備</u>の維持管理や稼働状況に関するデータを得ることも重要である。

2 **電源の交流を一度直流に変換し、再度交流に変換することにより周波数と電圧を自在に変えるしくみを、<u>インバータ制御</u>という。**

<u>インバータ制御</u>により、交流電動機（モーター）の回転速度を自由に変えることができる。

3 **都市ガス（13A）は空気よりも<u>軽</u>く、LP ガスは空気よりも<u>重</u>い。**

発熱量（ある単位の物質が完全燃焼したときに発生する熱量）は、都市ガスよりも LP ガスのほうが<u>大き</u>く、燃料を完全燃焼させるのに必要な空気量は、都市ガスよりも LP ガスのほうが<u>多</u>い。

重要用語を覚えよう！

ESCO 事業

顧客の光熱水費の使用状況を分析して、<u>省エネルギー</u>のための設備の改修等の提案を行い、その成果（光熱水費の削減分）の一部を費用及び報酬として受け取る事業。

3 相交流

周波数が等しく、電流・電圧の<u>位相</u>が 120 度ずつずれた 3 系統の交流を 1 組にした電流。大容量の送電に適し、誘導電動機の始動も容易なので、送電方式として最もよく普及している。

5

建築設備の種類と役割

建築物の防災

ここが Point !

火災や地震、その他の災害により、建築物とその内部にいる人々がどのような危険にさらされるか、災害への対策として何が重要なのかを理解しよう。

基礎知識を押さえよう！

1．防火

　火災は、建築物にとって重大な脅威となります。特に、高層建築物や地下階を有する建築物で火災が起きた場合は、甚大な被害が生じるおそれがあります。日頃から火災予防に努めなければならないことはもちろんですが、万一火災が発生した場合は、迅速に消防機関に通報するとともに、初期消火により火災の拡大を防ぎ、建築物の内部にいる人々を速やかに避難させることが重要です。

　火災の初期は、火元を中心に局所的な燃焼が徐々に拡大していきますが、ある時点で一気に燃え広がり、初期火災から盛期火災（火盛り期）に移行します。火災が急速に成長するこの段階を、フラッシュオーバといいます。

　建築物内には、建築部材として使用されている木材等のほかに、家具等の可燃物が存在します。それらの可燃物の発熱量を木材の発熱量に換算し、単位面積当たりの可燃物の重量を木材の重量で表した値を、火災荷重といいます。火災荷重は、火災の規模や燃え広がる速度に大きく影響します。

　火災の早期発見や初期消火のために、建築物の規模や用途に応じて、自動火災報知設備、スプリンクラー設備等の設置が、消防法により義務づけられています。

　自動火災報知設備は、受信機、感知器、中継器、発信機等で構成されます。火災による煙や熱を感知器が感知し、受信機に火災信号が送られ、受信機は、表示灯や音響装置（警報ベル）を作動させて、建築物の関係者や

●消防法に定める消防用設備等の種類

消防の用に供する設備	消火設備	消火器、簡易消火用具（水バケツ、乾燥砂等）、スプリンクラー設備、屋内消火栓設備、屋外消火栓設備等
	警報設備	自動火災報知設備、ガス漏れ火災警報設備、非常ベル等
	避難設備	すべり台、避難はしご、救助袋、緩降機、誘導灯、誘導標識等
消防用水		防火水槽、貯水池等
消火活動上必要な施設		排煙設備、連結散水設備、連結送水管、非常コンセント設備、無線通信補助設備

自動火災報知設備の煙感知器には、光電式、イオン化式、熱感知器には、差動式、定温式、補償式、炎感知器には、紫外線式、赤外線式等の方式があります。

建物の中にいる人々に火災の発生を知らせます。

　火災時の避難については、火炎により退路が断たれないようにするため、2 方向の避難経路を確保することが原則です。建築物内の経路を熟知していない人は、火災時にも既知の経路を使用する傾向が強いので、避難計画においては、避難動線を日常動線と一致させるようにします。

　高層建築物では、火災時に消防隊の消火・救出活動を支援するための非常用エレベーターを設置することが義務づけられています。非常用エレベーターは、平常時は通常のエレベーターとして使用できますが、火災時には消防隊の使用が優先されます。停電時も使用できるよう予備電源を備え、火災時には使用中の呼び戻しや、かごを開いた状態での使用も可能です。

　一般用のエレベーターは、災害時には管制運転モードで動作し、通常、地震時には最寄り階に、火災時には避難階に停止させます。火災時は、エレベーターシャフトは煙の通り道になりやすいので、避難経路としてエレベーターを使用することはできません。

　非常用進入口は、火災時に消防隊が建築物の外部から進入するためのもので、建築物の高さ 31m 以下の部分にある 3 階以上の階に設置することが義務づけられています。非常用進入口は、外部から開放し、または破壊

することにより、容易に室内に進入できる構造にしなければなりません。

2. 地震への対策

　地震は、急激な地殻変動によって放出されたエネルギーが、地球表面を振動させる現象です。地震の規模を表す指標としては、マグニチュードが用いられます。マグニチュードは、地震のエネルギーの大きさを対数で表したもので、値が1増えるごとにエネルギーは約30倍になります。

　震度は、観測点における地震の揺れの強さを表す指標です。日本では、気象庁が定めた10段階の震度階級が用いられています。

　日本は世界有数の地震国であり、過去に起きた大地震では、建築物の倒壊等の被害が数多く発生しました。そうした経験を踏まえて、建築物の耐震性能の向上が図られています。

　1981（昭和56）年以降の耐震基準では、建築物の供用期間中に数回は起こり得る震度5強程度の中規模の地震に対しては、建物にほとんど損傷を生じないこと、きわめてまれにしか発生しない大規模な地震（震度6強から震度7程度）に対しては、建物が損傷しても、倒壊等の人命にかかわる被害を生じないことを目標にしています。

3. 風水害への対策

　建築物への風の影響としては、台風や竜巻などの強風により看板や屋根材等が飛散し、周囲に被害をもたらすことが考えられます。また、そのような荒天時以外でも、建築物自体が風の流れを変化させ、周辺地域に風害をもたらす場合があります。

　高層ビルが林立する地区では、ビルの谷間の地上付近に局所的に異常な強風が発生することがあり、ビル風と呼ばれています。超高層ビルの足下にサンクンガーデン（地盤より低い位置に設けられた半地下の開放空間）を設けることは、ビル風による風害への対策としても有効です。

　建築物への水害では、地階や地下街での被害が大きくなるため、台風や集中豪雨などの際は、地階への流水を防ぐことが重要になります。

ポイントを丸暗記！

1 　**単位面積当たりの可燃物の重量を木材の重量で表した値を、火災荷重という。**

火災荷重は、火災の規模や燃え広がる速度に大きく影響する。

2 　**火災時の避難では、2 方向の避難経路を確保することが原則である。**

火炎により退路が断たれないようにするため、2 方向の避難経路を確保することが原則である。避難計画においては、避難動線を日常動線と一致させるようにする。

3 　**マグニチュードは、地震の規模を表す指標で、値が 1 増えるごとにエネルギーは約 30 倍になる。**

震度は、観測点における地震の揺れの強さを表す指標で、日本では、気象庁が定めた 10 段階の震度階級が用いられている。

こんな選択肢に注意！

火災荷重とは、~~単位容積~~当たりの可燃物の重量である。

火災荷重とは、単位面積当たりの可燃物の重量（木材の重量に換算した値）である。

一般用のエレベーターは、通常、火災時には~~最寄り階~~に停止させる。

一般用のエレベーターは、災害時には管制運転モードで動作し、通常、地震時には最寄り階に、火災時には避難階に停止させる。

6　建築物の防災

練習問題にチャレンジ！

問　題　　　解答と解説は p.233 ～ 234

問題 01

鉄筋コンクリート構造とその材料に関する次の記述のうち、最も適当なものはどれか。

1　コンクリートの表面から鉄筋の中心までの距離を、鉄筋に対するコンクリートのかぶり厚さという。
2　直接土に接する柱において、鉄筋に対するコンクリートのかぶり厚さは3cm 以上としなければならない。
3　梁のあばら筋は、曲げモーメントに抵抗する。
4　鉄筋は、コンクリートに比べて引張強度が小さい。
5　鉄筋とコンクリートの線膨張係数は、ほぼ等しい。

➡ Lesson 03

問題 02

鉄骨構造とその材料に関する次の記述のうち、最も適当なものはどれか。

1　鉄骨構造は、耐食性にすぐれる。
2　鋼材は高温になると急激に強度が低下し、1,000℃でほとんど強度ゼロとなる。
3　高力ボルト接合は、曲げモーメントにより力を伝達する。
4　鋼材は、炭素量が増すとじん性が高まる。
5　鉄骨構造は、SRC 構造とも呼ばれる。

➡ Lesson 03

問題 03

建築材料とその性質に関する次の記述のうち、最も適当なものはどれか。

1　モルタルは、水とセメントを混ぜ合わせたものである。

2　木材は、鋼材よりも熱伝導率が大きい。

3　木材は、一般に 200℃前後で自然発火する。

4　普通コンクリートの単位容積当たりの質量は、約 2,300kg/㎥である。

5　熱線吸収ガラスは、無色透明である。

➡ Lesson 04

問題 04

建築設備に関する次の記述のうち、最も適当なものはどれか。

1　建築基準法により、高さ 31m を超える建築物には、非常用の昇降機を設けることが義務づけられている。

2　油圧式エレベーターは、速度制御が広範囲に行える。

3　建築物内の設備や機械の動力には、直流電動機が幅広く用いられている。

4　勾配が 30 度を超え 35 度以下のエスカレーターの定格速度は、50m/min 以下とされている。

5　都市ガスは、LP ガスに比べて燃焼時の発熱量が高い。

➡ Lesson 05

解答と解説　　問題は p.232 ～ 233

問題 01　　正解　5

1　×　コンクリートの表面から鉄筋の表面までの距離を、鉄筋に対するコンクリートのかぶり厚さという。

2　×　直接土に接する柱において、鉄筋に対するコンクリートのかぶり厚さは4cm 以上とする。3cm 以上としなければならないのは、耐力壁、柱、梁である。

3　×　梁のあばら筋は、せん断力に抵抗する。

4　×　鉄筋はコンクリートに比べて引張強度が大きく、圧縮強度が小さい。

5　○　鉄筋とコンクリートは付着力が強く、線膨張係数はほぼ等しい。

1　×　鉄骨構造は、耐火性と耐食性に<u>とぼしい</u>。

2　○　鋼材は高温になると急激に強度が低下し、<u>1,000</u>℃でほとんど強度ゼロとなり、<u>1,400</u>℃〜<u>1,500</u>℃で溶解する。

3　×　高力ボルト接合は、<u>材間圧縮力</u>により力を伝達する。

4　×　鋼材は炭素量が増すと強度が高くなるが、じん性、溶接性は<u>低下</u>する。

5　×　鉄骨構造は<u>S</u>構造、鉄骨鉄筋コンクリート構造は<u>SRC</u>構造とも呼ばれる。

問題 03　**正解**　4

1　×　モルタルは、水とセメントと<u>砂</u>を練り混ぜたものである。水とセメントだけを練り合わせたものは<u>セメントペースト</u>という。

2　×　木材は、鋼材よりも熱伝導率が<u>小さ</u>い。

3　×　木材の出火危険温度は<u>260</u>℃前後で、<u>400</u>〜<u>490</u>℃で発火する。

4　○　普通コンクリートの単位容積当たりの質量は、約<u>2,300</u>kg/㎥である。

5　×　熱線吸収ガラスは、熱線の吸収を高めるために<u>着色</u>したガラスである。

問題 04　**正解**　1

1　○　建築基準法により、高さ<u>31</u>m を超える建築物には、非常用の昇降機を設けることが義務づけられている。

2　×　<u>ロープ</u>式エレベーターは汎用性が高く、速度制御が広範囲に行えるため、<u>中高層</u>、<u>超高層</u>建築物に多く採用されている。

3　×　建築物内の動力には、<u>3 相誘導電動機</u>が幅広く用いられている。

4　×　勾配が 30 度を超え 35 度以下のエスカレーターの定格速度は<u>30</u>m/min 以下とされ、定格速度が 50m/min 以下とされているのは、勾配が<u>8</u>度以下の<u>動く歩道</u>である。

5　×　燃焼時の発熱量は、都市ガスよりも LP ガスのほうが<u>高</u>い。

ビル管理士試験
合格テキスト

5章 給水及び排水の管理

水道水の水質基準／塩素消毒

ここが Point !

水道水の水質基準の項目のうち、特に重要なものを覚えよう。塩素消毒の長所と短所、消毒力を左右する条件等を理解しよう。

基礎知識を押さえよう！

1. 水道水の水質基準

　水道により供給される水は、飲用のほか、洗面、入浴、水洗便所、清掃、散水等のさまざまな用途に用いられます。それぞれの用途により、要求される水質は異なりますが、最も清浄な水質が求められるのは飲料水であり、飲用に適した水であれば、他の用途においても、問題が生じることはほとんどありません。水道法では、「水道」を以下のように定義しています。

水道法第 3 条第 1 項

この法律において「水道」とは、導管及びその他の工作物により、水を人の飲用に適する水として供給する施設の総体をいう。ただし、臨時に施設されたものを除く。

　水道水の水質基準については、以下のように規定されています。

水道法第 4 条第 1 項

水道により供給される水は、次の各号に掲げる要件を備えるものでなければならない。

一　病原生物に汚染され、又は病原生物に汚染されたことを疑わせるような生物若しくは物質を含むものでないこと。

二　シアン、水銀その他の有毒物質を含まないこと。

三　銅、鉄、弗素、フェノールその他の物質をその許容量をこえて含まないこと。

四　異常な酸性又はアルカリ性を呈しないこと。

五　異常な臭味がないこと。ただし、消毒による臭味を除く。

六　外観は、ほとんど無色透明であること。

同第2項

前項各号の基準に関して必要な事項は、厚生労働省令で定める。

上記の第2項の条文を受けて、「水質基準に関する省令」により、51項目の水質基準が定められています（次ページの表参照）。

建築物衛生法に基づく建築物環境衛生管理基準では、特定建築物内に飲料水を供給する場合は、水道法による水質基準に適合する水を供給することが義務づけられています。供給する飲料水が水道水である場合、その水は水質基準に適合していることが前提になっていますが、水道水であっても、建築物に独自に受水槽等の給水設備を設けて建築物内に給水を行う場合は、そこから先の部分については、特定建築物の維持管理権原者が水質管理を行わなければなりません（給水の管理については p.27 ～ 29 参照）。

また、水道水以外の地下水等を飲料水として供給する場合は、その水は水道水と同じ水質基準に適合したものでなければなりません。

2．塩素消毒

水道水を水質基準に適合した状態に維持させるために、水道事業者は、塩素消毒を行うことが義務づけられています。塩素消毒に関する具体的な規定は、以下の条文のとおりです。

水道法施行規則第17条第1項第3号

給水栓における水が、遊離残留塩素を 0.1mg/L（結合残留塩素の場合は、0.4mg/L）以上保持するように塩素消毒をすること。ただし、供給する水が病原生物に著しく汚染されるおそれがある場合又は病原生物に汚染されたことを疑わせるような生物若しくは物質を多量に含むおそれがある場合の給水栓における水の遊離残留塩素は、0.2mg/L（結合残留塩素の場合は、1.5mg/L）以上とする。

1

水道水の水質基準／塩素消毒

237

●水道水の水質基準（厚生労働省令による）

	項目名	基準値
1	一般細菌	1mLの検水で形成される集落数が 100 以下
2	大腸菌	検出されないこと
3	カドミウム及びその化合物	カドミウムの量に関して 0.003mg/L 以下
4	水銀及びその化合物	水銀の量に関して 0.0005mg/L 以下
5	セレン及びその化合物	セレンの量に関して 0.01mg/L 以下
6	鉛及びその化合物	鉛の量に関して 0.01mg/L 以下
7	ヒ素及びその化合物	ヒ素の量に関して 0.01mg/L 以下
8	六価クロム化合物	六価クロムの量に関して 0.02mg/L 以下
9	亜硝酸態窒素	0.04mg/L 以下
10	シアン化物イオン及び塩化シアン	シアンの量に関して 0.01mg/L 以下
11	硝酸態窒素及び亜硝酸態窒素	10mg/L 以下
12	フッ素及びその化合物	フッ素の量に関して 0.8mg/L 以下
13	ホウ素及びその化合物	ホウ素の量に関して 1.0mg/L 以下
14	四塩化炭素	0.002mg/L 以下
15	1,4- ジオキサン	0.05mg/L 以下
16	シス -1,2- ジクロロエチレン及びトランス -1,2- ジクロロエチレン	0.04mg/L 以下
17	ジクロロメタン	0.02mg/L 以下
18	テトラクロロエチレン	0.01mg/L 以下
19	トリクロロエチレン	0.01mg/L 以下
20	ベンゼン	0.01mg/L 以下
21	塩素酸	0.6mg/L 以下
22	クロロ酢酸	0.02mg/L 以下
23	クロロホルム	0.06mg/L 以下
24	ジクロロ酢酸	0.03mg/L 以下
25	ジブロモクロロメタン	0.1mg/L 以下
26	臭素酸	0.01mg/L 以下
27	総トリハロメタン（23,25,29,30 の濃度の総和）	0.1mg/L 以下

	項目名	基準値
28	トリクロロ酢酸	0.03mg/L 以下
29	ブロモジクロロメタン	0.03mg/L 以下
30	ブロモホルム	0.09mg/L 以下
31	ホルムアルデヒド	0.08mg/L 以下
32	亜鉛及びその化合物	亜鉛の量に関して 1.0mg/L 以下
33	アルミニウム及びその化合物	アルミニウムの量に関して 0.2mg/L 以下
34	鉄及びその化合物	鉄の量に関して 0.3mg/L 以下
35	銅及びその化合物	銅の量に関して 1.0mg/L 以下
36	ナトリウム及びその化合物	ナトリウムの量に関して 200mg/L 以下
37	マンガン及びその化合物	マンガンの量に関して 0.05mg/L 以下
38	塩化物イオン	200mg/L 以下
39	カルシウム、マグネシウム等（硬度）	300mg/L 以下
40	蒸発残留物	500mg/L 以下
41	陰イオン界面活性剤	0.2mg/L 以下
42	(4S,4aS,8aR)- オクタヒドロ -4,8a- ジメチルナフタレン -4a(2H)- オール（別名ジェオスミン）	0.00001mg/L 以下
43	1,2,7,7- テトラメチルビシクロ [2,2,1] ヘプタン -2- オール（別名 2- メチルイソボルネオール）	0.00001mg/L 以下
44	非イオン界面活性剤	0.02mg/L 以下
45	フェノール類	フェノールの量に換算して 0.005mg/L 以下
46	有機物（全有機炭素 (TOC) の量）	3mg/L 以下
47	pH 値	5.8 以上 8.6 以下
48	味	異常でないこと
49	臭気	異常でないこと
50	色度	5 度以下
51	濁度	2 度以下

　塩素消毒は、多種類の微生物に対して消毒効果が期待できること、多量の水に対する取扱い、定量注入が容易であること、消毒効果が残留すること、塩素剤の残留の確認と濃度の定量が容易であること、緊急時の使用に適すること、価格が安いことなど、多くの長所があります。

　一方、塩素消毒の短所としては、有害な有機塩素化合物が副生成されること、刺激臭を有すること、特定の物質と反応して臭気を強めること、水のpH値が大きいアルカリ側では消毒効果が急減すること、窒素化合物と反応すると消毒効果が減少することなどが挙げられます。

　消毒効果は温度にも影響され、高温になるほど消毒速度が速くなります。消毒剤と微生物がよく接触するように、攪拌することも重要です。懸濁物質は消毒効果を低下させます。

3.　遊離残留塩素と結合残留塩素

　塩素消毒の効果を持続させるためには、水中に消毒力のある有効塩素が残存するようにしなければなりません。これを残留塩素といいます。残留塩素には、遊離残留塩素（次亜塩素酸、次亜塩素酸イオン）と、アンモニアや有機物と結合した結合残留塩素（モノクロラミン、ジクロラミン）がありますが、消毒力は遊離残留塩素のほうが強く、特に、次亜塩素酸には強力な殺菌効果があります。

　遊離残留塩素は、水のpH値が2〜7の間では次亜塩素酸が主ですが、pH値が高くなるほど次亜塩素酸イオンが増加し、pH7.5付近で次亜塩素酸と次亜塩素酸イオンが等量になり、pH9以上ではほとんどが次亜塩素酸イオンになります。したがって、遊離残留塩素の濃度が同じでも、pH値が高いアルカリ側では消毒効果が弱くなります。

　残留塩素の測定には、DPD法が用いられます。DPD法には、残留塩素と反応して桃赤色を示すDPD（ジエチル・パラ・フェニレンジアミン）試薬と、pHを中性に保つためのリン酸塩が使用されます。

1

水道水の水質基準／塩素消毒

残留塩素を、消毒力の強い順に並べると、次亜塩素酸＞次亜塩素酸イオン＞ジクロラミン＞モノクロラミンとなります。

塩素消毒の効果はさまざまな条件に左右されますが、一般に、塩素の濃度が高いほど消毒効果が高く、また、接触時間が長いほど消毒効果が高くなります。塩素濃度（単位：mg/L）と接触時間（単位：分）の積をCT値といい、細菌等の塩素消毒に対する感受性を比較する際の指標として用いられます。

ポイントを丸暗記！

1	残留塩素には、遊離残留塩素と結合残留塩素がある。

残留塩素には、遊離残留塩素（次亜塩素酸、次亜塩素酸イオン）と、結合残留塩素（モノクロラミン、ジクロラミン）がある。消毒力の強い順に並べると、次亜塩素酸＞次亜塩素酸イオン＞ジクロラミン＞モノクロラミンとなる。

2	塩素消毒の効果は、水のpH値が大きいアルカリ側では減少する。

遊離残留塩素は、水のpH値が小さいときは次亜塩素酸が主だが、pH値が大きくなるほど次亜塩素酸イオンが増加する。次亜塩素酸イオンの消毒力は次亜塩素酸より弱いので、アルカリ側では消毒効果が弱くなる。

こんな選択肢に注意！

　塩素の消毒効果は、窒素化合物と反応すると~~高くなる~~。

　塩素の消毒効果は、窒素化合物と反応すると減少する。

建築物の給水方式

ここが Point！

建築物の給水方式の種類と、それぞれの長所、短所を知ろう。給水量や受水槽の容量がどのようにしてきめられるかを理解しよう。

基礎知識を押さえよう！

1．給水装置と簡易専用水道

　水道法により、「簡易専用水道」「給水装置」は、それぞれ以下のように定義されています。

> **水道法第3条第7項**
>
> この法律において「簡易専用水道」とは、水道事業の用に供する水道及び専用水道以外の水道であって、水道事業の用に供する水道から供給を受ける水のみを水源とするものをいう。ただし、その用に供する施設の規模が政令で定める基準以下のものを除く。
>
> **同第9項**
>
> この法律において「給水装置」とは、需要者に水を供給するために水道事業者の施設した配水管から分岐して設けられた給水管及びこれに直結する給水用具をいう。

　この条文だけでは少しわかりにくいので補足しますと、水道水は、水道事業者が管理する配水管により、給水区域に送られてきます。配水管から分岐して、各家庭やビル等の需要者に水を供給する管が、給水管です。給水管から先の、末端の給水用具までの部分を、給水装置と呼んでいます。

> 給水管に直結する給水用具とは、給水栓（蛇口）等の、有圧のまま給水できる用具をいいます。

厚生労働省令により、配水管から給水管に分岐する箇所での配水管の最小動水圧は、150kPa を下らないこととされています。しかし、その下限値程度の水圧しか確保できない場合、3 階以上の建築物では水圧が不足し、水が出にくくなります。そのため、多くの建築物では、受水槽を設けて水道からの水を貯留し、ポンプ等を使用して各階に給水する方法をとっています（後述する受水槽方式）。このような場合、受水槽の有効容量の合計が 10㎥を超えるときは、受水槽から先の部分を簡易専用水道といいます。

　簡易専用水道の設置者は、1 年以内ごとに 1 回水槽の清掃を行うなど、水道法の定める管理基準にしたがってその水道の管理を行わなければなりません。また、その管理状況について 1 年以内ごとに 1 回検査を受けることが義務づけられています。

２．給水方式

　建築物への給水方式は、水道直結方式、受水槽方式に大別され、前者はさらに直結直圧方式と直結増圧方式に、後者は高置水槽方式、圧力水槽方式、ポンプ直送方式に分類されます。

①直結直圧方式

　配水管から給水管を分岐し、配水管の圧力によって直接給水する方式で、一般に 2 階建て程度までの建築物に適用されます。末端の給水栓まで配管で接続されているので、受水槽等の大気に開放される部分がなく、汚染のおそれが少ないので衛生的です。また、工事が簡単で経済的です。

②直結増圧方式

　直結直圧方式の引き込み管に増圧ポンプを設けて、10 階程度の高所にも給水できるようにしたものです。受水槽が不要で衛生的である点は、直結直圧方式と同様ですが、配水管が負圧になった場合に建築物側の水が配水管に逆流しないように、逆流防止装置を設ける必要があります。

③高置水槽方式

　水道水を受水槽に引き込んで貯留し、揚水ポンプで建築物の高所に設置した高置水槽にくみ上げて、重力を利用して各所に給水する方式です。高置水槽の水位が低下すると揚水ポンプが起動し、高置水槽が所定の水位になるまで揚水します。

建築物の給水方式の例

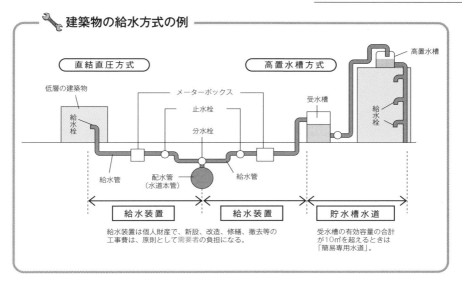

| 直結直圧方式 | 高置水槽方式 |

低層の建築物
メーターボックス
止水栓
分水栓
給水栓
受水槽
高置水槽
給水栓
給水管
配水管（水道本管）
給水管

| 給水装置 | 給水装置 | 貯水槽水道 |

給水装置は個人財産で、新設、改造、修繕、撤去等の工事費は、原則として需要者の負担になる。

受水槽の有効容量の合計が10㎥を超えるときは「簡易専用水道」。

　高置水槽方式は、故障が少なく、安定した水圧・水量が得られます。一方、受水槽と高置水槽の２か所で大気に開放されるので、他の方式よりも汚染のおそれが高く、衛生管理には十分な配慮が必要です。

屋上に給水用のタンクがあるビルは、高置水槽方式で給水を行っているんですね。

④圧力水槽方式

　受水槽に貯留した水を給水ポンプで圧力水槽に送り、圧力水槽内の空気を加圧して、その圧力により各所に給水する方式です。高置水槽は不要です。水圧の変動が大きいことなどから、現在はあまり採用されなくなっています。

⑤ポンプ直送方式

　受水槽に貯留した水を直送ポンプ（加圧ポンプ）で各所に直接給水する方式で、現在、受水槽方式の主流になっています。高置水槽は不要です。ポンプの起動・停止の頻度を少なくするために、小型圧力水槽が設けられる例が多く、ユニット化された製品もあります。

3. 給水量

　給水設備の計画においては、建築物の用途や使用人数、水を使用する器具の種類や数などから使用水量を算出し、それをもとに給水量をきめなければなりません。給水管の口径や受水槽の容量等も、それに応じて決定されます。

　下表のように、建築物の用途ごとに、設計用の1日1人当たりの給水量等が定められており、これに基づいて建築物の1日当たりの使用水量が算出されます。一般に、受水槽の容量は1日最大使用水量の半日分（50%）、高置水槽の容量は1日最大使用水量の1/10程度とされます。

受水槽は1日に2回、高置水槽は1日に10回くらい、水槽内の水が入れ替わるように設計されるんですね。

●建築物の種類別単位給水量（設計用給水量）

建築物の用途	単位給水量	使用時間 [h/日]
戸建て住宅	200〜400L/人（居住者1人当たり）	10
集合住宅	200〜350L/人（居住者1人当たり）	15
官公庁・事務所	60〜100L/人（在勤者1人当たり）	9
工場	60〜100L/人（在勤者1人当たり）	操業時間＋1
総合病院	1,500〜3,500L/床 30〜60L/㎡（延べ面積1㎡当たり）	16
ホテル	＜全体＞500〜6,000L/床 ＜客室部＞350〜450L/床	12
飲食店	55〜130L/客 110〜530L/店舗㎡	10
社員食堂	25〜50L/食 80〜140L/食堂㎡	10
給食センター	20〜30L/食	10
デパート・スーパーマーケット	15〜30L/㎡（延べ面積1㎡当たり）	10
小・中・普通高等学校	70〜100L/人（生徒＋職員1人当たり）	9
劇場・映画館	25〜40L/㎡（延べ面積1㎡当たり） 0.2〜0.3L/人（入場者1人当たり）	14

4．給水圧力とゾーニング

　水を使用する器具がその機能を果たすためには、用途に合った適正な水圧が必要です。一般水栓の必要水圧は30kPa、大便器洗浄弁、小便器洗浄弁、シャワーの必要水圧は70kPaとされています。水圧が高すぎても使いにくく、配管や器具を破損する原因にもなります。一般に、ホテル・住宅では0.3MPa、事務所・商業施設では0.5MPaを上限水圧としています。

　高層建築物では、給水を1系統で供給すると、下層階の給水圧力が過大になり、ウォータハンマ（p.255参照）等の原因になります。そのため、中間水槽や減圧弁を用いて系統分け（ゾーニング）を行います。

ゾーニングの例

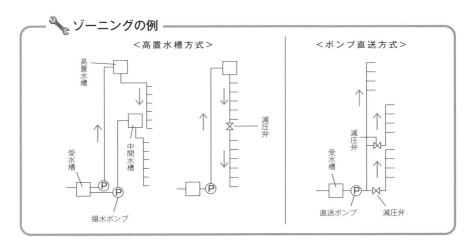

＜高置水槽方式＞ ＜ポンプ直送方式＞

高置水槽／受水槽／中間水槽／揚水ポンプ／減圧弁／直送ポンプ

ゴロ合わせで覚えよう！

◆受水槽の容量

要領よく、仕事は半日だけ！
（容量）　　　　　　（半日分）

自由すぎ？　そう？
（受水）　（槽）

一般に、受水槽の容量は、建築物の1日の使用水量の半日分（50%）程度とされる。

1 　**簡易専用水道とは、受水槽の有効容量の合計が 10㎥を超える
ものをいう。**

簡易専用水道の設置者は、1年以内ごとに1回水槽の<u>清掃</u>を行わなければな
らない。また、その管理状況について1年以内ごとに1回<u>検査</u>を受けること
が義務づけられている。

2 　**建築物への給水方式は、<u>水道直結方式</u>、<u>受水槽方式</u>に大別さ
れる。**

水道直結方式には、<u>直結直圧</u>方式と<u>直結増圧</u>方式があり、ともに受水槽を必
要としないので衛生的である。受水槽方式は、<u>高置水槽</u>方式、<u>圧力水槽</u>方式、
<u>ポンプ直送</u>方式に分類される。

3 　**高層建築物では、下層階の給水圧力が過大にならないように、
中間水槽や減圧弁を用いて系統分け（<u>ゾーニング</u>）を行う。**

一般に、ホテル・住宅では <u>0.3</u>MPa、事務所・商業施設では <u>0.5</u>MPa をゾー
ニングの上限水圧としている。

重要用語を覚えよう！

専用水道

寄宿舎、社宅、療養所等における<u>自家用</u>の水道その他のもので、100 人を超える者
にその居住に必要な水を供給するものなどをいう。

最小動水圧

動水圧は水が流れているときの水圧で、配水管の動水圧とは、水が使用されている
ときの水圧である。最小動水圧はその最小の値。静水圧は静止している水の水圧で、
最大静水圧はその最大の値。

給水設備①〈貯水槽〉

基礎知識を押さえよう！

1．貯水槽の材質

　貯水槽とは、給水設備における受水槽と高置水槽の総称です。

　貯水槽の材質には、鋼板、FRP、ステンレス鋼板、木材等がありますが、現在はFRP製が主流になっています。FRPは、ガラス繊維などで強化されたプラスチックで、軽量で高強度の材料として、幅広い用途に用いられています。

　FRP製貯水槽は、軽量で施工性に富み、耐食性にもすぐれ衛生的です。断熱性がよく、結露が生じにくい点も長所です。ただし、機械的強度は低いので、耐震補強が必要です。弾性率が低く衝撃に弱いことや、紫外線に弱く、経年変化により強度が低下することにも注意が必要です。

　鋼板製貯水槽は、機械的強度が高く、加工性にもすぐれ、比較的安価なことなどが長所ですが、防食処理が必要で、内面の防錆塗装が剥離した場合は、鋼板が腐食し、赤さびが発生します。

　ステンレス鋼板製貯水槽は、強度が高く、鋼板製よりも板厚を薄くできるため軽量で、耐食性にもすぐれ衛生的です。ただし、塩素イオンに弱く、気相部に腐食を生じることがあります。

　木製貯水槽は、板材をさねはぎにより接合し、丸鋼バンドで締め付けて組み立てるものです。現場への搬入や組立てが容易で、堅牢で断熱性にすぐれていますが、形状が円形または楕円形に限られ、喫水部に腐朽のおそれがあります。

2. 貯水槽の構造と設置位置

　貯水槽は、外部からの汚染物質の流入、侵入を防ぐ構造にするとともに、保守点検や清掃がしやすいように設置しなければなりません。屋内に貯水槽を設置する場合は、貯水槽の天井、底、周壁のすべての面を外部から容易に点検できるように、床上に独立して設置します。建築物の躯体を利用して貯水槽を築造してはなりません。貯水槽を外部に設置する場合も、地盤上などに、6面点検ができるように設置します。

　貯水槽の周囲は常に清潔に保ち、独立した室に設置する場合は出入口に施錠するなどして、関係者以外の立入りを禁止します。

　貯水槽への流入管には、逆流防止のための吐水口空間を確保することが重要です。貯水槽が定水位に達すると、定水位弁が閉じて貯水槽への給水が止まるしくみになっていますが、この機構が故障した場合に、流入してくる水を排出するのが、オーバフロー管の役割です。オーバフロー管にも、逆流防止のための排出口空間を確保し、間接排水とします。

吐水口空間が確保されていないと、給水管が負圧になったときに、吐出された水が給水管側に逆流するおそれがあります。これを逆サイホン現象といいます。

🔧 貯水槽の構造

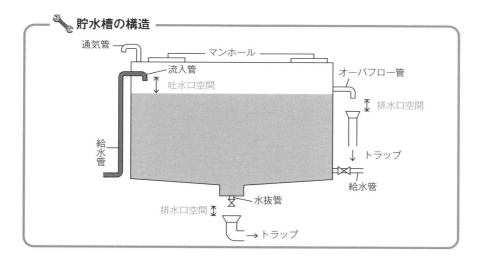

　貯水槽に滞留水が発生すると、残留塩素が検出されなくなることがあります。貯水槽の容量が使用水量に対して大きすぎる場合は、滞留水が生じやすくなります。また、貯水槽の構造が不適切であるために滞留水が生じる場合もあります。貯水槽の流入口と流出口を対角線の位置にし、大容量の貯水槽では、槽内に迂回壁を設けることにより滞留を防止します（下図参照）。

滞留水の防止

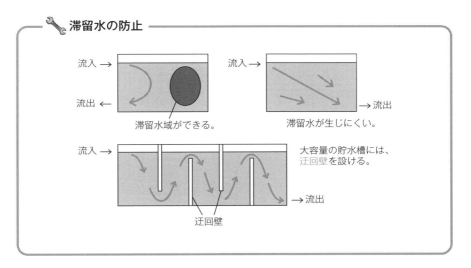

貯水槽の水位制御

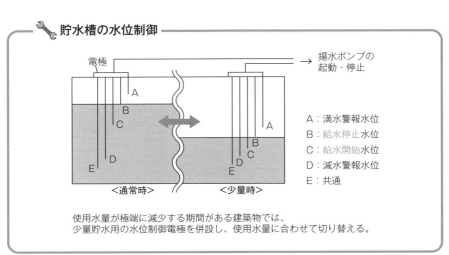

3
給水設備①〈貯水槽〉

249

3．貯水槽の清掃・点検

　貯水槽の清掃は、建築物衛生法、水道法（簡易専用水道の場合）により、1 年以内ごとに 1 回、定期に行うこととされています。高置水槽、圧力水槽の清掃は、原則として受水槽の清掃と同じ日に行い、受水槽の清掃を行った後に、高置水槽または圧力水槽の清掃を行います。

　清掃終了後は、有効塩素濃度 50 〜 100mg/L の次亜塩素酸ナトリウム溶液、またはこれと同等以上の消毒能力を有する塩素剤で 2 回以上消毒を行います。消毒後の水洗い、水張りは、消毒終了後、少なくとも 30 分以上経過してから行います。

　貯水槽の清掃の作業に従事する者は、おおむね 6 か月ごとに、病原体がし尿に排泄される感染症の罹患の有無、または病原体の保有の有無について健康診断を受けることとされています。健康状態が不良である者は、作業に従事してはいけません。

　貯水槽の点検は、1 か月に 1 回程度定期に行います。労働安全衛生法に基づく第 2 種圧力容器に該当する圧力水槽は、1 年以内ごとに 1 回、定期自主検査を行うよう定められています。

　貯水槽は特に水質汚染が発生しやすい設備なので、きびしく規制されているんですね。

ゴロ合わせで覚えよう！

- ◆貯水槽の清掃

- **コーチ！**
（高置水槽）

- **掃除は後にしましょう…。**
（清掃）（受水槽の後に）

　高置水槽、圧力水槽の清掃は、原則として受水槽の清掃と同じ日に行い、受水槽の清掃を行った後に、高置水槽または圧力水槽の清掃を行う。

ポイントを丸暗記！

1 **FRP 製の貯水槽は、機械的強度が低い。**

FRP 製の貯水槽は、軽量で施工性に富み、耐食性にもすぐれ衛生的で、断熱性がよく、結露が生じにくい。ただし、機械的強度は低いので、耐震補強が必要である。また、紫外線に弱く、経年変化により強度が低下する。

2 **貯水槽への流入管には、逆流防止のための吐水口空間を確保する。**

水面の波立ちを防止するために流入管の吐水部を水没させてしまう例もみられるが、流入管が負圧になったときに貯水槽内の水が逆流する逆サイホン現象が生じるおそれがある。

3 **貯水槽の清掃終了後は、塩素剤による消毒を 2 回以上行う。**

貯水槽の清掃終了後は、有効塩素濃度 50 ～ 100mg/L の次亜塩素酸ナトリウム溶液、またはこれと同等以上の消毒能力を有する塩素剤で 2 回以上消毒を行う。消毒後の水洗い、水張りは、消毒終了後 30 分以上経過してから行う。

重要用語を覚えよう！

FRP

繊維強化プラスチック（Fiberglass Reinforced Plastics）の略。ガラス繊維等の繊維を補強材として加えて成形し、強度を高めたプラスチック。

気相部

水面より上の、液体に接していない部分。

さねはぎ（実はぎ）

板材の接合方法の一つ。板の側面に凸部と凹部を作り、凸部を凹部にはめ込む本実はぎと、両方の板に溝を彫り、細い棒をはめ込んで接合する雇い実はぎがある。

3

給水設備①〈貯水槽〉

251

給水設備② 〈配管〉

基礎知識を押さえよう！

1．配管方式と配管上の留意点

　建築物の給水配管方式には、上向き配管方式と下向き配管方式がありま
す。上向き配管方式は、最下階で給水主管を展開し、各枝管を上向きに配
管する方式で、給水方式でいうと、圧力水槽方式、ポンプ直送方式に用い
られます。下向き配管方式は、最上階で給水主管を展開し、各枝管を下向
きに配管する方式で、高置水槽方式に用いられます。

　上向き配管方式の場合、配管は先上り配管とします。先上り配管とは、
貯水槽から末端の水の使用場所まで、給水管が全体的に上り勾配になって
いる配管です。管内の空気は、末端の器具等から逃がします。

　下向き配管方式の場合は、配管が全体的に下り勾配になっている先下り
配管とし、管内の空気は高置水槽側から逃がします。揚水ポンプから高置
水槽への揚水管は、高置水槽に向かって上り勾配で配管します。

　凹凸配管は、空気溜りや泥溜りが生じやすくなるので、できるかぎり避
けるようにしなければなりません。

　飲料水の配管は、雑用水管等の他の配管系統と識別できるようにします。
給水管と排水管が平行して埋設される場合は、原則として両者の水平間隔
を 500mm 以上とし、かつ、給水管は排水管の上方に埋設します。両配管
が交差する場合も、給水管を上方に埋設します。

　貯水槽と配管との接続には、接続部が自由に曲がる可とう継手を使用し、
建築物の揺れや配管の振動等による変位を吸収できるようにします。

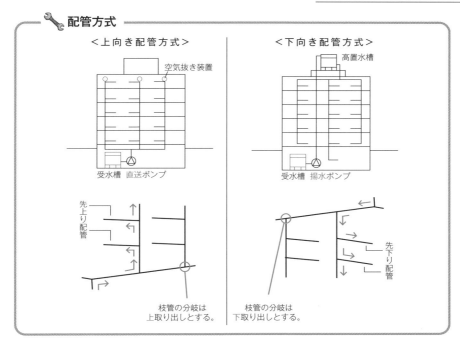

配管方式

<上向き配管方式>　　　　　<下向き配管方式>

空気抜き装置

高置水槽

受水槽　直送ポンプ　　　　受水槽　揚水ポンプ

先上り配管

先下り配管

枝管の分岐は上取り出しとする。

枝管の分岐は下取り出しとする。

２．配管材料

　給水設備の配管材料に求められる性質は、漏水しないことと、配管から溶出する物質等により飲料水が汚染されないものであることです。水道法上の給水装置として使用する場合は、「給水装置の構造及び材質の基準」（厚生労働省令）に適合した配管材料を用いなければなりません。

①亜鉛めっき鋼管

　以前は給水配管の主流でしたが、亜鉛の浸出（しんしゅつ）による白濁現象が生じることがあり、また、腐食による赤水の発生、さびこぶによる管閉塞、ねじ部の腐食孔による漏水等の問題が生じたために、飲料水には使用されなくなりました。

　亜鉛めっき鋼管を使用している建築物では、赤水の出水対策として防錆剤が投入されることがあります。給水栓から採取した水に含まれる鉄分が 0.3mg/L を超える場合などが給水用防錆剤の使用基準になっています。防錆剤の使用は、あくまで給水配管の布設替え等が行われるまでの応急処置とします。

②合成樹脂ライニング鋼管

鋼管の内面に合成樹脂を被覆したもので、強度、耐食性にすぐれ、給水配管としてよく使用されています。直管部の内面は合成樹脂で覆われているので耐食性に問題はありませんが、継手部に接合される管端部が水に接すると腐食するので、ねじ接合の場合は、管端防食継手を使用します。

③銅管

耐食性にすぐれ、以前から給湯配管に使用されていましたが、軽量で加工性、施工性がよいことなどから、近年は給水配管にも使用されています。内面に酸化保護被膜（不動態被膜）が形成されるまでは、銅イオンの浸出により青水が生じることがありますが、通常は次第におさまってくるので問題ありません。継手部の接合は、加熱した受口と管の隙間にろう材を流し込む、差込ろう接合が用いられます。

酸化保護被膜とは、金属の表面が酸化されて形成される薄い皮膜で、不動態被膜ともいいます。アルミニウム、ステンレス、銅などの金属の耐食性は、この被膜により保持されています。

④ステンレス鋼管

耐食性にすぐれ、給湯・給水配管によく使用されています。酸化保護被膜が破壊されると孔食・すきま腐食等が生じるおそれがあり、施工時や曲げ加工等の際は注意が必要です。溶接接合とメカニカル形接合があります。

⑤合成樹脂管

塩ビ管と呼ばれる硬質ポリ塩化ビニル管が代表的で、接合方法は、接着剤で管の外面と継手の内面を溶かして接着する接着接合です。耐衝撃性を付加した、耐衝撃性硬質ポリ塩化ビニル管もあります。

架橋ポリエチレン管・ポリブテン管は、耐熱性・可とう性があり、集合住宅のさや管ヘッダ工法の給水・給湯配管に用いられます。接着剤で溶かすことができないので、メカニカル形接合か融着接合により接合します。

合成樹脂管は、一般に耐食性があり、軽量で施工性にすぐれていますが、衝撃に弱く、線膨張係数が大きいので温度変化による伸縮を考慮しなければなりません。クリープ劣化による変形にも注意が必要です。

3．クロスコネクションの禁止

　上水（水道水）の給水系統とその他の用途の系統（雑用水、井水等）が、配管や装置により直接接続されることを、クロスコネクションといいます。クロスコネクションは、意図的に行われることも、誤接続により生じることもありますが、このような接続を行うと、給水管側の圧力が低下したときに、雑用水や井水が逆流して給水管に流れ込み、飲料水に汚染物質が混入するおそれがあるので、水道法により、クロスコネクションは禁止事項になっています。逆止め弁を介した接続も、弁が故障した場合には逆流を防ぐことができないので、クロスコネクションとみなされます。

4．ウォータハンマの防止

　水栓や弁などを急に閉じると、管内を流れる水が停止されることにより、管の上流側の水圧が急激に上昇し、その圧力の変動が波として伝わり、衝撃や振動が生じることがあります。このような現象を、ウォータハンマ、または水撃作用といいます。ウォータハンマは、配管の損傷や漏水、機器の故障等の原因になります。

　ウォータハンマが生じやすいのは、次のような箇所です。
・シングルレバー水栓、電磁弁、コック等の、瞬間的に開閉できる水栓や弁類を使用する箇所
・管内の圧力が高い箇所
・管内の流速が速い箇所
・配管の曲折が多い箇所
・揚水管で、揚水ポンプ停止時に水柱分離が起こりやすい箇所

　ウォータハンマへの対策としては、以下のことが挙げられます。
・シングルレバー水栓はウォータハンマ低減機構付きとする。
・電磁弁は、電動弁に変える。
・ゾーニングを適切に行い、管内圧力を下げる。
・管内の流速が最大 2m/s 以下となるよう、管径を選定する（給水配管の適正流速は、一般に 0.9 ～ 1.2m/s とされている）。
・配管をなるべくまっすぐにし、むやみに曲折させない。

・揚水ポンプのデリベリ（吐出管）に衝撃吸収式逆止弁を設ける。

・流量調整を行い、管内の流速を抑える。

・発生箇所に近接して、ウォータハンマ防止器を設ける。

・減圧弁を設けて圧力を下げる。

5．鋼管の腐食

　金属の大部分は、水と酸素の存在により腐食します。鋼管の内面は水に接しているので、鉄と水と水中の溶存酸素が反応して、腐食が進行します。腐食は、下図のような電気化学反応により生じます。このとき、鋼材の表面には無数の電池回路（腐食電池回路）が形成されていると考えられます。水中に電流が流れ出る側の電極になっている箇所をアノードといい、水中から電流が流れ込む側の電極になっている箇所をカソードといいます。

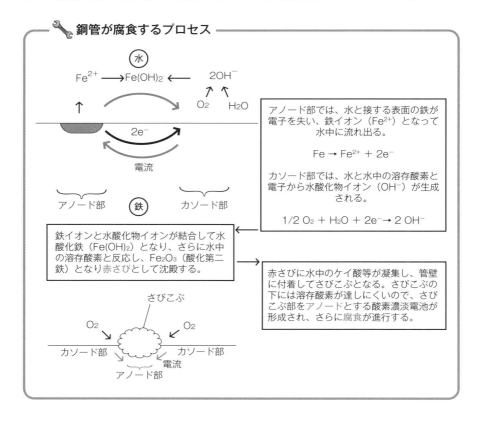

鋼管が腐食するプロセス

アノード部では、水と接する表面の鉄が電子を失い、鉄イオン（Fe^{2+}）となって水中に流れ出る。

$$Fe \rightarrow Fe^{2+} + 2e^-$$

カソード部では、水と水中の溶存酸素と電子から水酸化物イオン（OH^-）が生成される。

$$1/2\ O_2 + H_2O + 2e^- \rightarrow 2\ OH^-$$

鉄イオンと水酸化物イオンが結合して水酸化鉄（$Fe(OH)_2$）となり、さらに水中の溶存酸素と反応し、Fe_2O_3（酸化第二鉄）となり赤さびとして沈殿する。

赤さびに水中のケイ酸等が凝集し、管壁に付着してさびこぶとなる。さびこぶの下には溶存酸素が達しにくいので、さびこぶ部をアノードとする酸素濃淡電池が形成され、さらに腐食が進行する。

ゴロ合わせで覚えよう！

◆鋼管の腐食

あのう…、どうして
（アノード）

わさびを昆布に？
（さび）（こぶ）

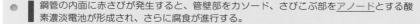

▌鋼管の内面に赤さびが発生すると、管壁部をカソード、さびこぶ部を<u>アノード</u>とする酸素濃淡電池が形成され、さらに腐食が進行する。

ポイントを丸暗記！

1　上向き配管方式の場合、配管は<u>先上り</u>配管とする。

上向き配管方式は、<u>最下階</u>で給水主管を展開し、枝管を<u>上向き</u>に配管する方式で、ポンプ直送方式等に用いられる。下向き配管方式は、最上階で給水主管を展開し、枝管を<u>下向き</u>に配管する方式で、高置水槽方式に用いられる。

重要用語を覚えよう！

さや管ヘッダ工法

ヘッダから各器具に配管を分岐するヘッダ工法の一種。架橋ポリエチレン管、ポリブテン管などの柔らかい管を<u>さや管</u>に収めて配管する。配管の更新が容易。

クリープ劣化

固体に一定の<u>応力</u>が継続的に作用したとき、時間とともに変形が増大する現象。

水柱分離

ポンプ停止時に、慣性力で下流に進もうとする水流とポンプ付近の水流が分離し、<u>負圧</u>が生じる現象。水柱分離によるウォータハンマは、圧力降下により生じる。

Lesson 5

給水設備③
〈弁類・ポンプ〉

ここが Point！

弁の種類と構造を理解し、それぞれの役割を覚えよう。ポンプの種類と、ポンプ、ポンプユニットの保守点検の項目、点検の頻度を押さえておこう。

基礎知識を押さえよう！

1．弁の種類と役割

　止水弁は、給水主管から各階、各系統への分岐の起点や、配管に接続する機器の前後の接続部等に設置するもので、給水機器・器具の交換や修理、配管の修理等の際は、止水弁を閉じて給水を止めます。分岐部に止水弁を設けることにより、その系統だけ給水を停止すれば、分岐以降の配管の補修を行うことができます。

　止水弁は、シャフトの内部や天井内などに設置されることが多いのですが、付近に必ず点検口を設け、開閉操作が容易に行えるようにします。

　弁類には、このように開閉のみを行うもののほか、流量の調節を行えるものもあります。弁の機構により、以下のような弁の種類があります。

①仕切弁

　弁体が管路を垂直に仕切るように開閉するもので、ゲートバルブとも呼ばれます。設備配管に最もよく使用される弁で、開閉動作のみを行う目的で使用します。

②玉形弁

　本体が球状で内部に隔壁があり、流体がS字状に流れるもので、グローブバルブともいいます。弁体は管路を塞ぐように閉じ、中間開度でも使用できるので、流量調節に適しています。一般の水栓も玉形弁の一種です。

258

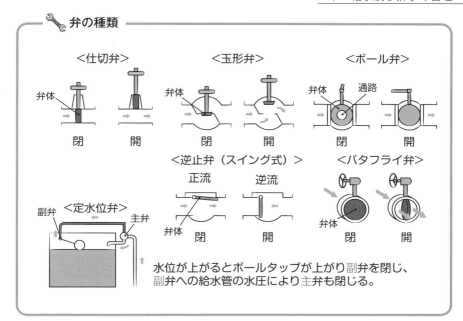

弁の種類

<仕切弁>
弁体
閉　開

<玉形弁>
弁体
閉　開

<ボール弁>
弁体　通路
閉　開

<逆止弁（スイング式）>
正流　逆流
弁体
閉　開

<バタフライ弁>
弁体
閉　開

<定水位弁>
副弁　主弁

水位が上がるとボールタップが上がり副弁を閉じ、
副弁への給水管の水圧により主弁も閉じる。

5
給水設備③〈弁類・ポンプ〉

③バタフライ弁

　円筒形の本体の中心にある円板状の弁体を回転させて管路の開閉を行う
もので、流量調節もできます。コンパクトで設置スペースが少なくて済む
ので、呼び径 50 以上の配管に使用されます。

④ボール弁

　管径と同径の通路を開けた球状の弁体を回転させて、管路の開閉を行う
ものです。

⑤逆止弁

　流体の流れを常に一方向に保ち、逆流を防止するもので、チャッキバル
ブ（弁）ともいいます。

⑥電磁弁

　電磁石により弁体の開閉動作を行うもの。遠隔操作が可能で、水位制御
等に用いられる。ウォータハンマの発生に注意する。

⑦減圧弁

　弁の前後で給水の圧力を変化させ、弁の後（2 次側）の圧力を設定の値
まで下げ、一定に保つもの。

⑧定水位弁

　貯水槽の水位を定水位に保持するための弁。副弁（ボールタップ）の開閉と連動して弁体を開閉させ、給水の発停を行う。副弁を使用せず、電極により水位を検知して電磁弁を開閉させるものもある。

⑨空気抜き弁

　配管の頂部や凸部に設置し、配管内の空気を排出する機構をもつ弁。

2．ポンプの種類と役割

　給水設備のポンプには、高置水槽方式の揚水ポンプ、圧力水槽方式の給水ポンプ、ポンプ直送方式の加圧ポンプ、直結増圧方式の増圧ポンプがあります（p.242 〜 243 参照）。

　揚水ポンプは、高置水槽の水位に応じて、受水槽の水を送水します。給水ポンプは圧力水槽の圧力の変動に応じて、起動・停止を繰り返します。加圧ポンプ、増圧ポンプは、給水管の圧力や流量の変動に応じて、ポンプの回転数や運転台数を制御します。

　ポンプの構造は、羽根車を高速回転させることによって水に遠心力を与えて吐出する渦巻ポンプ（遠心ポンプの一種）が主流です。羽根車の外周に固定した案内羽根を持つものをタービンポンプ（ディフューザポンプ）といい、高圧力が得られます。高層建築物で用いられる高揚程のポンプには、羽根車を何枚も重ねた多段式のタービンポンプが用いられます。

　高層ビルの最上階まで水をくみ上げるためには、かなり高い圧力が必要ですね。

3．　ポンプの保守点検

　ポンプを設置する機械室等には、ポンプの前面に保守点検用のスペースを設け、側面には、修理時にポンプを置くスペースを確保します。

　ポンプの保守管理としては、運転時の吸出し側、吐出し側の圧力、電流値、電圧、軸受部の水滴の滴下状態、振動・騒音の点検を毎日行い、運転日誌に記録します。ポンプ各部の温度測定、電動機の絶縁抵抗の測定は 1

か月に1回、ポンプと電動機の芯狂い、基礎の点検は6か月に1回程度行い、3〜5年に1回分解・点検を行います。

　加圧ポンプ、増圧ポンプは、小型の圧力水槽、制御盤等を組み込んだポンプユニットと呼ばれるタイプのものが多く、取扱説明書にしたがって各部の点検を行うとともに、メーカによる1年1〜2回の定期点検を受けることが必要です。

ポイントを丸暗記！

1　**止水弁は、給水主管から各階、各系統への分岐の起点や、配管に接続する機器の前後の接続部等に設置する。**

分岐部に止水弁を設けることにより、その系統だけ給水を停止すれば、分岐以降の配管の補修を行うことができる。

2　**ポンプの保守管理として、運転時の吸出し側、吐出し側の圧力、電流値、電圧、軸受部の水滴の滴下状態、振動・騒音の点検を毎日行い、運転日誌に記録する。**

ポンプ各部の温度測定、電動機の絶縁抵抗の測定は1か月に1回、ポンプと電動機の芯狂い、基礎の点検は6か月に1回程度行い、3〜5年に1回分解・点検を行う。

こんな選択肢に注意！

仕切弁は、玉形弁よりも~~流量調節に適している~~。

仕切弁は、通常、全開もしくは全閉で使用するもので、流量調節は困難である。玉形弁は中間開度でも使用できるので、流量調節に適している。

給湯設備①〈水の性質／気体の溶解度〉

ここがPoint！

温度、圧力の変化に伴う水の性質や、気体の溶解度と温度、圧力の関係を理解しよう。

基礎知識を押さえよう！

1．給湯設備の概要

　給湯設備は、建築物内において、入浴、洗面、調理、洗濯、飲用等に使用される湯を、使用目的に適した水量・水温・水圧・水質で、必要な場所に供給するための設備です。給湯設備は、水道水を原水とするものがほとんどですが、湯の循環や加熱により、一般細菌、トリハロメタン、配管材料から浸出する金属イオン等が増加し、水質が劣化する傾向にあります。また、給湯温度が低いとレジオネラ属菌が繁殖し、レジオネラ症感染の原因になります。給湯設備は、加熱のためにエネルギーを消費しますが、環境への配慮や省エネルギーのために、できるかぎり効率よくエネルギーを利用することも重要です。

給湯設備を設置する場合は、水や配管材料等が熱により膨張することも考慮しなければなりません。

2．水の性質と水温

　水の密度は4℃で最大になり、4℃以上では、温度が高くなるにつれて密度が小さく（比体積が大きく）なります。比体積は密度の逆数で、単位

質量の物体が占める容積のことです。

　標準大気圧（1,013hPa）における水の沸点は 100℃ です。圧力計などで用いられるゲージ圧力は、大気圧を 0 とし、それより低い圧力は負の値（負圧）として表します。水は、大気圧よりも低い圧力では 100℃ 未満で沸騰し、大気圧よりも高い圧力では、100℃ を超えても沸騰しません。

　開放水槽の上部に設置されたポンプの吸い込み側の圧力は、大気圧よりも低くなります。つまり、水の沸点が低くなっているので、水温が高くなると水が気化しやすく、ポンプの羽根車付近に気泡が発生するキャビテーションという現象が生じます。このため、水温が高いほどポンプの吸上げ高さは低くなり、60℃ 程度になると水を吸い上げられなくなります。

　流体の密度は圧力により変化しますが、その変化による影響が無視できる程度に小さい場合、その流体を非圧縮性流体といいます。水は、給水設備や給湯設備で扱う範囲においては体積弾性率の変化が小さく、非圧縮性流体とみなすことができます。

　単位質量の物質の温度を 1℃ 上げるのに必要な熱量を、比熱といいます。水の比熱は 15℃ において 4.186kJ／（kg・℃）で、給湯設備で扱う温度範囲では、この値を使用して差し支えありません。

3．ヘンリーの法則

　一定の温度において、一定量の液体に溶ける気体の質量は、その気体の圧力（混合気体の場合は分圧）に比例します。これをヘンリーの法則といいます。ヘンリーの法則は、気体の圧力がそれほど大きくなく、気体の溶解度があまり高くないときによく成り立ちます。溶媒と反応する気体については、ヘンリーの法則は成り立ちません。

　一定の圧力において、気体の溶解度は高温になるほど小さくなります。高温になると、気体分子の熱運動が激しくなり、溶液から飛び出しやすくなるためです。したがって、ヘンリーの法則における比例係数は、温度が高くなると小さくなります。

　水道水は溶存空気を多く含んでいますが、大気圧において空気飽和状態の水を 5℃ から 60℃ に加熱した場合、約 2.1％ の空気が水から分離されます。溶存空気は、圧力が高いと分離しにくいので、配管中の湯に含まれる

溶存空気を抜くためには、圧力の低い所に自動空気抜き弁を設置することが必要です。

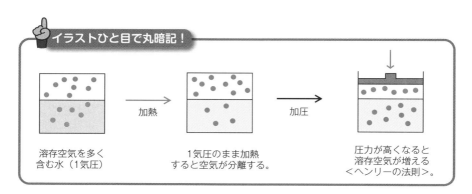

イラストひと目で丸暗記！

加熱 → 加圧

溶存空気を多く
含む水（1気圧）

1気圧のまま加熱
すると空気が分離する。

圧力が高くなると
溶存空気が増える
＜ヘンリーの法則＞。

ポイントを丸暗記！

| 1 | 水中に溶存している空気は、配管内の圧力が高いと分離されにくい。 |

配管中の湯に含まれる溶存空気を抜くには、圧力の低い所に自動空気抜き弁を設置する。

重要用語を覚えよう！

体積弾性率

物体に一様な圧力を加えたときに生じる体積変化の割合と圧力の比で、その値が大きいほど物体は圧縮されにくい。体積弾性率の逆数は圧縮率という。

溶解度

一定量の溶媒に溶ける溶質の量の上限（飽和溶液中の濃度）をいう。100g の溶媒に溶ける溶質の質量で表すことが多く、その値は温度、圧力等により変化する。

給湯設備②
〈給湯方式等〉

ここが Point！

中央式給湯の強制循環方式のしくみや、加熱装置の加熱能力と貯湯容量の関係を理解しよう。

基礎知識を押さえよう！

1．中央式給湯方式と局所式給湯方式

給湯方式は、中央式と局所式に大きく分かれます。

中央式は、機械室等に大容量の加熱装置、貯湯槽、ポンプ等を設置し、給湯管によって各所に湯を供給する方式で、ホテル、病院など、湯の供給箇所が多い建築物で採用されます。局所式は、湯を使用する場所に個別に湯沸器等を設置して給湯する方式です。

大規模な建築物でも、飲食店のテナントが多いビルなどは、店舗ごとに局所式とすることもあります。集合住宅では、住戸内局所式、住戸内中央式、住棟中央式等の方式がありますが、住戸内中央式が多くなっています。

給湯配管が長い中央式給湯方式では、一般に、返湯管、給湯循環ポンプを設けて配管内の湯を強制循環させ、末端の給湯栓からすぐに熱い湯が出るようにしています。この方式は、給湯管と返湯管を設けるので、二管式、または複管式とも呼ばれます。これに対し、加熱装置から給湯箇所への給湯管のみを設ける方式を単管式、または一管式といいます。

循環ポンプを設ける場合は、省エネルギーのために連続運転とせず、サーモスタットを設けて、返湯管の湯の温度が低下したらポンプを運転するようにします。また、湯と水を別々の水栓から出すのでなく、混合水栓を用いて適温にして使用するほうが、エネルギーと水を節約できます。

2. 給湯温度と給湯量

　湯の使用温度は、使用目的によって異なります（下表参照）。なかでも、入浴・シャワーに用いられる湯には、厳密な温度調節が要求されます。

　局所式給湯方式では、用途に応じた温度の湯が比較的容易に得られますが、中央式給湯方式では、用途に応じた温度の湯を使用箇所ごとに供給することは現実的に困難なので、60℃程度の給湯温度で給湯し、使用者が水と混合して適温にしてから使用します。レジオネラ菌の繁殖を防ぐためには、ピーク使用時も給湯温度を55℃以下にしないことが適切です。

　中央式で給湯を行う建築物でも、湯沸室等に供給する飲用の給湯は温度が高いので、局所式によって給湯されます。

　湯の使用量は、建築物の用途によって異なります。給水量の場合と同様に、類似施設における過去の使用量に基づいて、設計用の給湯量が下表のようにきめられています。

●湯の使用温度

用　途	使用温度
飲用	85 〜 96℃
入浴	40.1 〜 40.5℃
手持ちシャワー	40.5 ± 1.5℃
壁掛けシャワー	42.0 ± 1.5℃
洗髪	40℃

用　途	使用温度
洗顔	37.5℃
厨房	45℃
厨房（皿洗い機）	60℃
厨房（皿洗い機のすすぎ）	70 〜 80℃

●建築物の種類別使用湯量と設計給湯量

建築物の用途	1日給湯量	時間最大給湯量	継続時間
住宅（設計値）	75 〜 150L/ 人・日	10.7 〜 21.4L/ 人・h	4h
集合住宅（設計値）	75 〜 150L/ 人・日	10.7 〜 21.4L/ 人・h	4h
集合住宅（実測値の例）	120 〜 240L/ 人・日	13 〜 17L/ 人・h	—
事務所（設計値）	7.5 〜 11.5L/ 人・日	1.5 〜 2.3L/ 人・h	2h
ホテルの宿泊部（設計値）	75 〜 150L/ 人・日	10.7 〜 21.4L/ 人・h	4h
ホテルの宿泊部（実測値の例）	約 120L/ 床・日	14.2L/ 床・h	—
総合病院（実測値の例）	150 〜 200L/ 床・日		—
工場（設計値）	20L/ 人・日	4L/ 人・h	1h
飲食店（実測値の例）	30 〜 70L/㎡・日 3.1 〜 16L/ 食		

3．加熱装置と貯湯槽の容量

　給湯設備の加熱装置には、給湯器、電気温水器、ボイラなどがあります。また、加熱装置の加熱方式には、直接加熱方式と間接加熱方式があります。直接加熱方式は、燃料や電気によって給湯用の水を直接加熱する方式です。間接加熱方式は、蒸気や高温の温水を熱源とし、貯湯槽に組み込んだ加熱コイル等の熱交換器によって給湯用の水を加熱する方式です。

　加熱装置の容量には、加熱能力と貯湯容量があり、これらのうち一方を大きくすると、もう一方を小さくすることができます。

　加熱コイル付きの貯湯槽、電気温水器、電気ボイラ等の加熱装置は、装置そのものが加熱能力と貯湯容量を有しています。瞬間湯沸器、真空式温水発生機、無圧式温水発生機には貯湯容量がありません。瞬間湯沸器は、小規模な給湯設備にそのまま使用されますが、真空式温水発生機、無圧式温水発生機を中央式給湯方式の加熱装置として使用する場合、そのままではピーク使用時に対応するために非常に大きな加熱能力が必要になります。そのため、加熱コイルのない、湯を貯めるだけの貯湯槽を設置し、加熱能力を適当な値に抑えます。貯湯槽の容量は、通常、ピーク時の必要容量の 1 ～ 2 時間分を目安に、加熱能力とのバランスにより決定されます。貯湯槽の容量が小さいと、加熱装置の発停が多くなります。

> 貯湯槽の容量が大きすぎると、停滞水が生じて細菌による汚染を招くおそれがあります。

4．配管方式と配管上の留意点

　中央式給湯の配管方式は、湯の供給方向により、上向き配管方式と下向き配管方式に分かれます。上向き配管方式は、加熱装置、給湯循環ポンプ等を配管系統の下部に設置し、上向きに給湯する方式です。下向き配管方式は、加熱装置、給湯循環ポンプ等を配管系統の上部に設置し、下向きに給湯する場合に多く用いられますが、加熱装置が下部にある場合でも、配管内の空気を抜くために下向き配管方式が採用されることもあります。

　湯の循環方式には、強制循環方式、自然循環方式がありますが、給湯配管が長い中央式給湯方式では、返湯管、給湯循環ポンプを設けて湯を循環

させる強制循環方式が用いられます。自然循環方式は、湯の温度差による比重の差を利用して湯を循環させる方式ですが、配管の形状が複雑になるとうまく循環しないことなどから、あまり採用されていません。

湯を循環させるのは、給湯の温度低下を防ぐためですが、配管からの放熱量はわずかなので、循環ポンプは容量の小さいものでよく、給湯管でなく返湯管に設置します。

給水配管の場合と同様に、上向き配管方式では横管を上り勾配にし、下向き配管方式では横管を下り勾配にします。密閉式給湯方式の場合、配管内で分離した空気を排除するために、強制循環方式では横管の勾配を1/200以上とし、最高部に自動空気抜き弁を設けます。

給湯管の管径は、ピーク時の湯の流量に基づいて決定し、管内の流速が1.5m/s以下になるようにします。返湯管の管径は、給湯循環ポンプの循環量から決定しますが、給湯管の管径の半分程度とするのが一般的です。銅管を使用する場合は、潰食（かいしょく）（p.274参照）を考慮して流速を1.2m/s以下とします。

強制循環方式の必要循環量は、給湯量に対して小さく、給湯管と返湯管の管径も異なるので、リバースリターン方式を採用するのは不適当です。

厨房のように連続的に湯を使用する系統には、返湯管を設けないこともよくあります。

- ◆貯湯槽の容量
- **ちょっと、嘘！**
  （貯湯槽）
- **めっちゃ混んでる！**
  （ピーク時）
- **1〜2時間待ちだって…**
  （1〜2時間分）

貯湯槽の容量は、ピーク時の必要容量の <u>1〜2</u> 時間分を目安に、加熱能力とのバランスにより決定する。

ポイントを丸暗記！

1 **中央式給湯方式では、給湯温度を 55℃以下にしない。**

中央式給湯方式では、60℃程度の給湯温度で給湯し、使用者が水と混合して適温にしてから使用する。レジオネラ菌の繁殖を防ぐために、ピーク使用時においても給湯温度を 55℃以下にしない。

2 **貯湯槽の容量は、ピーク時の必要容量の 1 ～ 2 時間分を目安に、加熱能力とのバランスにより決定する。**

貯湯槽の容量が小さいと、加熱装置の発停が多くなる。貯湯槽の容量が大きすぎると、停滞水が生じて細菌による汚染を招くおそれがある。

3 **強制循環方式の循環ポンプは、返湯管に設置する。**

配管からの放熱量はわずかなので、循環ポンプは容量の小さいものでよく、給湯管でなく返湯管に設置する。

重要用語を覚えよう！

混合水栓

湯と水を混合して一つの吐水口から出す水栓金具。湯と水それぞれのバルブがある 2 ハンドル型、1 本のレバーで水温と水量を調節できるシングルレバー型、ダイヤルで設定した水温に自動的に調節されるサーモスタット型がある。

リバースリターン方式

ポンプからの距離にかかわらず、使用する機器ごとに、行き、返りの配管の長さの合計（配管延長）が同じになるように配管する方式。空調設備の冷温水の循環系統などで流量を均等にするために採用される。給湯用の配管には適さない。

Lesson 8 給湯設備③〈給湯設備用の機器・配管材料等〉

ここが Point !

給湯設備用の機器の種類、機能、構造等を覚えよう。給湯設備は、温度が高いことや湯を循環させることなどから配管が腐食しやすいことに注意しよう。

基礎知識を押さえよう！

1．加熱装置

　給湯設備の加熱装置にはさまざまなものがありますが、住宅用では、主に、ガス瞬間湯沸器、電気温水器、ヒートポンプ式給湯器、潜熱回収型給湯器等が使用されています。ガス瞬間湯沸器の能力は号数で表され、1号は流量 1L/min の水の温度を 25℃上昇させる能力を表します（加熱能力 1.74kW に相当）。ガス瞬間湯沸器には、給湯のほかに風呂用の追い焚き機能や、セントラルヒーティング用の回路を内蔵したものもあります。

　給湯量が大きく変動する業務用の用途では、小型の瞬間湯沸器を複数台組み合わせて台数運転を行うマルチタイプが採用されています。

　ホテルや病院のように、蒸気ボイラが設置されている施設では、蒸気を熱源とする加熱コイル付き貯湯槽が使用されます。蒸気を使用しない一般の建築物では、以前は貯湯容量を有する給湯ボイラがよく使用されていましたが、設置の届出、取扱作業主任者の選任、定期自主検査等が必要なので、最近は、労働安全衛生法の規定によるボイラに該当しない真空式温水発生機、無圧式温水発生機を、加熱コイルなし貯湯槽と組み合わせて使用する例が多くなっています（p.149 〜 150、267 参照）。

　真空式温水発生機は、缶体内を大気圧以下に減圧して熱媒を蒸発させ、内部の熱交換器により蒸気・水の熱交換を行って湯を供給するものです。

270

無圧式温水発生機は、缶体が開放容器構造になっているので、内部は常に大気圧に保たれ、缶体に圧力がかからないので安全です。

　給湯用貫流ボイラは、ドラムがなく、細い水管群だけで構成されているので、耐圧性にすぐれ、法規上の区分や取扱い資格の面でも貯湯式給湯ボイラに比べて大幅に緩和されています。缶水量が少なく、出湯量の変化により出湯温度も変化するので、シャワー設備のある給湯設備など、温度条件の厳しい給湯設備には適しません。湯沸室に設置される飲用の貯蔵式湯沸器には、ガス焚き、電気式等があり、90℃以上の高温が得られます。

2. 給湯循環ポンプ

　給湯循環ポンプは、配管系の熱損失による湯温の低下を防ぐために、返湯管に設置する小型のポンプです。循環配管系統に設置するので、背圧に耐えるものでなければなりません。

　循環流量は、以下の式により求められます。この式からも明らかなように、循環流量は配管からの熱損失に比例します。

$$Q = 0.0143 \frac{H_L}{\Delta t}$$

　Q：循環流量 [L/min]　　　H_L：循環配管からの熱損失 [W]

　Δt：加熱装置における給湯温度と返湯温度の差 [℃]

上の式に基づいて、循環配管の単位長さ当たりの熱損失を求める問題や、単位長さ当たりの熱損失から循環流量を求める問題が出題されることがあります。

　ポンプの揚程は、循環管路系で摩擦抵抗、局部抵抗による圧力損失が最も大きくなる管路の摩擦損失から決定されます。

3. 逃し管（膨張管）・逃し弁

　密閉された装置内で水が加熱されると、水が膨張して圧力が上昇します。圧力が異常に上昇すると、配管や機器類が破壊されるおそれがあるので、水の膨張量を逃がす安全装置が必要になります。給湯への補給水が高置水槽から供給される場合は、加熱装置に逃し管を設けますが、この場合、逃

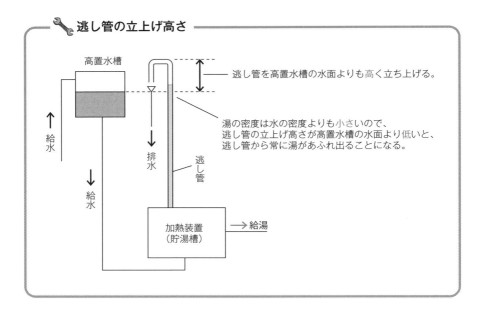

逃し管の立上げ高さ

高置水槽

給水

排水

逃し管

給水

加熱装置
（貯湯槽） → 給湯

逃し管を高置水槽の水面よりも高く立ち上げる。

湯の密度は水の密度よりも小さいので、
逃し管の立上げ高さが高置水槽の水面より低いと、
逃し管から常に湯があふれ出ることになる。

し管を高置水槽の水面より高く立ち上げなければなりません。

　水の膨張量を逃がすには、逃し管の代わりに逃し弁を設ける方法もあります。逃し弁は、スプリングにより弁体を弁座に押さえつける構造になっていて、湯の膨張により配管内の圧力が上昇し、設定圧力を超えると弁体が開いて膨張量を排出するしくみになっています。膨張量は、使用状態によっても異なりますが、給湯設備の保有水量の2％程度です。

4．密閉式膨張水槽

　密閉式膨張水槽は、膨張水が密閉された水槽内の空気を圧縮して水槽内に入ることにより膨張水を吸収するしくみになっています。密閉式膨張水槽を設ける場合は、逃し弁も設けなければなりませんが、逃し弁の設定圧力は、膨張水槽にかかる給水圧力よりも高くします。

5．自動空気抜き弁

　自動空気抜き弁は、配管内の湯に溶存している空気が分離してくると、その空気がフロートを上昇させて弁を開き、自動的に空気が排出されるしくみになっています。

6. 配管材料

　給湯設備は温度が高いために、金属材料の腐食が、給水設備において同じ材料を使用した場合に比べて早期に発生し、腐食速度も速くなります。

　銅管は、比較的耐食性にすぐれているので、給湯配管によく用いられます。一過式配管や返湯管を設けていない給湯管に使用する場合は、腐食の発生はほとんどありませんが、常時湯が循環する中央式給湯配管では腐食するおそれがあります。銅管の腐食には、潰食、孔食がありますが、潰食を防ぐには管内の流速を抑えることが重要です（p.268 参照）。

　ステンレス鋼管も、給湯管としてよく使用されます。ステンレスは耐食性にすぐれていますが、酸化被膜の破壊による腐食や、すきま腐食、残留応力腐食、もらいさびによる腐食が生じるおそれがあるので、施工時には注意が必要です。

　樹脂材料は、温度が高くなると強度が極端に落ち、使用できる圧力が低くなります。また、樹脂管を高温の湯に使用すると、塩素による劣化が生じやすくなります。耐熱性硬質ポリ塩化ビニル管、ポリブテン管の使用温度は 90℃ 以下、架橋ポリエチレン管の使用温度は 95℃ 以下とされています。

　耐熱性硬質塩化ビニルライニング鋼管は、鋼管の内面に耐熱性硬質ポリ塩化ビニルを被覆したもので、給水用の硬質ポリ塩化ビニルライニング鋼管と同様に、管端防食継手を使用して接合します。使用温度は 85℃ 以下です。

7. 伸縮管継手

　伸縮管継手は、給湯配管の熱伸縮を吸収する継手で、長い直線配管となる箇所に使用します。スリーブ形とベローズ形があります。スリーブ形は、スリーブがパッキン部を滑って管の伸縮を吸収するもので、吸収量は最大 200mm 程度です。ベローズ形は、ベローズ（蛇腹）で伸縮を吸収するもので、吸収量はベローズが1つの単式で 35mm 程度、ベローズを2つ組み合わせた複式では 70mm 程度です。

　ベローズ形伸縮管継手は、ベローズの腐食や疲労破壊により漏水することがあります。

8

給湯設備③〈給湯設備用の機器・配管材料等〉

ポイントを丸暗記！

| 1 | 給湯循環ポンプの揚程は、循環管路系で摩擦損失が最も<u>大き</u>くなる管路の摩擦損失から決定される。 |

給湯循環ポンプの揚程は、循環管路系で摩擦抵抗、局部抵抗による圧力損失が最も<u>大き</u>くなる管路の摩擦損失から決定される。これより小さい揚程では、湯が循環しない管路が生じる。

| 2 | 加熱装置に逃し管を設ける場合は、逃し管を高置水槽の水面より<u>高</u>く立ち上げなければならない。 |

湯の密度は水の密度よりも<u>小さ</u>いので、逃し管の立上げ高さが高置水槽の水面より<u>低</u>いと、逃し管から常に湯があふれ出ることになる。

重要用語を覚えよう！

一過式配管

水や湯が一度通過するだけで、<u>循環</u>しない配管方式。またはそのような配管の部分。

潰食

管内の流速が速いために<u>酸化被膜</u>が形成されず、流れ方向にえぐられるように腐食が生じる現象。

孔食

管の内面にポツポツと点状に生じる腐食。

すきま腐食

金属どうしの隙間や、金属と他の物質との隙間に生じる腐食。

残留応力腐食

金属に過大な<u>荷重</u>を加えたり、<u>曲げ加工</u>を行ったりしたときに内部に残留応力が生じ、酸化被膜が局部的に破壊されて生じる腐食。

給湯設備④〈給湯設備の保守管理〉

ここが Point！

中央式給湯方式の給湯温度の管理の重要性を理解し、適切な給湯温度を覚えよう。給湯設備の機器の保守管理の方法や、点検、検査、清掃等の実施頻度を覚えよう。

基礎知識を押さえよう！

1．給湯温度の管理等

中央式給湯方式の給湯では、加熱により残留塩素が消滅するので、水質の管理に十分注意しなければなりません。水質検査の結果、基準値を超える一般細菌が検出された場合は、70℃の湯を約20時間程度循環させて加熱処理を行うなどの対策を講じます。

給湯設備の保守管理では、給湯温度の管理も重要です。給湯温度が低いと、湯の乱費につながり、レジオネラ属菌による汚染の原因にもなるので、中央式給湯設備においては、給湯温度を常時60℃程度に維持し、ピーク使用時においても55℃以下にならないようにします。

給湯設備の維持管理が適切に行われ、かつ、末端の給水栓における水温が55℃以上に保持されている場合は、水質検査のうち残留塩素の含有率の検査を省略することができます。

2．機器の保守管理

①加熱装置

労働安全衛生法により、ボイラは「小型ボイラ」と「ボイラ」に、圧力容器は「第一種圧力容器」「小型圧力容器」「第二種圧力容器」に分類されています。これらについては、それぞれ次ページの表のように、定期自主

●ボイラ・圧力容器の種類と定期自主検査・性能検査の義務

種　別	定期自主検査	性能検査
小型圧力容器 第二種圧力容器 小型ボイラ	1年以内ごとに1回	—
第一種圧力容器 小型ボイラ以外のボイラ	1か月以内ごとに1回	1年以内ごとに1回

検査を行い、労働基準監督署が行う性能検査を受けることが義務づけられています。

② **貯湯槽**

貯湯槽は、外観の点検を毎日行い、漏れや計器類の異常等がないか確認し、異常があれば修理します。レジオネラ菌等による汚染を防ぐため、貯湯槽に接続する給湯管や返湯管の貯湯槽近傍に温度計を設置し、給湯温度、返湯温度を定期的に計測します。給湯温度は60℃(最低でも55℃)になるよう調整し、返湯温度は50℃以下にならないようにします。

貯湯槽は、使用する圧力等により、労働安全衛生法で定める圧力容器に該当し、定期自主検査や性能検査が義務づけられます。したがって、営業上の理由から給湯を停止できない施設では、貯湯槽の台数分割が必要です。

停滞水の発生を防止するためには、給湯設備内の保有水量が給湯使用量に対して過大にならないようにしなければなりません。貯湯槽がいくつかある場合は運転台数をコントロールし、使用しない貯湯槽からは水を抜いておきます。休止後に運転を再開するときは、点検・清掃を行い、設定温度になるまで系統内を十分加熱してから使用します。

貯湯槽に流電陽極式電気防食が施されている場合は、性能検査の際に犠牲陽極の腐食状態をよく調べ、消耗している場合は電極を交換します。外部電源式電気防食の場合は、電極を交換する必要はありませんが、電極の設置状態や通電状態の確認と防食電流の調整をします。

③ **給湯循環ポンプ**

給湯循環ポンプの保守管理は、給水設備のポンプに準じます。複数のポンプが設置されている場合は、均等に稼働するように交互運転を行います。1年に1回、作動確認を兼ねた分解・清掃を実施します。

④逃し弁・空気抜き弁

　逃し弁は、1か月に1回、レバーハンドルを操作して作動確認をします。自動空気抜き弁は、弁からの水漏れがある場合は、弁座にごみ等を噛んでいるので、分解・清掃を行います。給湯栓から出る湯が分離気体により白濁している場合は、自動空気抜き弁の空気排出口が詰まっていないか確認し、必要に応じて分解・清掃を行います。

⑤配管

　給湯配管系統の維持管理は、給水配管と同様に、腐食、水漏れ、逆流の可能性の有無、被覆状態等を点検します。配管系統の末端や、使用頻度の少ない給湯栓など、給湯温度が低くなりやすい箇所については、1日に1回程度、停滞水の放流と温度測定を行います。

　返湯管に設けた弁の開度を調整し、各配管に給湯水が均等に循環するようにします。流量調整を行うには、仕切弁でなく玉形弁を用います。弁は、1年に1回以上分解掃除を行います。シャワーヘッド、水栓のこま部は、6か月に1回以上定期的に点検を行い、1年に1回以上分解掃除を行います。

　給湯配管は、1年に1回以上管洗浄を行うことが望ましく、給湯水からレジオネラ属菌が検出された場合は、配管の内面にスライムが形成されているおそれがあるので、枝管を含めた配管全体の管洗浄を行います。

⑥器具

　給湯設備の器具のワッシャに天然ゴムを使用すると、レジオネラ属菌を含む細菌の栄養源となるので、合成ゴムのワッシャに交換します。

ゴロ合わせで覚えよう!

◆給湯設備の器具

最近、爺さんボケた？
（細菌）

わしゃ、天然じゃ！
（ワッシャ）（天然ゴム）

　給湯設備の器具のワッシャに天然ゴムを使用すると、レジオネラ属菌を含む細菌の栄養源となるので、合成ゴムのワッシャを使用する。

1 給湯水から基準値を超える細菌が検出された場合は、70℃の湯を循環させて加熱処理を行う。

水質検査の結果、基準値を超える一般細菌が検出された場合は、70℃の湯を約20時間程度循環させて加熱処理を行うなどの対策を講じる。

2 給湯設備の維持管理が適切に行われ、かつ、末端の給水栓における水温が55℃以上に保持されている場合は、残留塩素の含有率の検査を省略できる。

給湯設備の維持管理が適切に行われ、かつ、末端の給水栓における水温が55℃以上に保持されている場合は、法令により義務づけられている水質検査のうち、残留塩素の含有率の検査を省略することができる。

3 貯湯槽に流電陽極式電気防食がされている場合は、性能検査時に犠牲陽極を調べ、消耗している場合は電極を交換する。

外部電源式電気防食の場合は、電極を交換する必要はなく、電極の設置状態や通電状態の確認と防食電流の調整をする。SUS444（ステンレス鋼の一種）製の貯湯槽には、電気防食を施してはならない。

重要用語を覚えよう！

圧力容器

液体や気体を保有する容器で、内部の圧力が大気圧を超える状態で使用できるもの。

流電陽極式電気防食

電気防食の方法の一つで、水中や土壌中で、鋼と鋼よりも卑な（イオン化傾向の大きい）金属を電気的に接続することにより、後者（犠牲陽極）が腐食され、鋼が防食される。犠牲陽極には、亜鉛、マグネシウムの合金等が用いられる。

スライム

配管やタンクの内面に付着する泥状の物質で、藻類、細菌、真菌等の微生物と、それらの代謝物からなる。バイオフィルムともいう。

雑用水設備

ここが Point ！

雑用水の原水の種類と用途の関係や、排水、雨水の処理方法などを覚えよう。雑用水供給設備の設置や維持管理に関する注意点をチェックしよう。

基礎知識を押さえよう！

1．雑用水設備の概要

　雑用水設備は、排水再利用設備、雨水利用設備などの雑用水処理設備と、その雑用水を供給する雑用水供給設備からなります。排水再利用設備と雨水利用設備が併用されることもあります。

　雑用水の用途は、散水、修景用水、清掃用水、水洗便所の洗浄水などですが、し尿を含む水を原水とする場合は、散水、修景、清掃の用に供することが禁じられているので、用途は便所洗浄水に限定されます（p.28 参照）。

🔧 **雑用水設備の設置例と用途**

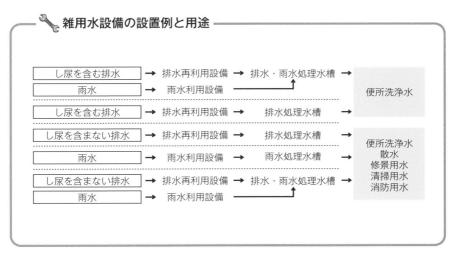

し尿を含む排水	→ 排水再利用設備 → 排水・雨水処理水槽 →	便所洗浄水
雨水	→ 雨水利用設備 ─────────────→	
し尿を含む排水	→ 排水再利用設備 → 排水処理水槽 →	
し尿を含まない排水	→ 排水再利用設備 → 排水処理水槽 →	便所洗浄水
雨水	→ 雨水利用設備 → 雨水処理水槽 →	散水 修景用水 清掃用水 消防用水
し尿を含まない排水	→ 排水再利用設備 → 排水・雨水処理水槽 →	
雨水	→ 雨水利用設備 ──────────↑	

2. 排水再利用設備

排水再利用設備は、循環方式により、以下の3通りに分類されます。

個別循環方式：個別の建築物において、その建物で発生する排水を処理し、便所洗浄水等に利用する方式。

地区循環方式：地区内の複数の建築物で排水再利用設備を共同利用し、処理水を各建築物に送水して便所洗浄水等に利用する方式。

広域循環方式：公共下水処理場の処理水を排水再利用設備で処理し、比較的広域で大規模な地区に送水し、雑用水として利用する方式。

排水再利用設備の原水は、なるべく再利用の処理負荷が小さく、年間を通して安定した排水量が得られることが望ましく、選定の際は、比較的きれいな雑排水（洗面手洗水、給湯水、風呂水）が最も優先され、以下、厨房排水、し尿を含む水洗便所排水の順に検討します。

排水の処理方法は、前処理、主処理、後処理の3段階に分かれ、具体的には下図のような順序で行われます。

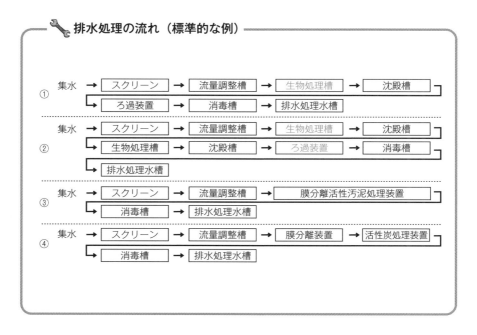

🔧 排水処理の流れ（標準的な例）

① 集水 → スクリーン → 流量調整槽 → 生物処理槽 → 沈殿槽 → ろ過装置 → 消毒槽 → 排水処理水槽

② 集水 → スクリーン → 流量調整槽 → 生物処理槽 → 沈殿槽 → 生物処理槽 → 沈殿槽 → ろ過装置 → 消毒槽 → 排水処理水槽

③ 集水 → スクリーン → 流量調整槽 → 膜分離活性汚泥処理装置 → 消毒槽 → 排水処理水槽

④ 集水 → スクリーン → 流量調整槽 → 膜分離装置 → 活性炭処理装置 → 消毒槽 → 排水処理水槽

3. 雨水利用設備

　雨水は、汚染度が低く、雑用水の原水として適していますが、降水量は地域や季節により異なるので、雨水を利用する場合は、その地域の月別降水パターンや日降雨量、時間降雨量等の条件を十分に考慮して計画することが重要です。

　雨水の集水面は、建物の屋根面、敷地全体などですが、屋根面は降雨水の回収率がよく、回収した雨水の汚染度も低いので処理コストを低減できます。敷地全体を集水面とする場合は、集水面積が大きく、回収水量も多くなりますが、異物の混入も多くなるので、高度な処理が必要です。

　雨水の処理には下図のような方法があり、①は原水が比較的きれいな場合に適用されます。②が最も適用例の多いフローです。③は沈殿槽を省略したい場合に、④は原水がかなり汚れているか、高品位な水質が要求される場合に適用されます。

　雨水貯留槽の容量は、年間降雨量、集水面積、使用水量等の条件に基づいて、雨水利用率、上水代替率を検討して決定します。

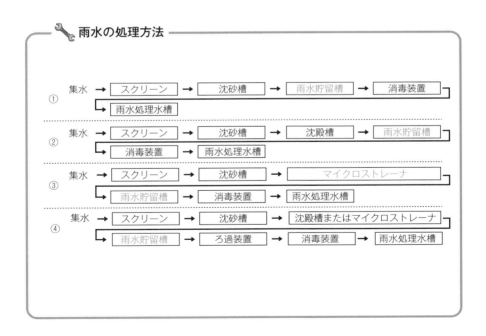

🔧 雨水の処理方法

① 集水 → スクリーン → 沈砂槽 → 雨水貯留槽 → 消毒装置 → 雨水処理水槽

② 集水 → スクリーン → 沈砂槽 → 沈殿槽 → 雨水貯留槽 → 消毒装置 → 雨水処理水槽

③ 集水 → スクリーン → 沈砂槽 → マイクロストレーナ → 雨水貯留槽 → 消毒装置 → 雨水処理水槽

④ 集水 → スクリーン → 沈砂槽 → 沈殿槽またはマイクロストレーナ → 雨水貯留槽 → ろ過装置 → 消毒装置 → 雨水処理水槽

4．雑用水供給設備

　雑用水供給設備は、雑用水受水槽、ポンプ、配管類、末端の器具等により構成されます。雑用水受水槽とは、雑用水道、工業用水道等から敷地内に引き込んだ配管により雑用水を貯留する水槽をいいますが、ここでは、排水再利用設備、雨水利用設備で処理された雑用水を使用するために貯留する水槽（処理水槽）も同様に扱います。

　雑用水受水槽は、耐食性、耐久性のある材質のものを用い、清掃や維持管理がしやすい構造にします。雑用水を散水・修景・清掃用水として利用する場合は、飲料水の受水槽に準じて6面点検ができるように設置することが望ましく、雑用水高置水槽を設ける場合も、おおむね飲料水の貯水槽に準じます。

　排水再利用水、雨水、井水を利用する場合は、原水が不足した場合に備えて上水の補給装置を設けますが、逆流を防ぐために吐水口空間を設けて給水するようにします。

雑用水を便所洗浄水として使用する場合は、雑用水受水槽を最下階の二重スラブ内に設けてもよいこととされています。

　雑用水の配管は、上水の給水系統との誤配管・誤接続を防止するために、以下の点に留意して設置します。
・上水と雑用水の配管材料の種類を変える。
・上水管、雑用水管、給湯管等が平行して配管される場合は、配列を変えない。
・雑用水管であることを表示し、かつ、上水管と異なる識別色で塗装、テープ巻き等を行う。
・竣工時には、雑用水に着色して通水試験を行い、上水の器具に着色した水が出ないことを確認する。

　雑用水を、便器洗浄水以外に使用する場合は、誤飲・誤用を防ぐために以下の措置を講じます。

・洗面器、手洗器等の誤飲・誤用のおそれのある器具に連結しない。

・雑用水の水栓は、専用の場所に設置し、鍵付きのものとする。

・水栓に、雑用水であることを示す「飲用禁止」の表示・ステッカー等を掲示する。

　排水再利用等ではスライムが発生しやすく、腐食やスケール障害も生じるおそれがあるので、配管、弁類は、さび、スライム、スケール等の検査を 1 年に 1 回行います。雑用水管にスライムが発生した場合は、残留塩素濃度を高めて洗浄します。

ポイントを丸暗記！

| 1 | 散水、修景、清掃の用に供する雑用水は、し尿を含む水を原水としてはならない。 |

雑用水の原水としては、建築物から発生する排水や、雨水、工業用水、井水等がある。し尿を含む排水を原水とする雑用水は、用途が便所洗浄水に限定される。

重要用語を覚えよう！

雨水利用率

雨水集水量に対する雨水利用量の割合。

上水代替率

使用水量（＝雨水利用量＋上水補給水量）に対する雨水利用量の割合。

スケール

水中に含まれるカルシウム、シリカ等の無機物が析出して、配管の内面などに付着したもの。

10

雑用水設備

排水の衛生管理

ここが Point ！

下水の水質試験等に用いられる主な指標について、その指標からどのようなことを知ることができるかを理解しよう。指標に用いられる単位も覚えよう。

基礎知識を押さえよう！

　建築物内で発生する排水は、衛生器具、排水管を経て、自然流下で公共下水道等に排出され、汚水処理施設で処理され、最終的には、公共用水域に放流されます。建築物内部の衛生的環境を保つとともに、下水道における良好な処理水の水質を維持し、公共用水域の汚染を防止するためには、排水設備の維持管理を適切に行うことが重要です。

　排水の水質管理にかかわる主な指標を以下に挙げます。これらの指標は、下水の水質試験等において用いられます。

1．透視度

　水の濁りの程度を示す指標で、透視度計の底部に置かれた二重の十字線が識別できる水層の高さで表します。単位は、10mm を 1 度とするか、単に [cm] を用います。透視度は、水中に含まれる浮遊物質の量や色相に左右されます。後述する BOD と相関を示すことが多く、処理の進行状況を推定する際に用いられます。

2．pH 値

　pH 値は、水溶液中の水素イオン濃度を表す指数で、pH=7 が中性、pH<7 が酸性、pH>7 がアルカリ性です。下水の pH は、一般に中性から弱アルカリ性を示すので、pH 値がこれよりも極端に高い（もしくは低い）場合は、特殊な排水が混入していると考えられます。pH 値は処理工程に

おいても変化するので、処理の進行状況を推定する際に用いられます。

3．蒸発残留物

　流入下水、処理水、または汚泥を 105 〜 110℃で蒸発乾固したときの残留物の量で、単位は [mg/L] です。試料中の浮遊物質と溶解性物質の量を表します。蒸発残留物を 600 ± 25℃で一定時間強熱し、灰化したときの残留物を**強熱残留物**といい、そのときに減少した重量を**強熱減量**といいます。前者は無機物の、後者は有機物の量を表す指標となります。

4．浮遊物質（SS）／溶解性物質

　浮遊物質は、水中に浮遊する 1μm より大きく 2mm より小さい不溶解性物質で、懸濁物質ともいいます。試料を孔径 1μm のガラスファイバろ紙でろ過し、蒸発乾固したときのろ紙上の残留物の重量で表します。単位は [mg/L] です。1μm より小さい物質は溶解性物質といい、ろ液を蒸発乾固したときの残留物の重量で表します。

蒸発残留物は強熱残留物と強熱減量の和で、浮遊物質と溶解性物質の和でもあります。

5．溶存酸素（DO）

　水中に溶解している分子状の酸素のことで、その量を [mg/L] で表します。飽和溶存酸素量は、圧力、水温、塩分等によって変化しますが、清澄な水では、溶存酸素量は飽和量に近くなるのに対し、有機物により汚濁した水中では、微生物の呼吸や有機物の分解により酸素が消費されるので、溶存酸素量が著しく減少します。

6．生物化学的酸素要求量（BOD）

　水中の酸化可能性物質（主として有機物質）を、好気性微生物が有機物を分解するときに消費する溶存酸素の量で表した値で、通常は、20℃の暗所で 5 日間に消費された溶存酸素量を [mg/L]（または ppm）で表します。

7．化学的酸素要求量（COD）

　水中の酸化可能な物質（酸化可能性物質）をすべて酸化するために消費した酸化剤の量から酸化に要した酸素の量を算出した値で、単位は [mg/L]（または ppm）です。BOD よりも短時間で測定できますが、被酸化性物質には、有機物質以外に、亜硝酸塩、第一鉄塩、硫化物等の無機性還元物質も含まれるので、それらも COD の測定値に影響することを考慮しなければなりません。

　一般に、（BOD/COD）比が高い場合は生物処理法が、この値が低い場合は物理化学処理法が採用されます。

8．窒素化合物

　流入下水中に含まれる窒素化合物は、生活排水、畜産排水、工場排水等に由来します。窒素化合物には、有機性窒素、無機性窒素があり、それらの総量を全窒素といいます。処理が進むにつれて有機性窒素は分解・酸化され、アンモニア性窒素、亜硝酸性窒素、硝酸性窒素等の無機性窒素に変化します。したがって、それぞれの窒素化合物の濃度を測定することにより、下水の性状の特徴を知ることができ、処理工程の評価にも有効です。

　窒素は、閉鎖性水域の富栄養化の原因物質の一つで、処理水が指定水域に放流される処理場においては、排水規制項目となります。

9．総アルカリ度（M アルカリ度）

　水中に含まれる炭酸塩、重炭酸塩、水酸化物等のアルカリ成分の量を、これに対応する炭酸カルシウム（$CaCO_3$）の濃度で表したもので、単位は [mg/L] を用います。

10．リン化合物

　流入下水中に含まれるリン化合物は、生活排水、畜産排水、工場排水等に由来します。リン化合物には、有機性リン酸化合物、無機性リン酸化合物があり、それらの総量を全リンといいます。リンは、窒素と同様に閉鎖性水域の富栄養化の原因物質の一つで、処理水が指定水域に放流される処理場においては、排水規制項目となります。

11. 残留塩素

　残留塩素の値は、塩素添加量、接触時間、pH、残存有機物質の量、亜硝酸性窒素等の還元性物質の量などに左右され、消毒効果の指標となります。

12. ノルマルヘキサン抽出物質

　有機溶剤の一種であるノルマルヘキサンによって抽出される物質で、主に、不揮発性の鉱物油、動植物性油脂類、石けん等です。これらの油脂類は、流入管渠や1次処理装置内の壁面等に付着して悪臭を放ち、下水処理場の生物処理工程の機能を阻害することもあります。

13. 大腸菌群

　し尿中には、$1cm^2$ 当たり 100 万個以上の大腸菌が存在します。そのほとんどは無害ですが、一部に病原性のものもあります。汚水処理の進行に伴い、大腸菌の数は減少するので、処理工程の機能や処理水の安全性を評価するための指標として重要です。

14. 活性汚泥試験

　活性汚泥法を用いた処理施設における指標で、以下のものがあります。
・活性汚泥浮遊物質（MLSS）：ばっ気槽混合液の浮遊物質で、活性汚泥中の微生物量の指標となる。
・活性汚泥有機性浮遊物質（MLVSS）：MLSS 中の強熱減量（有機物の量）。
・活性汚泥沈殿率（SV）：ばっ気槽混合液 1L をメスシリンダーに入れ、30 分静置したのちの沈殿汚泥量を百分率（%）で表したもの。
・汚泥容量指標（SVI）：SV 測定時の沈殿汚泥 1g が占める容積を単位 [mL] で示した値。活性汚泥の沈降性を表す指標となる。

排水や下水に関する指標だけでこんなにたくさんあるんですね。覚えきれるかな…。

11

排水の衛生管理

ポイントを丸暗記！

1 （BOD/COD）比が高い排水には、生物処理法が適している。

一般に、（BOD/COD）比が高い場合は生物処理法が、この値が低い場合は物理化学処理法が採用される。

2 全窒素とは、有機性窒素と無機性窒素の総和である。

窒素化合物には、有機性窒素、無機性窒素があり、それらの総量を全窒素という。

3 窒素、リン化合物は、閉鎖性水域の富栄養化の原因物質である。

窒素、リン化合物は、ともに閉鎖性水域の富栄養化の原因物質で、処理水が指定水域に放流される処理場においては、排水規制項目となる。

重要用語を覚えよう！

好気性微生物
酸素を利用して生育する微生物。酸素を用いて有機物を分解し、エネルギーを得る有酸素代謝の機能をもつ。

富栄養化
閉鎖性水域において、水中への栄養塩類（窒素、リン等）の流入増加により、植物性プランクトン等が増大し、生物の繁殖が活発になること。藻類の異常増殖や臭気の発生をもたらし、魚介類への被害が生じることもある。

活性汚泥法
好気性微生物を含む活性汚泥と汚水をばっ気槽内で接触させ、微生物の代謝により有機物を分解して汚水を浄化する方法。

Lesson 12

排水通気設備①〈トラップ・排水通気配管等〉

ここが Point ！

トラップの構造と機能、通気管の役割と通気方式による違いなどを理解しよう。

基礎知識を押さえよう！

1．排水通気設備の概要

　排水設備は、建築物内で発生する排水や雨水を外部に排出するための設備で、配管とトラップからなる重力式排水方式とするのが基本です。トラップは水封式トラップとし、封水を維持するために通気管を設けます。地下階等の低位排水は、排水槽に貯留し、ポンプでくみ上げて排出する機械式配水方式とします。これらの設備をまとめて、排水通気設備といいます。

2．トラップの機能と種類

　排水設備の配管の途中に設けるトラップは、排水経路の一部に、常に水が溜まっている封水部を設けることにより、下水管側の臭気や害虫等が建築物の室内側に侵入するのを防ぐ構造になっています。

　トラップには、管トラップ、隔壁トラップ等の種類があります。それぞれの代表的な形状を、次ページの図に記します。

トラップの機能として重要なのは、封水を保持すること、自掃作用を有すること、清掃等が容易にできることなどです。

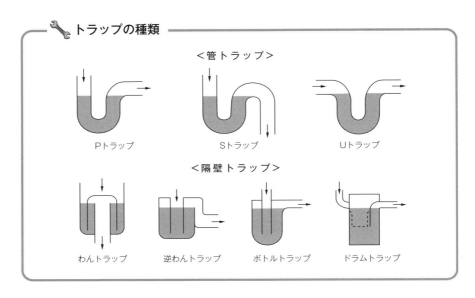

＜管トラップ＞

Pトラップ　　　　Sトラップ　　　　Uトラップ

＜隔壁トラップ＞

わんトラップ　　逆わんトラップ　　ボトルトラップ　　ドラムトラップ

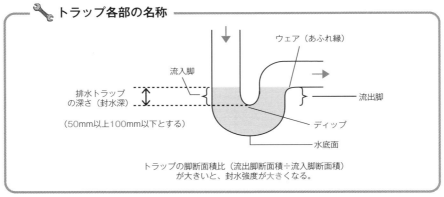

トラップ各部の名称

ウェア（あふれ縁）

流入脚

排水トラップ
の深さ（封水深）

（50mm以上100mm以下とする）

流出脚

ディップ

水底面

トラップの脚断面積比（流出脚断面積÷流入脚断面積）
が大きいと、封水強度が大きくなる。

　Ｐトラップ、Ｓトラップ、Ｕトラップ等の管トラップは、サイホントラップともいい、封水損失を起こしやすい半面、小型で自掃作用を有することが特徴です。わんトラップ、ドラムトラップ、ボトルトラップ等は非サイホントラップともいい、封水強度が大きいトラップです。ドラムトラップは、実験排水等で固形物を阻集する場合に使用されます。ボトルトラップは、日本では一般に使用されていません。

　なお、封水式以外のトラップは、長期間使用すると故障や摩耗により機能が損なわれるおそれがあるので、使用を禁じられています。

3．トラップの封水損失

　トラップの封水が何らかの原因により減少することを封水損失といい、封水が減少してトラップの機能が失われ、排水管の臭気が侵入し得る状態を破封といいます。封水損失や破封の原因には次のようなものがあります。

①自己サイホン作用

　衛生器具からの排水が排水管内を満流で流れるときに、その排水自体により生じるサイホン作用によって封水が流出する現象をいいます。

②誘導サイホン作用

　他の器具からの排水により排水管内の圧力が変動し、トラップの封水が排水管側に吸引、または器具側に吹き出すことで失われる現象をいいます。

③蒸発

　使用頻度の少ない器具では、蒸発による封水損失により破封に至ることがあります。器具を使用しない期間は排水口を密閉すること、封水を深めにすること、トラップ補給水装置を設けることなどにより防止します。

④毛管現象

　トラップのウェアに糸くずや毛髪が引っ掛かっていると、毛管現象により封水が失われることがあります。

4．通気管と通気方式

　排水通気設備における通気管の役割は、管内の圧力変動を抑制し、排水の流れを円滑にするとともに、トラップの破封を防ぐことです。3 階建て以上の建築物の排水立て管には、通気立て管を設けるか、それと同等の措置（後述する特殊継手排水システム等）を講じることが必要です。

　通気方式には、ループ通気方式、各個通気方式、伸頂通気方式があります。ループ通気方式、各個通気方式は、ともに、排水立て管のほかに通気立て管を設ける 2 管式の通気方式で、ループ通気方式は、各階の最上流の器具排水管が排水横枝管に接続する点のすぐ下流から通気管を立ち上げ、通気立て管に接続する方式です。各個通気方式は、すべてのトラップごとに各個通気管を設けて通気横枝管に接続し、通気横枝管を通気立て管に接続する方式です。各個通気方式は、排水横枝管に接続された衛生器具の自己サイホン作用の防止にも有効です。

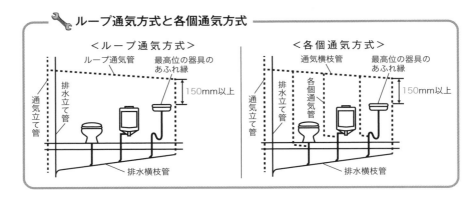

ループ通気方式と各個通気方式

＜ループ通気方式＞　　　　　　＜各個通気方式＞

ループ通気方式は、中高層、超高層建築物に一般的に採用されている方式で、排水の許容流量は各個通気方式と同程度ですが、自己サイホン作用の防止には効果がありません。

　伸頂通気方式は、通気立て管を設けず、伸頂通気管のみにより通気を行う方式です。排水立て管の頂部は、管径を縮小せずに伸頂通気管として延長し、大気中に開口しなければなりません。伸頂通気方式を採用する場合は、以下のような条件が適用されます。

・排水立て管には、原則としてオフセットを設けてはならない。
・排水横主管の水平曲がりは、排水立て管の底部より 3m 以内に設けてはならない。
・伸頂通気部に過度の通気抵抗を持つ部品を使用してはならない。
・排水立て管と排水横主管の接続には、大曲がりベンド等を用いる。
・排水横主管が満流となる場合は、伸頂通気方式にしてはならない。
・複数の排水立て管を同一の排水横主管に接続する場合は、十分な通気を確保する。

5．排水通気配管の構成

　排水配管は、器具排水管、排水横枝管、排水立て管、排水横主管により構成されます。排水横管には適切な勾配を設け、管内の流速が 0.6 ～ 1.5m/s となるようにします。流速が遅すぎると洗浄力が弱くなり、固形物等が付着しやすくなります。また、流速が速すぎると水だけが速く流れ、管内の水深が浅くなって固形物が残りやすくなります。排水横管の最

小勾配は、管径 65mm 以下で 1/50、管径 75mm、100mm で 1/100、管径 125mm で 1/150、管径 150 ～ 300mm で 1/200 とされています。

　排水立て管のオフセットは、配管経路の変更等によって生じますが、排水の流れが乱れ、排水管内の圧力変動が生じやすくなります。オフセットを設ける場合は、オフセット部の上下 600mm 以内には排水横枝管を接続しないこととされています。

　排水管は、長期間使用すると管内にスケールや固形物が付着し、管が詰まるおそれがあるので、建築物内の排水配管には掃除口を設け、敷地排水配管には排水ますを設けます。掃除口の設置間隔は、通常 30m 程度を限度とし、排水管の管径が 100mm 以下の場合は 15m 以内とします。排水横管が 45 度を超える角度で方向を変える場所には、掃除口を設けます。排水ますは、敷地排水管の直管が長い場合は、管の内径の 120 倍を超えない範囲内に設けます。

　通気立て管は、最下部の排水横枝管より低い位置で立ち上げ、最高位の衛生器具のあふれ縁よりも 150mm 以上高い位置で、伸頂通気管に接続します。高層建築物では、排水立て管内の圧力変動が大きくなるので、排水立て管と通気立て管を結合通気管で接続し、圧力変動を緩和します。結合通気管は、ブランチ間隔 10 以上の排水立て管において、最上階から数えてブランチ間隔 10 以内ごとに設けます。

6. 特殊継手排水システム

　特殊継手排水システムは、各階の排水横枝管の排水継手に特殊な形状のものを用い、排水立て管と排水横枝管の合流を円滑にするもので、一般に、伸頂通気方式を改良する場合に用いられます。排水横枝管の接続器具数が比較的少ない、集合住宅、ホテルの客室系統などで採用されています。

7. 通気弁

　通気管の末端は、通常、屋上等の大気中に開放することが義務づけられていますが、そのかわりに通気弁を設けることもできます。通気弁は、空気の流入だけを行い、排出をしない構造になっており、臭気を出さないので屋内に設置することができます。

8．間接排水

　飲食物を貯蔵し、または取り扱う機器や医療器具等で排水口を有するものは、特に衛生上の配慮を必要とするため、排水口空間を取って、トラップを有する水受け容器へ開放する間接排水とします。

ポイントを丸暗記！

1	各個通気方式は、排水横枝管に接続された衛生器具の自己サイホン作用の防止にも有効である。

ループ通気方式は、排水の許容流量は各個通気方式と同程度だが、自己サイホン作用を防止する効果はない。

2	通気立て管は、最高位の器具のあふれ縁よりも 150mm 以上高い位置で、伸頂通気管に接続する。

通気立て管は、最下部の排水横枝管より低い位置で立ち上げ、最高位の器具のあふれ縁よりも 150mm 以上高い位置で、伸頂通気管に接続する。

重要用語を覚えよう！

封水強度
排水管内に正圧または負圧が生じたときの、トラップの封水保持能力。

オフセット
配管経路を平行移動するために、エルボ、ベンド継手等を用いて管を振り曲げている箇所。

ブランチ間隔
排水立て管に接続する各階の排水横枝管、または排水横主管の間の垂直距離が 2.5m を超える区間。

Lesson 13

排水通気設備②〈阻集器・排水槽等／排水通気設備の保守管理〉

ここが Point ！

阻集器の種類と用途を覚えよう。排水槽、排水ポンプ等の構造や設置方法、排水通気設備の保守管理の方法をチェックしよう。

基礎知識を押さえよう！

1．阻集器

阻集器は、排水管を閉塞させる原因となる物質や、有害・危険な物質、再利用が可能な物質などを阻止、分離、収集して、自然流下により排水のみを排出することを目的とした設備です。阻集された物質は槽内に蓄積するので、定期的に清掃を行い、除去することが必要です。そのため、阻集器は清掃等の維持管理が容易に行えるように設置しなければなりません。

阻集器は、阻集する物質の種類によって以下のように分けられます。

①グリース阻集器

厨房などから排出される排水中に含まれる油脂分を阻止、分離、収集するもので、グリーストラップともいいます。

②オイル阻集器

ガソリンスタンド、洗車場、自動車修理工場等からの排水中に含まれる可燃性のガソリン・油類を阻止、分離、収集するもので、ガソリントラップともいいます。

③砂阻集器

工場や土木建築現場などから多量に排出される土砂、石粉、セメント等を阻止、分離、収集するものです。

④毛髪阻集器

　理髪店・美容院の洗面・洗髪器や、浴場、プールからの排水に含まれる毛髪を阻集するもので、ヘアトラップともいいます。

⑤プラスタ阻集器

　歯科技工室、外科ギプス室等から排出される排水中のプラスタ、貴金属等を回収するために設置するもので、プラスタトラップともいいます。

⑥繊維くず阻集器

　営業用洗濯施設において、排水中に含まれるボタン、糸くず、ぼろ布などを阻止、分離、収集するものです。

２．排水槽

　排水槽は、貯留する排水の種類によって、汚水槽、雑排水層、湧水槽に分かれます。雑排水層は、さらに、厨房排水槽、駐車場排水槽、機械室排水槽等に分けられることもあります。

　排水槽は気密な構造にし、通気管以外の部分から臭気が漏れないようにします。槽の清掃のための人の出入りやポンプの上げ下げのために設けるマンホールは、最小直径を 600mm 以上の円が内接するものとし、ゴムシール構造の密閉ふたをします。清掃時などに換気を行うために、マンホールは２個以上設けることが望ましいとされています。

　排水槽の底には、排水の滞留や汚泥が生じないように吸い込みピットを設け、吸い込みピットに向かって 15 分の 1 以上 10 分の 1 以下の勾配をつけます。

　通気管は単独に設け、衛生上支障のない位置・構造で直接外気に開放します。排水槽内のばっ気をブロワによって行う場合は、槽内が正圧になるので、排気を十分に行うことが必要です。

３．排水ポンプ

　排水ポンプは、排水槽の吸い込みピットの壁等から 200mm 以上離して設置します。排水ポンプは、原則として２台設置し、通常は交互運転を行い、予想外の大流量時に備え、非常時同時運転とします。排水槽のマンホールは、排水水中ポンプまたはフート弁の直上に設置します。

4．雨水排水設備

　建物の屋根面、バルコニー等に降る雨水は、ルーフドレン、雨水排水管等を通して、敷地内に降る雨水とともに公共下水道等に排出されます。ルーフドレンは、屋根面、バルコニー等の雨水を受けて雨水立て管に導くものです。ルーフドレンのストレーナの開口面積は、接続する雨水管径の 2 倍程度必要で、木の葉やごみが詰まらないように、なるべく屋根より突き出たドーム型のストレーナを使用するようにします。

　雨水排水系統は、単独系統として屋外に排出することが原則で、雨水立て管は専用の管とし、排水立て管や通気立て管と兼用、もしくは連結してはなりません。雨水排水管を合流式の敷地排水管に接続する場合は、雨水トラップを設けて、ルーフドレンから悪臭が生じないようにします。

　雨水ますは、泥だめを設けて土砂等の下水道への流出を防ぐものです。雨水ますの流出管は、流入管よりも管底が 20mm 程度低くなるように設置します。

　雨水浸透方式は、下水道の負荷の軽減や地下水の涵養を図るもので、透水性舗装、浸透ます、浸透地下トレンチ等で構成されます。

5．排水通気設備の保守管理

①排水槽の清掃

　排水槽の清掃は、6 か月以内ごとに 1 回行うよう、建築物衛生法により定められています。排水槽の清掃を怠ると、排水ポンプの損傷や詰まり、浮遊物の固着、悪臭の発生などの原因になり、長期間放置すると有毒な硫化水素が発生します。そのため、排水槽の清掃では、酸素欠乏危険作業主任者の資格を有する者が作業を指揮し、最初に、酸素濃度が 18％以上、硫化水素濃度が 10ppm 以下であることを確認します。

　排水槽の清掃には高圧洗浄法等が用いられ、汚泥等はバキュームで吸引します。汚水を含む排水槽の汚泥は一般廃棄物、その他の汚泥は産業廃棄物として専門業者に処理を依頼します。

②排水ポンプの自動運転

　排水ポンプの自動運転は、通常は水位制御により行われますが、排水の貯留時間が数時間を超えると腐敗による悪臭が強くなるので、タイマによ

る制御を併用します（東京都では2時間以内と指導）。水位センサは、雨水槽や湧水槽では電極棒を使用できますが、汚水槽や厨房排水槽で電極棒を使用すると誤作動が生じるので、フロートスイッチ等を使用します。

③排水ポンプと付属品の点検

　日常点検では、吐出し圧力、揚水量、電流値、騒音・振動等の異常の有無を確認します。定期点検は、絶縁抵抗の測定を1か月に1回（1MΩ以上であることを確認）、水中ポンプのメカニカルシール部のオイル交換を6か月〜1年に1回、メカニカルシールの交換を1〜2年に1回程度、ポンプのオーバーホールを3〜5年に1回行います。

④排水管の清掃

　スネークワイヤを通す方法と、高圧洗浄による方法があります。スネークワイヤは、コイル状に巻いたピアノ線の先端にヘッドを取り付け、ワイヤを送り込むもので、ワイヤの長さが25m以下なので、排水横管では25mまで、排水立て管では20m程度が限界です。

　高圧洗浄法は、5〜30MPaの高圧で水を噴射し、その噴射力を利用して洗浄しながらノズルを管の奥まで送り込みます。

　排水管の有機性付着物は、水酸化ナトリウム等のアルカリ性洗浄剤により溶解させて除去します。ウォーターラム法は、閉塞した管内に圧縮空気を一気に放出し、その衝撃により閉塞物を除去する方法です。敷地排水管に用いられるロッド法は、1〜1.8mのロッドをつなぎ合わせて手動で管内に挿入するもので、最大30m程度の清掃が可能です。

⑤グリース阻集器の管理

　グリース阻集器は、7〜10日に1回程度グリースの除去を行うことを前提に設計されているので、清掃を怠るとグリースの一部が排水管に流出します。厨芥は槽内のバスケットに溜まるので、原則として毎日取り除きます。槽内の底面や壁面に付着したグリースや沈積物は、1か月に1回程度高圧洗浄等で除去します。トラップの清掃は2か月に1回程度行います。

グリース阻集器で発生する廃棄物は、産業廃棄物となります。

ポイントを丸暗記！

1　排水槽のマンホールは、最小直径を 600mm 以上の円が内接するものとする。

排水槽には、清掃のための人の出入りやポンプの上げ下げのためにマンホールを設ける。マンホールは、最小直径を 600mm 以上の円が内接するものとし、排水水中ポンプまたはフート弁の直上に設置する。

2　排水ポンプは、排水槽の吸い込みピットの壁等から 200mm 以上離して設置する。

排水ポンプは、原則として 2 台設置し、通常は交互運転を行い、予想外の大流量時には、非常時同時運転を行う。

3　排水槽の清掃を行う際は、最初に、酸素濃度が 18%以上、硫化水素濃度が 10ppm 以下であることを確認する。

排水槽の清掃では、酸素欠乏危険作業主任者の資格を有する者が作業を指揮し、最初に、酸素濃度が 18%以上、硫化水素濃度が 10ppm 以下であることを確認してから作業を行う。

重要用語を覚えよう！

フート弁
ポンプの吸込み管の入口に取り付ける弁。ポンプが停止しても落水しないように逆流を防止する構造になっている。

ストレーナ
流体中の異物を除去するための網状の器具。

メカニカルシール
ポンプ、コンプレッサー等の回転機械の回転軸の部分に設置し、回転軸からの流体の漏れを防ぐ部品。

衛生器具／浄化槽

ここが Point ！

大便器の構造による分類や洗浄方式の種類と、それぞれの特徴を理解しよう。衛生器具の定期点検の内容と実施頻度を覚えよう。

基礎知識を押さえよう！

１．衛生器具の定義と具備すべき条件

　衛生器具とは、建築物内の便所、浴室、厨房等において水を使用する行為に付随して必要となる、給水器具、水受け容器、排水器具とそれらの付属品をいいます。衛生器具は、平滑な表面を有し、吸水・吸湿性がなく、常に清潔を保つことができること、耐食・耐摩耗性にすぐれていること、飲料水に接する部分は、人体に有害な成分を溶出しないこと、取付け、点検、修理、交換等の維持管理が容易に行えることなどが要求されます。

２．大便器

　大便器は、形式的には和風大便器と洋風大便器に分類されます。また、一般の水封式大便器は、構造的には3分類6方式に分類されます（次ページの表参照）。

　大便器の洗浄方式には、洗浄弁方式とロータンク方式、ハイタンク方式があります。洗浄弁方式は、給水管の水を直接便器に給水する方式で、小型で場所を取らず、連続使用が可能なので、事務所、店舗、駅、ホテルの共用部など、利用人員の多い場所に設置するのに適しています。大便器洗浄弁に必要な最低動水圧は 70kPa 以上（ブローアウト式は 100kPa 以上）です。洗浄弁方式では、給水管が洗浄弁を介して大便器と直結されるため、汚水の逆流を防止するバキュームブレーカを必ず取り付けなければなりません。

●大便器の種類

流水作用によるもの	洗い出し式	汚物を一時便ばちに溜めておき、水の勢いでトラップ側に運んで排出する。水たまり部が浅く、水の跳ね返りは少ないが、臭気の発散が多い。主に和風便器に使われる。
	洗い落とし式	洗浄時に便器トラップの溜水面が上昇し、その落差を利用して汚物を排出する。排水時に排水路は満流とならない。溜水面をあまり広くできないので、サイホン系の便器よりも臭気や汚物の付着は多い。
サイホン作用によるもの	サイホン式	洗い落とし式に似た構造だが、排水路を屈曲させて排水時に満流となるようにし、サイホン作用により汚物を吸引して排出する。排出力が強く、溜水面が広く水封も深いので汚物は水中に投入され、臭気や汚物の付着が少ない。
	サイホンゼット式	ゼット穴により排水路を強制的に満水にし、サイホン作用を起こしやすくした方式。排出力は非常に強く、溜水面は便ばち全体を覆うほど広く取れ、水封も深い。
	サイホンボルテックス式	サイホン作用に渦巻作用を加え、強力な吸引力、排出力を得る方式。洗浄時に空気が混入しない構造で、洗浄音が非常に小さい。タンクが便器と一体になっている。
吹き飛ばし作用によるもの	ブローアウト式	排水路内の噴出孔から洗浄水を噴出させ、その勢いで溜水とともに汚物を排出する方式。排水路の内径を大きくできるので、詰まりのおそれがない。洗浄音はやや大きい。

　ロータンク方式は、タンク内に貯留した水を便器に給水する方式で、住宅やホテルの客室などで使用されます。ハイタンク方式は、タンクを床面から 1.6m 以上の高さに取り付ける方式ですが、最近はあまり用いられなくなっています。

　洗浄方式等にかかわらず、洗浄水量を節約できる大便器を節水型大便器といいます。1 回当たりの洗浄水量が 8.5L 以下の節水 I 型と、6.5L 以下の節水 II 型に区分されています。

温水洗浄便座の給水には上水を用い、いかなる場合も雑用水を使用してはいけません。

3．小便器

　壁掛け型と据置型に分かれます。洗浄方式には、洗浄水栓方式、洗浄弁方式、自動洗浄方式の3方式があります。

　洗浄水栓方式は、ハンドルの開閉により小便器を洗浄するもので、人為的操作を必要とするので、洗浄の確実性が期待できません。洗浄弁方式は、大便器洗浄弁と同様の構造を有し、押しボタンやレバーの操作により洗浄を行い、一定量吐水した後に自動的に閉止します。自動洗浄方式は、センサにより使用者の存在を感知して洗浄を行うものが主流で、個々の小便器にセンサを設置する個別感知洗浄方式と、天井等にセンサを取り付け、連立した小便器を同時に洗浄する集合感知洗浄方式があります。

4．衛生器具の保守管理

　衛生器具は、日常的に点検・清掃を適切に行うとともに、定期点検を行い、その詳細を記録するようにします。主な点検項目等を下表に記します。

●衛生器具の定期点検

大便器・小便器	取付け状態	6か月に1回	・便器のフランジ、取付ボルトの緩み、損傷の有無の確認 ・便器と床、壁の接合部の点検
	排水状態	6か月に1回	・排水の引き具合、詰まりの有無 ・トラップの封水、詰まり、付着物の有無（破封している場合は原因を確認）
洗面器	取付け状態	2か月に1回	・陶器、排水口金物、排水管、トラップ等の接合部の緩みの確認
	排水状態	6か月に1回	・排水の引き具合、詰まりの有無 ・トラップの封水の点検（破封している場合は原因を確認）
洗浄タンク・洗浄弁	詰まり、汚れ	6か月に1回	・タンク内の汚れ、ボールタップのストレーナ、ピストン部の詰まりの有無 ・洗浄管内の詰まりの有無（排水状態が悪い場合）
	水量調整等	6か月に1回	・洗浄弁を操作し、排水状態を点検 ・洗浄弁のピストン、ハンドルノブの作動確認 ・バキュームブレーカの空気取入口の詰まりの有無 ・水圧、吐水時間の適否 ・ボールタップの作動状態

5．浄化槽とその管理

浄化槽は、浄化槽法により以下のように定義されています。

> **浄化槽法第 2 条第 1 号（一部省略）**
> 浄化槽：便所と連結してし尿及びこれと併せて雑排水（工場廃水、雨水その他の特殊な排水を除く）を処理し、下水道法に規定する終末処理場を有する公共下水道以外に放流するための設備又は施設であって、同法に規定する公共下水道及び流域下水道並びに廃棄物の処理及び清掃に関する法律の規定により定められた計画に従って市町村が設置したし尿処理施設以外のものをいう。

浄化槽法は、浄化槽の設置、保守点検、清掃及び製造について規制するとともに、浄化槽工事業者の登録制度、浄化槽清掃業者の許可制度を整備し、浄化槽設備士、浄化槽管理士の資格を定めています。また、浄化槽の技術上の基準として、BOD 除去率が 90 ％以上、放流水の BOD 濃度が 20mg/L 以下であることが定められています。

浄化槽の処理フローは、1 次処理、2 次処理、汚泥処理、消毒工程により構成されます。2 次処理には、生物膜法（回転板接触法、接触ばっ気法、散水ろ床法の 3 種類）または活性汚泥法（p.288 参照）による生物反応槽と沈殿槽が組み合わせて用いられます。

●浄化槽の主な単位装置と点検内容

単位装置	点検内容
スクリーン	目詰まりまたは閉塞の状況
流量調整槽	スカム・堆積汚泥の生成状況、ポンプ作動水位、分水計量装置の作動状況
沈殿分離槽	スカム・堆積汚泥の生成状況
嫌気ろ床槽、脱窒ろ床槽	スカム・堆積汚泥の生成状況、異物等の付着状況、目詰まりの状況
ばっ気槽	MLSS 濃度、溶存酸素濃度、SV_{30}
接触ばっ気槽	生物膜、剥離汚泥・堆積汚泥の生成状況
回転板接触槽	生物膜、剥離汚泥・堆積汚泥の生成状況
沈殿槽	スカム・堆積汚泥の生成状況
消毒槽	沈殿物の生成状況、消毒の状況

● ◆大便器の種類

あら、いやだ。落とし物？
　（洗い）　　　　　（落とし式）

ちょっと臭わない？
　　　　　（臭気）

洗い落とし式の大便器は、洗浄時に便器トラップの溜水面が上昇し、その落差を利用して汚物を排出するもので、排水時に排水路は満流にならない。溜水面をあまり広くできないので、サイホン系の器具よりも臭気や汚物の付着は多い。

ポイントを丸暗記！

1 　大便器洗浄弁に必要な最低動水圧は、70kPa 以上である。

洗浄弁方式は、連続使用が可能なので、事務所、店舗、駅、ホテルの共用部など、利用人員の多い場所への設置に適する。給水管が洗浄弁を介して大便器と直結されるため、バキュームブレーカを必ず取り付ける。

2 　洗面器の取付け状態の定期点検は、2 か月に 1 回行う。

洗面器の取付け状態の点検は、2 か月に 1 回行う。点検の作業内容は、陶器、排水口金物、排水管、トラップ等の接合部の緩みの確認で、緩みがある場合は増し締めをする。

3 　浄化槽の BOD 除去率は 90％以上、放流水の BOD 濃度は 20mg/L 以下とされている。

浄化槽法による浄化槽の技術上の基準として、BOD 除去率が 90％以上、放流水の BOD 濃度が 20mg/L 以下であることが定められている。

練習問題にチャレンジ！

問　題　　　解答と解説は p.307 〜 308

問題 01

　水中での塩素化合物の消毒力の強さの順として、最も適当なものは次のうちどれか。

1　モノクロラミン＞ジクロラミン＞次亜塩素酸＞次亜塩素酸イオン
2　モノクロラミン＞ジクロラミン＞次亜塩素酸イオン＞次亜塩素酸
3　次亜塩素酸＞次亜塩素酸イオン＞ジクロラミン＞モノクロラミン
4　次亜塩素酸イオン＞次亜塩素酸＞ジクロラミン＞モノクロラミン
5　次亜塩素酸＞次亜塩素酸イオン＞モノクロラミン＞ジクロラミン

➡ Lesson 01

問題 02

　建築物の給水方式に関する次の記述のうち、最も不適当なものはどれか。

1　直結直圧方式は、給水の汚染のおそれが少なく、かつ経済的な方式である。
2　直結直圧方式では、配水管の圧力によって揚水できる高さがきまる。
3　直結増圧方式は、引込管に増圧ポンプを設けて、中高層の建築物に給水できるようにしたものである。
4　高置水槽方式は、故障が少なく、安定した水圧・水量が得られる。
5　圧力水槽方式は、受水槽を必要としない方式である。

➡ Lesson 02

問題 03

　給水設備に関する次の記述のうち、最も適当なものはどれか。

1　事務所ビルのゾーニングの上限給水圧力は、一般に 0.7MPa である。
2　一般水栓の必要水圧は、70kPa である。

3 受水槽の容量は、一般に 1 日最大使用水量の 1/10 である。

4 給水配管の適正流速は、一般に 0.9 ～ 1.2m/s とされている。

5 ホテルの客室部における 1 日当たりの設計給水量は、60 ～ 100L/ 床である。

➡ Lesson 02, 04

問題 04

給湯設備に関する次の記述のうち、最も適当なものはどれか。

1 ホテルの宿泊部の 1 日当たりの設計給湯使用量は、50L/ 人程度とする。

2 逃し管の立上げ高さは、高置水槽の水面よりもやや低い位置にする。

3 給湯配管内の水中における気体の溶解度は、水温の上昇により増加する。

4 スリーブ形伸縮管継手は、ベローズ形伸縮管継手よりも伸縮吸収量が小さい。

5 リバースリターン方式は、湯を均等に循環させるには有効でない。

➡ Lesson 06, 07, 08

問題 05

排水の水質に関する次の記述のうち、最も不適当なものはどれか。

1 全窒素とは、有機性窒素と無機性窒素の総和である。

2 一般に、(BOD/COD) 比が高い排水には生物処理法が適している。

3 COD は、水中の有機物の量を、好気性微生物が有機物を分解するときに消費する溶存酸素の量で表した値である。

4 DO とは、水中に溶解している分子状の酸素のことである。

5 リン化合物は、閉鎖性水域の富栄養化の原因物質の一つである。

➡ Lesson 11

解答と解説　　問題は p.305 〜 306

問題 01　正解　3

残留塩素を、消毒力の強い順に並べると、<u>次亜塩素酸</u>＞<u>次亜塩素酸イオン</u>＞<u>ジクロラミン</u>＞<u>モノクロラミン</u>となる。

問題 02　正解　5

1 ○　直結直圧方式は、<u>配水管</u>の圧力によって直接給水する方式で、給水の汚染のおそれが少なく、かつ経済的である。

2 ○　直結直圧方式では、配水管の圧力によって揚水できる高さがきまる。一般に <u>2 階建て</u>程度までの建築物に適用される。

3 ○　直結増圧方式は、直結直圧方式の引込管に増圧ポンプを設けて、<u>10 階</u>程度の高所にも給水できるようにしたものである。

4 ○　高置水槽方式は、水道水を受水槽に引き込んで貯留し、揚水ポンプで建築物の高所に設置した高置水槽にくみ上げ、<u>重力</u>を利用して各所に給水する方式である。故障が少なく、安定した水圧・水量が得られる。

5 ×　圧力水槽方式は、<u>受水槽</u>に貯留した水を給水ポンプで圧力水槽に送り、圧力水槽内の空気を加圧して、その圧力により給水する方式である。

問題 03　正解　4

1 ×　一般に、ホテル・住宅では <u>0.3</u>MPa、事務所・商業施設では <u>0.5</u>MPa をゾーニングの上限水圧としている。

2 ×　一般水栓の必要水圧は <u>30</u>kPa とされている。70kPa とされているのは、<u>大便器</u>洗浄弁、<u>小便器</u>洗浄弁、<u>シャワー</u>の必要水圧である。

3 ×　受水槽の容量は、一般に 1 日最大使用水量の <u>1/2</u> である。

4 ○　給水配管の適正流速は、一般に <u>0.9</u> 〜 <u>1.2</u>m/s とされている。ウォータハンマへの対策としては、管内の流速が最大 <u>2</u>m/s 以下となるよう、管径を選定する。

5 ✕ ホテル客室部における 1 日当たりの設計給水量は 350 ～ 450L/ 床、ホテル全体における 1 日当たりの設計給水量は 500 ～ 6,000L/ 床である。

問題 04 　正解　5

1 ✕ ホテルの宿泊部の 1 日当たりの設計給湯使用量は、70 ～ 150L/ 人程度とする。

2 ✕ 給湯への補給水が高置水槽から供給される場合は、加熱装置に逃し管を設ける。この場合、逃し管を高置水槽の水面より高く立ち上げなければならない。

3 ✕ 一定の圧力において、気体の溶解度は高温になるほど小さくなる。

4 ✕ スリーブ形伸縮管継手は、ベローズ形伸縮管継手よりも伸縮吸収量が大きい。

5 ○ リバースリターン方式は、空調設備の冷温水の循環系統などで流量を均等にするために採用され、湯を均等に循環させるには有効でない。

問題 05 　正解　3

1 ○ 窒素化合物には、有機性窒素、無機性窒素があり、それらの総量を全窒素という。

2 ○ 一般に、排水の（BOD/COD）比が高い場合は生物処理法が、この値が低い場合は物理化学処理法が採用される。

3 ✕ COD は、水中の酸化可能な物質（酸化可能性物質）をすべて酸化するために消費した酸化剤の量から、酸化に要した酸素の量を算出した値である。選択肢の文は、BOD の説明になっている。

4 ○ DO（溶存酸素）とは、水中に溶解している分子状の酸素のことで、飽和溶存酸素量は、圧力、水温、塩分等によって変化する。

5 ○ リン化合物は、閉鎖性水域の富栄養化の原因物質の一つで、処理水が指定水域に放流される処理場においては、排水規制項目となる。

ビル管理士試験
合格テキスト

6章 清掃

建築物清掃に関する基準等

ここが Point !

建築物環境衛生維持管理要領のうち、清掃等に関する部分の要点をしっかり押さえておこう。

基礎知識を押さえよう！

1. 建築物清掃の目的

　建築物の清掃とは、建築物の内外から、汚れ、ほこり、廃棄物等を除去することです。建築物清掃の第一の目的は、清潔で衛生的な環境を保ち、建築物を利用する人々の安全と健康を守ることにほかなりません。また、清掃を行うことにより建築物の劣化を防ぎ、機能の保全を図ることも重要な目的です。建築物の美観を向上させ、快適な空間を創り出すことも目的の一つといえます。

　建築物の内外で行われる清掃には、空気調和設備、給排水設備等の清掃も含まれますが、それらの清掃については、それぞれの設備に関する章でくわしく扱っているので、ここでは省略します。建築設備の清掃を除くと、建築物清掃は、一般にビルクリーニングと呼ばれている室内清掃、外周清掃、外装清掃と、建築物内で生じる廃棄物の処理からなります。

2. 建築物環境衛生管理基準（清掃等に関する基準）

　建築物衛生法に基づく建築物環境衛生管理基準では、清掃並びに清掃用機械器具等及び廃棄物の処理設備について、以下のように定めています。
＜清掃に関する基準＞
・床面の清掃について、日常における除じん作業のほか、床維持剤の塗布

の状況を点検し、必要に応じ、再塗布等を行うこと。

・カーペット類の清掃について、日常における除じん作業のほか、汚れの状況を点検し、必要に応じ、シャンプークリーニング、しみ抜き等を行うこと。洗剤を使用したときは、洗剤分が残留しないようにすること。

・日常的に清掃を行わない箇所の清掃について、6 か月以内ごとに 1 回、定期に汚れの状況を点検し、必要に応じ、除じん、洗浄等を行うこと。

・建築物内で発生する廃棄物の分別、収集、運搬及び貯留について、衛生的かつ効率的な方法により速やかに処理すること。

＜ 清掃用機械器具等清掃に関する設備の点検及び補修等に関する基準 ＞

・真空掃除機、床みがき機その他の清掃用機械及びほうき、モップその他の清掃用器具並びにこれらの機械器具の保管庫について、定期に点検し、必要に応じ、整備、取替え等を行うこと。

・廃棄物の収集・運搬設備、貯留設備その他の処理施設について、定期に点検し、必要に応じ、補修、消毒等を行うこと。

3.　建築物環境衛生維持管理要領（清掃等に関する部分）

　2008（平成 20）年 1 月 25 日に改定された「建築物環境衛生維持管理要領」では、建築物内部で発生する廃棄物の分別や衛生管理等の措置が具体的に示されました。上記要領のうち、清掃等に関する内容を以下に記します。

＜ 清掃における留意点 ＞

・建築物の清掃は、建築物の用途、使用状況並びに劣化状況、建築資材等を考慮した年間作業計画及び作業手順書を作成し、その計画及び手順書に基づき実施すること。また、実施状況について定期に点検し、必要に応じ、適切な措置を講じること。

・日常行う清掃については、建築物内の清潔の保持に努めるとともに、関係法令の規定に従い、清掃によって生じた廃棄物を適切に処理すること。

・清掃に用いる洗剤、床維持剤は、利用者や清掃従事者等の健康及び環境に配慮したもの並びに床仕上材等の建築資材の特性に適合したものを用い、その使用及び管理を適切に行うこと。

・真空掃除機、床みがき機その他の清掃用機械及びほうき、モップその他の清掃用器具の使用に当たっては、清潔なものを用い、汚染度を考慮し

て区域ごとに使い分けるなど、その使用及び管理を適切に行うこと。
・日常行う清掃のほか、6か月以内ごとに1回、定期に行う清掃において
　は、天井など日常の清掃の及びにくい箇所及び照明器具、給排気口、ブ
　ラインド等の汚れを点検し、必要に応じ、除じん、洗浄を行うこと。
・建築物内で発生する廃棄物の分別、収集、運搬及び貯留について、安全
　で衛生的かつ効率的な方法により、速やかに処理すること。所有者等は、
　分別ができるような環境を整備し、利用者へ分別を促すこと。また、収
　集・運搬用具は安全で衛生的に管理すること。
・廃棄物は、ねずみ等の侵入を防止するため、密閉区画された保管場所に
　整理、整頓し、清潔に保管すること。厨芥類については密閉保管すること。
＜清掃用機械・器具及び保管庫の点検における留意点＞
・清掃用機械及び清掃用器具並びに清掃用資材（洗剤、床維持剤等）の保
　管庫については、6か月以内ごとに1回、定期に点検し、必要に応じ、整
　備、取替え等を行うこと。
＜廃棄物処理設備の点検における留意点＞
・収集・運搬設備、貯留設備その他の廃棄物処理設備については、6か月
　以内ごとに1回、定期に点検し、必要に応じ、補修、消毒等の措置を講
　じること。
＜帳簿書類の記載＞
・帳簿書類に、清掃、点検及び整備を実施した年月日、作業内容、実施者
　名等を記載すること。

ポイントを丸暗記！

| 1 | 清掃用機械、清掃用器具、清掃用資材（洗剤、床維持剤等）の保管庫について、6か月以内ごとに1回、定期に点検し、必要に応じ、整備、取替え等を行うこととされている。 |

廃棄物の収集・運搬設備、貯留設備その他の廃棄物処理設備については、6か月以内ごとに1回、定期に点検し、必要に応じ、補修、消毒等の措置を講じる（「建築物環境衛生維持管理要領」による）。

建築物清掃の計画と管理

ここが Point ！

一般的な作業計画において、日常清掃とする作業項目と、定期清掃とする作業項目を覚えよう。

基礎知識を押さえよう！

1．建築物清掃の作業計画

建築物清掃の管理に当たっては、清掃の目的に沿った効率的な作業計画を立て、その計画に基づいて作業を実施することが重要です。作業計画を作成することにより、作業効率と作業成果が向上し、作業の管理や指導もしやすくなります。作業計画には、作業の対象となる場所、作業内容、作業回数、対象の大きさや材質、実施日、作業時間、作業時間帯、作業者の人数と氏名、作業の具体的な手順や使用する資機材等を記載します。

2．建築物清掃管理仕様書

建築物清掃管理仕様書は、基本管理方針、作業範囲、作業概要、作業時間帯等を記載した総括的な清掃管理仕様書と、作業内容を詳細に図表で表した清掃作業基準表からなります。清掃作業基準表に記載される基本事項は、管理区域、対象場所、床仕上げ材等、面積・数量等、作業種別、作業項目（作業内容）、作業回数です。

作業計画は、清掃作業基準表に基づいて、対象となる作業をいつ、誰が、どの場所を、どのような方法で行うかを定めた工程表です。

313

３．管理区域（作業場所による分類）

①共用区域

　共用区域とは、玄関ホール、エレベーター、廊下、階段、トイレ、湯沸室等の、利用者が共同で使用する区域をいいます。建築物内で最も頻繁に使用される区域なので、汚れも生じやすく、清潔を維持するためには日常的に頻繁に清掃を行う必要があります。

②専用区域

　専用区域は、事務室、店舗等の、特定の目的に使用される居室部分です。建築物の用途にかかわる重要な部分なので、毎日１回以上清掃を行い、清潔の回復に努めなければなりません。

③管理用区域

　電気室、機械室、中央監視室、警備員室、管理事務室等の、建築物の運転管理を行うための区域です。一般の人は立ち入らないので汚れの量は少ないものの、管理作業を円滑に行うためには、日常の清掃や整理整頓が重要です。

④外装・外周区域

　外装区域は、建築物の外面を形成する壁、窓、窓ガラス等です。窓ガラスは、室内環境とも密接に関係するので、定期的に清掃する必要があります。その他の部分も、建築物の保全や美観上の観点から、ある程度の頻度で清掃することが必要です。

　外周区域は、建築物の周囲の通路、空き地、植え込み等です。これらは公共の場所としての役割もあり、計画的な管理が必要です。

４．作業種別（作業頻度による分類）

　建築物内の各部分により汚れの程度は異なり、それに応じて必要な清掃作業の回数が変わってきます。毎日１回以上行う作業を日常清掃といい、週１回、月１回、年１回というように間隔をおいて定期的に行う作業を定期清掃といいます。

　一般的な作業計画において、日常清掃を行う主な作業対象・作業項目と、定期清掃を行う主な作業対象・作業項目を、次ページの表に整理してあります。

●建築物清掃の一般的な作業計画における日常清掃と定期清掃

日常清掃	
作業対象	作業項目
弾性床・硬性床	除じん・拭く
繊維床	除じん
玄関ホール・エレベーターのフロアマット	除じん
エレベーターの溝	除じん
エスカレーターのランディングプレート	除じん・拭く
玄関ホールの扉ガラス	拭く
ごみ箱	ごみ収集
什器備品	除じんまたは拭く
玄関ホールの金属類	除じん
階段・エスカレーターの手すり	拭く
衛生容器	収集
衛生陶器	洗浄
洗面台	洗浄
鏡	拭く
衛生消耗品	補充
流し台	洗浄
エレベーターのカゴ内部	除じんまたは拭く
エスカレーターパネル類	除じん

定期清掃	
作業対象	作業項目
弾性床・硬性床	表面洗浄・剥離洗浄
硬性床	洗浄
繊維床	しみ取り・スポットクリーニング・全面クリーニング
玄関ホール・エレベーターのフロアマット	洗浄
エレベーターの溝	磨き
駐車場の排水溝・排水口	集じん
スイッチ回り	洗剤拭き
壁面・柱等	除じん・スポット洗浄
玄関ホールの扉ガラス	全面拭き
玄関ホール・トイレ・洗面所の金属類	磨き・除じん
トイレ・洗面所の金属類	洗剤拭き
廊下・エレベーターホール・階段・トイレ・洗面所の扉	スポット洗浄・洗浄
トイレ・洗面所・湯沸室の換気口	除じん
エレベーターのカゴ内部	洗浄
エスカレーターの手すり	洗剤拭き
エスカレーターパネル類	洗剤拭き

5．建築物清掃における安全衛生

　清掃作業を行う際は、作業に従事する者と第三者の安全と衛生を確保するために、以下のような対策を講じなければなりません。清掃作業にかかわる事故の多くは転倒・転落によるものなので、床洗浄や脚立等を用いた高所作業には特に注意が必要です。

・事前に作業標示板を立て、第三者の立入りを禁止する。
・清掃作業の従事者は、滑りにくい作業靴や滑り止めカバーを使用する。
・出入口やコーナーでは、対面者との接触に注意する。
・周辺を整理整頓し、通路を確保した上で作業を行う。
・足場・ローリングタワー・はしご・脚立等の高所作業機材は、それぞれの規定に従って組み立て、確認してから使用する。
・高所作業機材の上に置く資機材が落下しないように注意する。
・高所作業の従事者は、ヘルメット・墜落制止用器具等を使用する。
・とらロープ等を用いて作業範囲を明確にする。
・真空掃除機の集じん袋等を手入れする場合は、粉じんを吸入しないように防じんマスク等を着用する。
・洗剤等は使用説明に従って使用し、保護手袋等の保護具を適切に用いる。
・作業終了後は、石けん等で手洗いをし、必要に応じて手指消毒を行う。
・清掃作業従事者のための専用休憩室・更衣室等は常に清潔に保ち、1日1回は清掃する。

6．清掃品質の評価

　清掃作業を行った後は点検を行い、必要に応じて手直しをします。このような日常的作業の点検評価は、作業管理の一環として行われますが、建築物の長期的維持管理の観点からは、日常的なチェックだけでなく、定期的かつ計画的な点検評価を実施して、清掃作業が要求される品質になっているかどうか確認し、作業の改善に結び付けることが重要です。作業の評価においては、評価範囲、評価項目、評価基準等を目的に応じて設定します。

①評価範囲

　評価の対象を全数にするか、抜き取りにするかですが、例えばトイレの場合、各階にあるトイレすべてを評価範囲にすると評価に時間がかかり、場所により評価のばらつきも生じます。このような場合、汚れの激しい箇所に重点を置いて範囲を絞るのが合理的です。

②評価項目

　トイレの場合、床、壁面、扉、洗面器・洗面台、鏡、大便器、小便器等が清掃の対象になりますが、これらのうち、評価の対象とする部分が評価

項目となります。評価項目は、最低限押さえておくべき「基本項目」と、建築物ごとの事情により追加する「選択項目」に分けて設定します。

③評価基準・評価判定

評価基準は、良・否等の2段階、良・可・否等の3段階があります。評価判定は、要求される品質に適合しているかどうかを判定します。

④評価方法

光沢度計等の測定機器を使用する検査と、目視等による官能検査がありますが、基本的に、清掃作業の点検は目視で行います。

⑤評価頻度

現場責任者が自主的に評価を行う場合は、定期的に月1回、業務の締めくくりとして実施します。現場責任者以外の事務所スタッフ等が評価を行う場合は、3か月以内に1回（四半期ごと）に実施するよう計画します。

清掃の品質構成は、作業結果の良否を評価する「作業品質」と、作業品質を生み出す「組織品質」からなります。組織品質とは、組織管理体制（ソフトウェア）と、清掃作業従事者、事務所スタッフ等の人的要素（ヒューマンウェア）の質です。

ポイントを丸暗記！

1	清掃作業の点検は、基本的に目視で行う。

測定機器を使用する検査方法もあるが、利用者も清掃の状態を目視で評価しているので、基本的には目視による点検を行い、利用者と共通した視点を持つことが重要である。

重要用語を覚えよう！

ローリングタワー

高所での作業に用いる移動式足場のこと。

ビルクリーニングの基礎知識

基礎知識を押さえよう！

1．ほこりの除去

　建築物の各部分に付着する異物の中でも、粉状物質（ほこり）は比較的除去しやすいものですが、長期間放置すると、経時変化により空気中の水分やその他の異物と混合し、除去が困難になることがあります。

　ほこりは、床や備品等の上に単に「載っている」状態、アクリル板や家電製品等の静電気を帯びた物に「吸い付いている」状態、カーペットのパイルの奥に「入り込んでいる」状態など、さまざまな付着状態で存在するので、それぞれの状態に合った清掃方法を選択します。

　粒径の小さいほこりは、浮遊粉じんとなって空気中に浮遊し、なかなか沈降しません。やや粒径の大きい粉じんは床や備品の上に堆積しますが、人の活動や気流により舞い上がり、浮遊と沈降を繰り返します。汚染されたほこりを吸入すると、呼吸器の障害や、アレルギー、細菌感染等の原因になるので、できるかぎりほこりを飛散させずに除去することが重要です。したがって、はたき掛けのようなほこりを吹き飛ばす清掃方法は、閉鎖空間となっている建築物の清掃には適しません。

　備品等に付着している微量のほこりは、柔らかい綿布などで乾拭きすることにより、容易に除去することができます。近年は、ほこりが付着しやすいように繊維を超極細に仕上げた除じんクロスも開発されています。付

着力を高めるために布に水を含ませる場合は、半乾き程度にするのがよく、過剰に水分を含ませるのは逆効果になります。

　おがくずに水分を含ませ、床などに撒いてほこりを付着させながら掃き取る方法もあります。おがくずは保水力が高く、表面積が大きいので、ほこりを付着させる効果が大きく、清掃によく使用されますが、水分が過剰に含まれていると、建材を汚すことがあるので注意します。

　ダストコントロール法は、綿布やモップに、粘度の低い不乾性の鉱油等を少量含ませて拭き取る方法です。これによりほこりの付着力が強くなりますが、ほこり以外のものは除去できません。また、微量の油が床等に付着することが欠点です。

　ダストクロス法は、化学繊維を不織布とし、静電気や繊維の隙間を利用してほこりを付着させる方法です。油分による床への弊害が少なく、現在よく用いられている清掃方法です。

　バキュームクリーニングは、真空掃除機によりほこりを除じんする方法です。カーペットの織り目に入り込んだほこりや土砂を除去するのに最も適した方法です。

2．汚れの除去

　建築物の汚れの除去は、汚れ物質の種類や性質、汚れの付着状態、付着した建材の性質等に応じて、適切な方法で行わなければなりません。

①水溶性、または親水性物質の除去

　ほこり以外の汚れ物質の多くは水溶性物質で、水に溶解または混和しやすいので、水拭き、水洗い等の方法で除去するのが適当です。

②油溶性、または疎水性物質の除去

　水に混じりにくい油溶性物質は、界面活性剤を主剤とする洗剤を水に加えて用いることにより、水溶性の汚れと同様に水を媒体として除去することができます。残留した洗剤は建材を傷めるおそれがあるので、水拭きやすすぎにより除去します。

③かさ高固着物の除去

　かさ高の固着物は、水溶性のものでも水洗い程度では除去できないことも多く、パテナイフ、スチールウール、耐水ペーパ等を用いて物理的な力

を加えて除去します。その後に残る少量の汚れ物質は、その性質に応じて洗剤、溶剤、その他の薬剤を用いて除去します。

④しみの除去

しみを除去する際は、まず、しみの種類を識別することが重要です。湿ったタオルで軽くこすってみて、タオルに汚れが付着した場合は、水溶性のしみです。

しみは、時間の経過とともに酸化、変質して除去しにくくなります。

⑤その他の汚れの除去

有機溶剤、アルカリ、酸、その他の薬剤を用いて、または、削り取る、こすり取るなどの物理的な力により除去します。

3．ビルクリーニングの5原則

ビルクリーニングにおいて、汚れやしみを除去するために必要な基本的知識として、建材の知識、汚れの知識、洗剤の知識、作業方法の知識、保護膜の知識が挙げられます。これらを、ビルクリーニングの5原則といいます。

①建材の知識

清掃作業に水や洗剤の使用は欠かせないので、建材の耐水性や、化学的性質に関する知識が特に重要です。アルミニウム建材は耐アルカリ性にとぼしく、大理石・テラゾは酸性洗剤に弱いことなどを知っておかなければなりません。

アルミニウムやステンレスのカラー仕上げは、一見しただけでは見分けがつきにくいので、建材仕上げ表等で確認することも必要です。

建材の吸水性・吸湿性、表面形状、硬度等の物理的性質を知ることも、清掃器具や作業方法を選択する上で重要になります。

②汚れの知識

汚れの種類には、水溶性汚染物質、油溶性汚染物質、その他の汚染物質

があり、実際には、これらが混在して汚れを形成しています。空気に触れて酸化する汚染物質は、時間の経過とともに除去しにくくなるので、長期間放置しないようにします。

③洗剤の知識

　洗剤の性質や、使用上の注意点をよく理解することが重要です。例えば、トイレに使用する酸性洗剤を大理石の床に飛散させると、床材が溶けてしまいます。アルミニウム製の建材に弱アルカリ性の洗剤を使用すると、建材を傷めます。

　洗剤と汚れはなじみやすく、清掃後の建材に洗剤分が残っていると、再汚染を促進します。カーペット、石材のように吸水性のある建材では、特に注意しなければなりません。

④作業方法の知識

　汚れの除去には、洗剤による化学的作用と、各種器具・機械による物理的作用を利用します。実際の作業では、汚れの付着状態等に応じて、これらを効果的に組み合わせて活用することが必要です。

⑤保護膜の知識

　弾性床材に塗布される床維持剤や、カーペット防汚材、外装金属のシール材等は、洗浄面に保護膜を形成します。保護膜は、汚れが付きにくく、付着した汚れを容易に除去でき、保護膜自体を容易に再生できるものでなければなりません。施工の状態によっては、保護膜が逆に汚れを抱き込むこともあるので注意します。

4．予防清掃

　予防清掃とは、あらかじめ汚れを付きにくくしたり、付いた汚れを除去しやすくしたりすることをいいます。

①ほこりの予防

　建築物内のほこりには、建築物の外部から侵入するほこりと、建築物の内部で発生するほこりがあります。したがって、ほこりの予防には、ほこりの侵入防止、発生防止の2つの観点からの対策が必要です。

　建築物内のほこりの多くは、外部から侵入した土ぼこりなので、これを防ぐことにより大きな効果が期待できます。高気密化された建築物におい

321

ては、ほこりの主な侵入経路は出入口と考えられるので、出入口に前室を設ける、フロアマットを敷く、開放式の出入口にはエアカーテンを設置するなどの対策を講じます。

建築物内でほこりが発生する原因は、事務作業や生活動作に伴う資材や廃棄物の微細片の散乱や、衣服の摩耗による綿ぼこり、たばこの灰などです。

②汚れの予防

ほこり以外の汚れの予防には、汚れが付着しにくく、付着しても除去しやすい建材を選択することが有効です。床材にシール材や床維持剤を塗布するなど、現在用いられている建材に加工を施す方法もあります。

親水性の建材には水溶性物質が付着しやすく、疎水性の建材には油溶性物質が付着しやすいので、材料により付着する汚れが異なります。一般に、汚れの除去には水を使用するので、水に強い材質は清掃がしやすいといえます。また、汚れは平滑な表面には付着しにくく、付着しても除去しやすいのに対し、凹凸が多く粗い表面には汚れが付着しやすく、汚れの除去も困難です。

建材を選ぶときは、清掃のしやすさを考慮することも重要なんですね。

ゴロ合わせで覚えよう！

● ◆ビルクリーニングの5原則

● **現在、よだれ垂れてます…。**
（建材）　（汚れ）

前菜が先よ、マーク！
（洗剤）（作業）（膜）

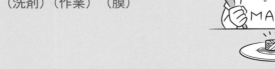

● ┃ビルクリーニングの5原則とは、建材の知識、汚れの知識、洗剤の知識、作業方法の知識、保護膜の知識である。

ポイントを丸暗記！

| 1 | ダストコントロール法では、ほこり以外のものは除去できない。 |

ダストコントロール法は、綿布やモップに、粘度の低い不乾性の鉱油等を少量含ませて拭き取る方法で、ほこりの付着力が強くなるが、ほこり以外のものは除去できない。また、微量の油が床等に付着することが欠点である。

| 2 | ダストクロス法は、油分による床への弊害が少ない。 |

ダストクロス法は、化学繊維を不織布とし、静電気や繊維の隙間を利用してほこりを付着させる方法で、油分による床への弊害が少ない。

| 3 | 残留した洗剤は、建材の再汚染を促進するおそれがある。 |

残留した洗剤は建材の再汚染を促進するおそれがあるので、水拭きやすすぎにより除去する。

こんな選択肢に注意！

アルミニウム建材の汚れは、~~弱アルカリ性洗剤~~で除去する。

アルミニウム建材は耐アルカリ性にとぼしいので、中性洗剤を使用する。

疎水性の建材には、~~水溶性物質~~が付着しやすい。

親水性の建材には水溶性物質が付着しやすく、疎水性の建材には油溶性物質が付着しやすい。

3

ビルクリーニングの基礎知識

ビルクリーニング用の資機材

基礎知識を押さえよう！

1．真空掃除機

　真空掃除機は、電動ファンによって機械内部に空気の低圧域をつくり、ホースでほこりと空気を吸引するもので、以下のような種類があります。

①床移動型真空掃除機（ドライ式）

　室内清掃に用いられる通常の真空掃除機をいい、通常はコード式で、建築物内のコンセントを電源として使用しますが、バッテリー式のものもあります。粒径10μm以下の微粒子はフィルタを通過するので、肺胞に沈着しやすい粉じんや細菌がまき散らされるおそれがあり、病院等の高い清浄度を要求される場所では、高性能フィルタ付きのものを使用します。

②床移動型真空掃除機（ウェット式）

　雨の日の泥水や、床洗浄時の汚水、カーペットのシャンプークリーニングの泡などを吸引・除去する吸水式真空掃除機で、吸引した汚水は機内の汚水タンクに溜まります。

③アップライト型真空掃除機

　床を回転ブラシで掃きながらごみやほこりを機内に吸引するもので、カーペットの清掃に適しています。

④携帯型真空掃除機

　小型軽量で、本体を持って移動しながら作業できます。

2．床磨き機

　床磨き機は、電動機に円形のブラシまたはパッドを装着して回転させ、床面をこすって洗浄するもので、床維持剤を塗布した床のつや出しにも用いられます。ポリッシャ、スクラバマシンとも呼ばれます。一般に 1 ブラシ式のものがよく使用されますが、2 ブラシ、3 ブラシのものもあります。

　ブラシは、シダの茎やナイロン繊維を植えたものが多く、ワイヤブラシを用いることもあります。凹凸のある床面には、研磨粒子入りのブラシが用いられます。ブラシの直径は、8（階段用）、12、14、16 インチがあります。ブラシの回転数は、毎分 150 ～ 300 回転です。

　パッドは、化繊製フェルト状の不織布に研磨粒子を付着させたもので、一般に平滑な床面に用います。パッドの種類と用途は、下表のように色分けにより区別されています。

●床磨き機用パッドの種類と用途

粗さ	色	主な用途
1	黒	樹脂被膜の剥離
2	茶	樹脂被膜の剥離
3	緑	一般の床洗浄
4	青	表面洗浄
5	赤	スプレーバフ
6	白	つや出し磨き

硬い・粗い

軟らかい・細かい

①洗剤供給式高速床磨き機（タンク式スクラバマシン）

　1 ブラシ式の床磨き機の柄の部分に洗剤のタンクを備え、レバーの操作により洗剤液をブラシの部分に送るもので、床洗浄の際の洗剤塗布作業を省くことができます。カーペットのシャンプークリーニングも行えますが、繊維による抵抗が増すので、通常は、低速回転のカーペット専用の機器を使用します（後述）。

②超高速床磨き機

　1 ブラシ式で、ブラシの直径 14 ～ 26 インチのものがあります。ブラシの回転数が毎分 1,000 ～ 3,000 回転の超高速バフ機もあります。

３．自動床洗浄機

　洗剤供給式床磨き機と吸水式真空掃除機を結合したもので、床面を自動的に洗浄することができます。大型のものは、人が搭乗することができ、広い面積の作業に適しています。カーペット床の洗浄用のものもあります。

４．カーペットクリーニング用機械
①洗剤供給式床磨き機

　レバーの操作によりタンクから洗剤液が少しずつ流れ、ブラシの回転で洗剤がカーペットのパイルに擦りつけられて発泡し、その泡で洗浄が行われます。泡は、別の真空掃除機で吸引・除去します。洗浄効果が大きい半面、パイルを損傷するおそれがあり、ウールのウイルトンカーペットより化学繊維のタフテッドカーペットの洗浄に適しています。

②ローラブラシ方式の機械

　①を改良したもので、洗剤を機械内部で完全に発泡させてから供給し、ローラ型の縦回転ブラシをパイルに当てて洗浄します。ドライフォーム方式ともいいます。カーペットの基布を濡らして収縮させるおそれが少なく、パイルを傷めることも少ないのが利点ですが、洗浄力はスクラバ方式よりも劣ります。ウイルトンカーペット等のウールカーペットに適しています。

③噴射吸引式機械（エクストラクタ）

　操作杖（ウォンド）の先端にあるノズルから洗浄液を噴射し、直ちに吸引口（スリット）から吸引する構造になっており、泡でなく、洗浄液そのものでパイルを洗浄します。水分に耐えるカーペットに適しています。

④スチーム洗浄機

　高温の水蒸気で汚れを分解するもので、使用する水分が少ないので乾燥が速く、仕上がりも柔らかいのが特徴です。カーペットのしみ取り以外にも使用されます。

５．路面スイーパ

　道路等に散らばった廃棄物等を掃き取る機械で、ローラ型の回転ブラシで路面を掃き、真空吸引装置でほこりを処理します。エンジン式とバッテリー式があり、エンジン式の大型のものは乗車して運転します。

6．洗剤

　ビルクリーニングに使用される洗剤は、界面活性剤を主剤とし、各種の助剤、添加剤を加えて洗浄効果を高めた合成洗剤です。製品の示す pH 値により、中性洗剤、アルカリ性洗剤、酸性洗剤等に分類されます。

　主剤となる界面活性剤の種類には、陰イオン系活性剤、陽イオン系活性剤、両性系活性剤、非イオン系活性剤等があります。添加剤には、溶剤、酸、研磨剤、酵素等が使用されます。

　かつては、合成洗剤の助剤としてリン酸塩が用いられていましたが、湖沼や内海の富栄養化の原因とされ、現在は、業務用・家庭用の清掃洗剤への使用を禁止されています。なお、洗剤は、最適の濃度に希釈して使用することが重要で、作業後は、必ずすすぎ拭きをします。

①一般用洗剤

　床や家具の洗浄をはじめ、多くの用途に使用されるもので、万能洗剤ともいいます。陰イオン系・非イオン系の界面活性剤を併用し、ケイ酸塩等の助剤を加えてあり、通常は pH9 〜 11 の弱アルカリ性です。

②カーペット用洗剤

　発泡性の強い高級アルコール系の界面活性剤を用い、繊維を傷めないように中性になっています。泡の持続性、残った洗剤の粉末化、速乾性なども特徴です。最近では、汚れの特性に応じて、酸性、アルカリ性のものも販売されています。

③表面洗剤

　床面に塗布した床維持剤の被膜に影響を与えずに、表面の汚れだけを除去するために、中性、またはアルカリ性で泡立ちを少なくした洗剤です。

④剥離剤

　低級アミンやアンモニアを主剤とし、界面活性剤を添加したアルカリ性の洗剤で、床面に塗布した樹脂床維持剤の被膜を除去するために使用します。ゴム系、リノリウム系の床材に変色やひび割れを生じるおそれがあり、使用者の皮膚を侵す危険もあるので、十分に注意が必要です。床面に剥離剤が残留していると、樹脂床維持剤を再塗布した際に被膜をつくらず粉化することがあるので、すすぎ拭きを十分に行うか、リンス剤で中和します。

⑤酸性洗剤

便器等の洗浄に用いる洗剤で、無機酸を配合し、小便器に付着した尿石や、鉄分を含んだ水垢の除去に有効です。大理石、テラゾ等の酸に弱い建材に使用してはなりません。使用時は、作業者の皮膚に触れたり、目に入ったりしないように十分注意します。

⑥研磨剤入り洗剤

粉状研磨剤と界面活性剤を混合したもので、固着した汚れの除去に有効です。真鍮等の金物磨き作業に使用します。他の金属や陶器類に使用すると、表面を損傷し、美観を損なうおそれがあります。

⑦アルカリ性洗剤

厨房やガレージの床洗浄など、油脂分を含む頑固な汚れを除去する際に用いられます。

7．床維持剤

床維持剤は、JIS ではフロアフィニッシュと呼ばれ、フロアオイル（床油）、フロアシーラ（目止め剤）、フロアポリッシュ（仕上げ材）に大別されます。

①フロアオイル

鉱油を主体とする化学薬品で、主に表面加工されていない木質系床材の保護と美観の向上のために使用されるものです。

②フロアシーラ

床仕上げ材の保護と美観の向上に使用される化学薬品で、乾燥後に被膜を形成し、物理的・化学的方法により容易に除去できないものをいいます。

③フロアポリッシュ

床仕上げ材の保護と美観の向上に使用される化学薬品で、乾燥後に被膜を形成し、物理的・化学的方法により容易に除去できるものをいいます。

油性フロアポリッシュは、ろう状物質、合成樹脂等の不揮発性成分を揮発性溶剤に溶解または分散させたものです。乳化性フロアポリッシュは、ろう状物質、合成樹脂等の不揮発性成分と揮発性溶剤を水に乳化させたもので、揮発性溶剤の含有量が不揮発性成分より多いものをいいます。水性フロアポリッシュは、ろう状物質、天然及び合成樹脂等を水に溶解または

可溶化、乳化したもので、ろう類、ろう状物質を主原料とするワックスタイプ、合成樹脂等を主原料とするポリマタイプがあります。

ポイントを丸暗記！

1　**床磨き機用のパッドは用途により色分けされており、樹脂被膜の剥離には、粗めの黒または茶色のパッドが用いられる。**

樹脂被膜の剥離には黒または茶色、一般の床洗浄には緑、表面洗浄には青のパッドを用いる。

2　**フロアシーラは、物理的・化学的方法により容易に除去できない。**

フロアシーラは、床仕上げ材の保護と美観の向上のために使用される化学薬品で、乾燥後に被膜を形成し、物理的・化学的方法により容易に除去できないものをいう。

重要用語を覚えよう！

ウイルトンカーペット

2色から5色の糸を織り込んで模様を織り出す、パイルの密度が細かく厚手のカーペット。機械織りカーペットの中では高級品とされる。

タフテッドカーペット

ポリプロピレン等の基布にミシン針でパイルを植え付け、脱落防止のために裏面にラテックスを塗布したカーペット。大量生産が可能で安価なため、建築物の床材として普及している。

助剤

界面活性剤の表面張力を低下させるなどして、洗剤の洗浄力を高める効果を得るために加える薬剤。ビルダともいう。

4

ビルクリーニング用の資機材

床の清掃法

ここが Point！

床材の種類とそれぞれの特徴を理解し、床材に応じた清掃
方法を覚えよう。ドライメンテナンス法の特徴と基本的な
作業について覚えよう。

基礎知識を押さえよう！

1．床材の種類

　建築物の床材にはさまざまなものがあり、表面の粗さ、吸水性、耐水性
などの性質がそれぞれ異なるので、ビルクリーニング作業に当たっては、
床材の種類を把握し、適切な清掃方法を選択することが重要です。
　床材を材質によって分類すると、以下のようになります。
①弾性床材：塩化ビニル系、リノリウム（リノタイル）系、アスファルト
　系、ゴム系
②硬性床材：石材、テラゾ、セラミックタイル、コンクリート、モルタル
③木質系床材：フローリング、フローリングブロック、コルク
④繊維系床材：カーペット類
⑤その他の床材：プラスチック系塗り床

2．弾性床材の清掃

　弾性床材の中では、塩化ビニル系床材が最もよく使用されています。塩
化ビニル系床材は、耐薬品性や耐水性にすぐれ、比較的メンテナンスがし
やすいのが特徴です。塩化ビニルタイルは、床維持剤を塗布して維持管理
します。床維持剤は、美観を高めるとともに、汚れを付きにくくし、付着
した汚れを除去しやすくする効果があります。
　床維持剤の効果を持続させるために、月１回程度全面洗浄を実施すると
ともに、その中間の周期を目安として、廊下の曲がり角、出入口、エレベー

●弾性床材の種類と特徴

種　類	特　徴
リノリウム・リノタイル	多孔質で、アルカリ性洗剤、水に弱い。
アスファルトタイル	耐水性はあるが、耐溶剤性にとぼしい。
ゴムタイル・ゴムシート	耐摩耗性にすぐれる。溶剤・強アルカリ性洗剤に影響を受ける。
塩化ビニルタイル	耐水性にすぐれる。
塩化ビニルシート	耐水性にすぐれる。

ター前など、特に汚れの激しい箇所を部分的に洗浄し、床維持剤を塗布します。以上の作業を繰り返しますが、床維持剤はしだいに黒ずみが生じてくるので、1年〜1年半に1回、床維持剤を剥離し、再生します。

3. 繊維床材の清掃

　近年、事務所建築物へのフリーアクセスフロアの設置に伴い、床材としてタイルカーペットが広く使用されています。繊維床材の長所は、保温性、吸音性にすぐれ、歩行しやすく、転倒時の安全性が高いことなどです。

　繊維床材は、基布とパイルからなり、パイルに空隙があること、吸水性があることなどが特徴で、特に、玄関や出入口付近など通行密度の高い場所では、靴底からの汚れが付着しやすくなります。

　繊維床材の清掃の作業内容には、以下のようなものがあります。

①粗ごみ回収：パイル表面の目に見えるごみを、カーペットスイーパ等で除去します。

②除じん：パイルの空隙に堆積した汚れをその日のうちに除去する作業です。アップライト型真空掃除機を使用します。

③スポットクリーニング：除じんで除去できない汚れがパイルの上部にあるうちに行う洗浄で、パウダー方式、拭き取り方式、エクストラクション方式があります。汚れの拡散を防ぎ、パイルの空隙の詰まりをなくします。

④全面クリーニング：パイルの奥に入り込んだ汚れの除去と、全体の調和を保つために行います。ローラブラシ方式、エクストラクション方式、シャンプークリーニング方式があります。

⑤しみ取り：しみの種類とパイルの素材に適したしみ抜き剤を使用して行います。事務所建築物では60％程度が親水性のしみで、処理が早ければ水で取れるものがほとんどです。

⑥補修：焼け焦げ、ほつれを補修します。ウールの焼け焦げの軽いものはこすり取ることができますが、一般に、焼け焦げの補修を行う場合は、同じカーペットを埋め込みます。

> パイルのほつれは、施工初期のジョイント部の毛羽立ちが多く、カットしておけばだいじょうぶです。処置が遅れるとパイル抜けが生じ、接着やカーペットの埋め込みが必要になります。

４．硬性床材の清掃

　硬性床材とは、弾性床材に対比して付けられた名称ですが、建材としての特徴はその種類によって大きく異なります。

　セラミックタイルは、吸水性が少なく、圧力に対しても強いことから、通行量の激しい場所や、水を使用する場所などによく使われています。耐酸性、耐アルカリ性ともにすぐれていますが、目地のモルタルを洗剤で傷めないよう配慮する必要があります。

　大理石、テラゾは耐酸性にとぼしく、酸性洗剤は使用できません。また、石材系の床は、油等がしみ込みやすいので、油性のダストモップの使用には注意しなければなりません。

　硬性床材は、一般に、多孔質のものや、表面に凹凸があって汚れやすいものが多く、清掃に当たっては水分の使用を極力控えることが重要です。

●硬性床材の種類と特徴

種　類	特　徴
大理石	石質は密で吸水率は低い。耐酸性、耐アルカリ性にとぼしい。
花崗岩	非常に硬く密で、アルカリ、酸、油に耐性があるが耐熱性にとぼしい。
テラゾ	多孔質で、組成は大理石に似る。耐酸性にとぼしい。
セラミックタイル	吸水性が少なく、耐酸性、耐アルカリ性にすぐれ、耐摩耗性も大。
モルタル・コンクリート	耐酸性にとぼしく、表面の凹凸が激しい。

5．木質床材の清掃

　木質床材は、水分を吸収すると膨張し、乾燥すると収縮します。これを繰り返すことにより、割れを生じたり、継ぎ目に隙間が生じたりすると、水分が木材の奥まで浸入し、カビの発生や腐食の原因にもなります。

　木質床材は水に弱いので、水や汚れから保護するために、ポリウレタン樹脂等によりシール加工されたものもあります。シールされた床材は、弾性床材と同様に、床維持剤として水性ポリッシュを使用することができますが、継ぎ目の部分のシールの不備や経年劣化により水がしみ込むこともあるので、水の使用量をなるべく少なくするようにします。

　シールされていない木質床材には、水性ポリッシュでなく、油性ワックスを使用します。

6．ドライメンテナンス法

　ドライメンテナンス法は、床面に塗布した床維持剤の管理方法の一つで、最初に床維持剤を厚く塗っておき、その後は、汚れの程度によって床磨き機に装着するパッドの種類を変えて磨き、必要に応じて床維持剤を補充します。洗剤を塗布して洗浄する方法（ウェットメンテナンス法）に比べて、水の使用量がきわめて少ないことが特徴です。

●ドライメンテナンス法の基本的な作業

ドライバフ法	光沢度の低下したフロアポリッシュの被膜を、研磨剤を含まないフロアパッドで磨き、光沢を回復させる作業。スプレー液は使用せず、通常の床磨き機、または 1,000 回転以上の超高速床磨き機で磨く。
スプレーバフ法	細かい傷や軽度の汚れを除去する作業で、洗浄つや出し作用・つや出し作用を持つスプレー液を噴霧し、微細な研磨剤を少量含むフロアパッドで磨く。研磨作業の後は除じん、水拭きを行い、乾燥してから必要に応じてフロアポリッシュを塗布する。
スプレークリーニング法	フロアポリッシュの被膜に入った汚れを、被膜とともに削り取る作業。洗浄作用のあるスプレー液を噴霧し、研磨剤を含むフロアパッドを使用して研磨する。主に 200 回転の床磨き機を使用し、仕上げには必ず、フロアポリッシュを 1 ～ 2 層塗布する。

5
床の清掃法

ドライメンテナンス法は、水や洗剤を使用しないので作業の安全性が高く、水の浸透による床材や建築物の躯体のコンクリートの劣化を防ぐことができ、部分補修もしやすいことなど、さまざまな利点があります。一方、摩擦による床材への熱影響には注意しなければなりません。

ポイントを丸暗記！

| **1** | **カーペット清掃のスポットクリーニングには、パウダー方式、拭き取り方式、エクストラクション方式がある。** |

スポットクリーニングは、除じんで除去できない汚れがパイルの上部にあるうちに行う洗浄で、パウダー方式、拭き取り方式、エクストラクション方式がある。

| **2** | **ドライメンテナンス法は、ウェットメンテナンス法に比べて作業の安全性が高い。** |

ドライメンテナンス法は、水や洗剤を使用しないので作業の安全性が高く、水の浸透による床材や建築物の躯体のコンクリートの劣化を防ぐことができ、部分補修もしやすい。摩擦による床材への熱影響には注意が必要である。

重要用語を覚えよう！

フリーアクセスフロア
床下に一定の高さの空間を設けて二重床とし、床下に配線や配管を通せるようにしたもので、フリーフロア（FF）、OA フロアともいう。

パイル
カーペットの表面の毛足の部分。

Lesson 6

床以外の清掃法

ここが Point！

建築物の床以外の各部分の清掃方法や、特に注意しなければならない点、建材や器具の材質による汚れや清掃方法の違いなどを覚えよう。

基礎知識を押さえよう！

1．壁・柱・天井の清掃

　壁・柱・天井の清掃については、高所と低所に分けて考えます。高所の汚れは、微細な粉じんや炭素粒子、たばこ煙のタールなどです。高所の清掃は、脚立等を使用しての作業になるので、安全面への配慮も重要です。

　低所の汚れは、人や物が触れることによるものが多く、人の手が頻繁に触れる部分は、汚れの程度もひどくなります。手すり、ドアなどは、特に汚れが多く、毎日の水拭きや、状況により洗剤拭きが必要です。光沢を求められる金属材の部分は、汚れが付着しないように常に注意し、洗浄後は保護膜を塗布しておくと、手垢が付きにくく、汚れも落ちやすくなります。

　ステンレス等の金属板の表面を傷や汚れから保護するためにクリアラッカーが塗布されているものがありますが、半年くらいで黄変してくるので、剥離する必要があります。

2．造作・家具等の清掃

　間仕切り、カウンタ等の造作や、机、いす、テーブル、キャビネット等の家具類に付着する汚れは、主に、ほこりの沈降と人の手の接触によるものです。また、事務用品や飲食物による汚れも生じます。

　机の上のほこりは、湿ったタオル等で拭き取りますが、タオルを十分に絞っておかないと、かえって対象物を汚してしまうおそれがあります。手垢や飲食物による汚れは、水か洗剤液で絞ったタオルで拭き取ります。テー

ブル等に付着した手垢による汚れは、洗剤を使用しないとなかなか落ちにくいものですが、化学繊維のクロスを使った便利な製品もあります。

空調機器の吹出口付近は、気流が速く、ほこりが付きやすい場所です。照明器具は、汚れにより照度が低下するので、年1～2回程度の清掃が必要です。

3．トイレ・洗面所の清掃

水回りと呼ばれるトイレ、洗面所は、手入れを怠ると特に不潔になりやすく、衛生面はもちろん、使用者に与える心理的な印象も考慮して、常に清潔に保つことが求められます。トイレ、洗面所の清掃に使用する器具は、他の場所に使用するものとは区別し、さらに、便器に使用するものと洗面器等に使用するものを区別します。作業に当たっては、トイレを使用する人に配慮して工程を工夫し、全面的に使用禁止にすることは避けます。

トイレ、洗面所は、排泄物、尿石、水垢、石けんかす等の、他の共用部分とは大きく異なる汚れが生じる場所なので、それに応じた使用洗剤や作業方法を十分に把握しておくことも重要です。

トイレ、洗面所の清掃は、使用頻度の高い箇所の管理に特に注意します。

4．湯沸室の清掃

湯沸室は、水回り部分であるとともに、使用者の飲食物を扱う場所でもあり、衛生面に特に注意しなければならない場所の一つです。生ごみ等の廃棄物は、長時間放置しないよう適宜処理し、流し台の水切りを徹底するなど、常に清潔な状態を保つよう努めなければなりません。清掃に使用する資機材は湯沸室専用とし、他の場所と区別するようにします。

5．階段の清掃

階段は、建築物内のほこりが集中する場所で、階段の壁面には、他の区域よりもほこりが多く付着します。また、階段の踊り場は、床維持剤の摩

耗が激しく、特に使用頻度の高い下層階では、土砂の持ち込みも多く、摩耗が一層激しくなります。転倒・転落などの事故が起こり得る場所なので、安全面にも十分配慮しなければなりません。

6．エレベーターの清掃

エレベーターは、密閉された狭い空間に多くの人が一度に乗り込むため、床面には常に負荷がかかり摩耗しやすく、土砂等の持ち込みも多いので汚れやすい場所です。インジケータや扉には手垢が付着しやすく、汚れていると使用者に不快感を与えるので、十分注意しなければなりません。

エレベーターの清掃においては、美観の向上のみならず、扉溝の詰まりなど、事故につながる要因を取り除くことも重要です。

7．エスカレーターの清掃

エスカレーターの手すりベルトには手垢が付きやすく、デッキボード、パネル等には、衣類との摩擦により静電気が発生し、ほこりが付着しやすくなります。踏面の全面に溝があり、土砂やガム等の異物が詰まりやすいことにも注意します。エレベーター同様、事故につながる要因を取り除くことも重要です。

エレベーターやエスカレーターは特に汚れやすい場所ですし、安全面への配慮も重要ですね。

8．外装の清掃（窓ガラス）

窓ガラスの外面の汚れは、空気中のほこりが付着し、雨水がかかって乾燥固着したものです。ほこりには、土砂や金属粉、炭素粒子などが含まれ、雨水にも塩分や酸、その他の物質が溶解しており、放置するとガラスの透視性を損ねたり、ガラスが変質してくもりが生じたりします。

ガラスの表面は平滑で緻密なので、清掃作業はそれほど困難ではありません。湿らせたタオルに研磨粉を付けてガラス面を拭き、別のタオルで拭き取るのが従来の方法ですが、現在はこれに代わり、タオルまたはウォッ

シャと呼ばれる器具でガラス面に水を塗布し、窓用スクイジーで掻き取るスクイジー法が普及しています。汚れの落ちをよくするには、ガラス専用の洗剤を使用します。

　高層建築物の窓ガラスの清掃は、危険を伴う高所での作業になります。通常は、屋上から下ろした綱に取り付けたブランコに作業者が腰掛けて、降下しながら作業するブランコ方式、または、ゴンドラ（吊り足場）を用いる作業方式が採用されますが、超高層建築物では、強風等の影響により危険が増し、作業日数も限られてしまうので、天候に左右されず作業できる自動窓拭き設備を設置して清掃を行うことが多くなっています。ただし、清掃の仕上がりは人の作業に比べると劣ります。

９．外装の清掃（外壁）

　建築物の外壁には、以前は花崗岩等の石材や、れんが、セラミックタイルなどが用いられましたが、荷重を負担しないカーテンウォールが普及した現在は、アルミニウム、ステンレス等の金属板が多く用いられています。金属板の表面には、さまざまな保護処置が施されていますが、長期間にわたり大気や雨水にさらされると徐々に汚れが付着し、排気ガスや酸性雨の影響によりさびや腐食も生じます。石材や陶磁器タイル等の壁面は、徐々に汚れが付着しても、すぐに汚れが目立つようなことはありませんが、美観を維持するためには数年に１回程度の清掃が必要です。

　近年、外壁に施す光触媒（酸化チタン）コーティングが開発され、清掃回数を減らす効果が期待されています。

●建築物の立地条件と外装の清掃回数（例）

立地条件	材質	金属材 （アルミニウム・ ステンレス）	コンクリート・ 石・タイル	ガラス
臨海工業地帯		４〜６回 / 年	１回 /３年	１回 / 月
海岸、工業地帯		３〜４回 / 年	１回 /３年	１回 / 月
商業地帯	都心等	２〜３回 / 年	１回 /３年	１回 / 月
	地方都市等	２回 / 年	１回 /５年	１回 /２か月
田園地帯		１回 / 年	１回 /５年	１回 /２か月

ゴロ合わせで覚えよう！

- ◆外装の清掃
- **カラスが海辺に、**
  （ガラス）（臨海工業地帯）
- **月イチで !?**
  （月１回）

毎月１日は
サービスデー
魚食べ放題

ギョ!

臨海工業地帯に立地する建築物の窓ガラスの外面の清掃は、1か月に１回行う必要がある。

ポイントを丸暗記！

1 | **金属板の表面を保護するために塗布されたクリアラッカーは、半年くらいで剥離する必要がある。**

ステンレス等の金属板の表面を傷や汚れから保護するためにクリアラッカーが塗布されているものがあるが、半年くらいで黄変してくるので、剥離する必要がある。

2 | **窓ガラスのクリーニングは、自動窓拭き設備よりも人の作業のほうが仕上がりがよい。**

超高層建築物では、強風等の影響により危険が増し、作業日数も限られてしまうので、天候に左右されず作業できる自動窓拭き設備を設置して清掃を行うことが多いが、清掃の仕上がりは人の作業に比べると劣る。

こんな選択肢に注意！

磁器タイルは、他の素材よりも ~~汚れが目立ちやすい~~ ので、清掃回数を ~~多くしなければならない~~。

磁器タイルは、汚れが目立ちにくいので、清掃回数は金属板等の他の素材よりも減らすことができる。

6

床以外の清掃法

廃棄物処理の概要

ここが Point！

一般廃棄物と産業廃棄物の違いや、それぞれの処理の流れを覚えよう。産業廃棄物管理票制度（マニフェスト制度）のしくみを理解しよう。

基礎知識を押さえよう！

1．廃棄物政策の変遷

1970（昭和 45）年に制定され、翌年施行された「廃棄物の処理及び清掃に関する法律」（廃棄物処理法）は、従来の「清掃法」を廃止し、全面的に改正したもので、旧法における「汚物」の概念に、新たに「不要物」を加えて「廃棄物」と定義し、これをさらに「一般廃棄物」「産業廃棄物」に分類しました（廃棄物処理法による「廃棄物」の定義は p.45 参照）。

廃棄物処理法は、廃棄物処理をめぐるさまざまな課題に対処するためにたびたび改正されていますが、1991（平成 3）年の改正（翌年施行）では、法の目的に廃棄物の排出抑制が加えられ、特別管理産業廃棄物を対象としたマニフェスト制度（p.343 参照）が導入されました（1997 年の改正により、すべての産業廃棄物に対象を拡大）。

2000（平成 12）年には「循環型社会形成推進基本法」が制定・施行され、同法に基づく「循環型社会形成推進基本計画」において、廃棄物等の発生の抑制（リデュース）、再使用（リユース）、再生利用（リサイクル）の 3R への取り組みが強化されました。

2000 年には「資源の有効な利用の促進に関する法律」（資源有効利用促進法）も制定され（翌年施行）、個別物品に応じたリサイクル法として、「容器包装リサイクル法」「家電リサイクル法」「食品リサイクル法」「建設リサイクル法」「自動車リサイクル法」等も、順次制定・施行されています（次ページの表参照）。

●各種リサイクル法

通称と正式名称	制定年	施行年	目的
容器包装リサイクル法（容器包装に係る分別収集及び再商品化の促進等に関する法律）	1995	2000	容器包装廃棄物の排出抑制、分別収集、再商品化の促進等
家電リサイクル法（特定家庭用機器再商品化法）	1998	2001	家電の小売業者、製造業者等による廃家電の収集、運搬、再商品化の適正かつ円滑な実施
食品リサイクル法（食品循環資源の再生利用等の促進に関する法律）	2000	2001	食品関連事業者による食品循環資源の再生利用の促進／食品廃棄物等の発生の抑制・減量
建設リサイクル法（建設工事に係る資材の再資源化等に関する法律）	2000	2002	特定の建設資材の分別解体、再資源化の促進／解体工事業者の登録制度の実施
自動車リサイクル法（使用済自動車の再資源化等に関する法律）	2002	2005	自動車製造業者等及び関連事業者による使用済自動車の引取り、引渡し、再資源化等の適正かつ円滑な実施
小型家電リサイクル法（使用済小型電子機器等の再資源化の促進に関する法律）	2012	2013	携帯電話、デジタルカメラ、ゲーム機等の、有用な金属を含む使用済小型電子機器等の再資源化の促進

7 廃棄物処理の概要

2. 一般廃棄物と産業廃棄物

　廃棄物処理法により、一般廃棄物、産業廃棄物は、それぞれ次のように定義されています。

> 廃棄物処理法第2条第2項
> この法律において「一般廃棄物」とは、産業廃棄物以外の廃棄物をいう。
> 同第4項（一部省略）
> この法律において「産業廃棄物」とは、次に掲げる廃棄物をいう。
> 一　事業活動に伴って生じた廃棄物のうち、燃え殻、汚泥、廃油、廃酸、廃アルカリ、廃プラスチック類その他政令で定める廃棄物
> 二　輸入された廃棄物

　一般廃棄物は、し尿とごみに大別され、原則として市町村が処理計画を定め、自ら処理します。市町村による処理が困難な場合は、一定の要件を

満たした事業者の申請により許可を与え、処理を委託することができます。

　事業活動に伴って生じた一般廃棄物（事業系一般廃棄物）は、事業者が自らの責任において処理しなければなりません。実際には、市町村が設置する一般廃棄物処理施設に自ら搬入するか、一般廃棄物処理業の許可業者に委託して処理されることになります。再生利用が可能な古紙等は、資源回収業者に引き取られます。

　以上をまとめると、一般廃棄物の処理の形態には、以下の4つのケースがあります。

①市町村が自ら公共サービスとして処理する。

②市町村の委託を受けた者が、市町村のサービスとして処理する。

③市町村の許可を受けた一般廃棄物処理業者が処理する。

④事業系一般廃棄物を事業者自らが処理する。

🔧 産業廃棄物と事業系一般廃棄物

事業活動に伴って生じた廃棄物	○ 産 業 廃 棄 物 ・燃え殻、汚泥、廃油、廃酸、廃アルカリ、廃プラスチック類 <その他政令で定める廃棄物> ・紙くず（建設業、紙製造業、製本業等の業種に係るもの） ・木くず（建設業、木材・木製品製造業等の業種に係るもの） ・繊維くず（建設業、繊維工業に係るもの） ・動植物性残さ（食料品製造業、医薬品製造業、香料製造業の原料として使用した固形状の不要物） ・動物系固形不要物（と畜場、食鳥処理場から排出されるもの） ・ゴムくず ・金属くず ・ガラスくず、コンクリートくず、陶磁器くず ・鉱さい（製鉄所の炉の残さいなど） ・がれき類（工作物の新築、改築または除去に伴って生じたコンクリートの破片その他の不要物） ・動物のふん尿（畜産業に係るもの） ・動物の死体（畜産業に係るもの） ・ばいじん類（工場の集じん施設等により集められたもの） ・上記の産業廃棄物を処分するために処理したもの
	○ 事 業 系 一 般 廃 棄 物 ・産業廃棄物に分類されないもの（主に古紙、生ごみ等で再生利用されないもの）

　産業廃棄物は、事業者の責任に基づいて処理しなければなりません。実際には、事業者が自ら処理するか、都道府県の許可を受けた産業廃棄物処理業者に委託して処理します。市町村、都道府県が産業廃棄物の処理を行うこともあります。

　産業廃棄物の処理の形態は、以下の3つとなります。

①排出者である事業者が自ら処理する。

②排出事業者の委託を受けて、都道府県の許可を受けた産業廃棄物処理業者が処理する。

③市町村または都道府県が公共サービスとして処理する。

3．産業廃棄物管理票制度（マニフェスト制度）

　産業廃棄物の排出事業者は、産業廃棄物処理業者に処理を委託した場合も、廃棄物の処理が法令を遵守して行われるまで責任を負います。運搬業者が不法投棄を行った場合も、排出者が罰せられます。

　排出事業者が、処理を委託した産業廃棄物の移動や処理の状況を把握し、不法投棄等の不適正処理を未然に防止するために、産業廃棄物管理票制度（マニフェスト制度）が設けられています。事業者は、処理の委託時にマニフェストを交付し、処理業者は、委託された処理が終了した時点でマニフェストに一定の事項を記載して、事業者にその写しを送付します。

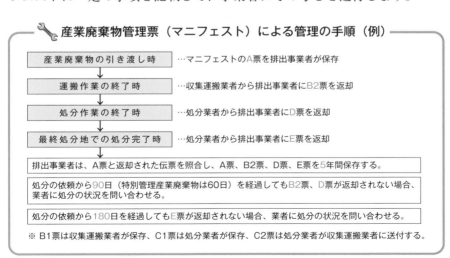

🔧 産業廃棄物管理票（マニフェスト）による管理の手順（例）

産業廃棄物の引き渡し時	…マニフェストのA票を排出事業者が保存
運搬作業の終了時	…収集運搬業者から排出事業者にB2票を返却
処分作業の終了時	…処分業者から排出事業者にD票を返却
最終処分地での処分完了時	…処分業者から排出事業者にE票を返却

排出事業者は、A票と返却された伝票を照合し、A票、B2票、D票、E票を5年間保存する。

処分の依頼から90日（特別管理産業廃棄物は60日）を経過してもB2票、D票が返却されない場合、業者に処分の状況を問い合わせる。

処分の依頼から180日を経過してもE票が返却されない場合、業者に処分の状況を問い合わせる。

※ B1票は収集運搬業者が保存、C1票は処分業者が保存、C2票は処分業者が収集運搬業者に送付する。

4. 一般廃棄物の処理状況

　近年の「一般廃棄物の排出及び処理状況等」によると、ごみ総排出量は4,095万t、1人1日当たりのごみ排出量は890gでした。ごみ総排出量に占める割合は、生活系ごみが約70%、事業系ごみが約30%となっています。ごみ排出量は、経年的には減少傾向にあります。

　排出されたごみは、焼却、破砕、圧縮、選別、堆肥化、熱分解、溶融などの中間処理を経て、その残さは最終処分場に埋め立てられます。中間処理の方法は、焼却処理が大部分を占めています。800℃以上の高温で焼却することにより、有害物質や悪臭物質は熱分解され、容積は5〜10%に減容化、重量は15%程度に減量化されます。焼却に伴う余熱の利用は、全国1,028の焼却施設のうち729施設で行われ、うち396施設（全体の36%）では余熱を利用した発電が行われています。

　一般廃棄物の埋立処分は、管理型最終処分場に埋め立てなければなりませんが、処分地の確保が難しく、最終処分場の残余容量は減少傾向にあります。処分量の減少により、残余年数は微増しています。

　し尿処理の水洗化率は95.9%で、そのうち、公共下水道によるものが77.1%、浄化槽によるものが18.8%です。

5. 産業廃棄物の処理状況

　近年の「産業廃棄物の排出及び処理状況等」によると、産業廃棄物の排出量は約3億7,382万tで、経年的には4億t前後で推移しています。種類別の排出量では汚泥が最も多く、43.8%を占めています。動物のふん尿（21.9%）、がれき類（16.0%）がこれに続き、上位3品目で総排出量の8割以上を占めています。

　排出された産業廃棄物のうち、中間処理されたものが約78%、直接再生利用されたものが約21%、直接最終処分されたものが約1%です。最終的に、総排出量の約53%が再生利用され、約2%が最終処分されています。

　産業廃棄物の最終処分場には、管理型最終処分場のほかに、安定型最終処分場、遮断型最終処分場があり、廃棄物の種類、含まれる有害物質の濃度等によって区分されています。

6．ごみの質

ごみの質を表す指標の一つとして、容積質量値があります。ごみの見かけの単位容積当たりの質量で示され、単位は [t/㎥] です。見掛比重、かさ比重ともいいます。容積質量値の最も大きいごみは厨芥で0.85 t/㎥程度、最も小さいのはプラスチックで0.03 t/㎥程度です。可燃ごみ、粗大ごみ、再生紙は0.15 t/㎥、不燃ごみは0.14 t/㎥、びんは0.3 t/㎥、ダンボールは0.08 t/㎥、缶は0.06 t/㎥程度となっています。

ごみの質を表す指標には、このほかに水分、灰分、可燃分、発熱量等があります。灰分は焼却施設の残さ量、発熱量は余熱利用等の算出に用いられます。

ポイントを丸暗記！

1　**産業廃棄物の排出事業者は、処理業者から送付されたマニフェストを 5 年間保存する。**

産業廃棄物の排出事業者が、処理を委託した廃棄物の移動や処理の状況を把握できるように、産業廃棄物管理票制度（マニフェスト制度）が設けられている。事業者は、処理業者から送付されたマニフェストを 5 年間保存する。

2　**産業廃棄物の種類別の排出量では、汚泥が最も多い。**

産業廃棄物の種類別の排出量では汚泥が最も多く、43.8%を占める。動物のふん尿（21.9%）、がれき類（16.0%）がこれに続く。

重要用語を覚えよう！

特別管理産業廃棄物

廃棄物処理法により「爆発性、毒性、感染性その他の人の健康または生活環境に係る被害を生ずるおそれがある性状を有する廃棄物」を、特別管理一般廃棄物、特別管理産業廃棄物と規定している。特別管理産業廃棄物は、感染性廃棄物、廃 PCB、廃水銀、廃石綿、ばいじん、著しい腐食性を有する廃酸、廃アルカリ等。

345

建築物内廃棄物の管理

ここがPoint！

建築物内の廃棄物処理の流れを理解し、廃棄物の運搬方式、貯留・搬出方式の種類とそれぞれの特徴を覚えよう。

基礎知識を押さえよう！

1．廃棄物の種類と量

　建築物の清掃と廃棄物の管理を適切に行うためには、建築物内で発生する廃棄物の種類と量を正確に把握することが重要です。

　建築物における廃棄物の発生量を比較するために、床面積1㎡当たり、在館人員1人当たりなどの値で表したものを、廃棄物発生原単位といいます。

　また、廃棄物の質量は単位容積質量値で表され、家庭から排出される廃棄物より、事務所建築物から排出される廃棄物の方が、単位容積質量値は大きくなります。

　建築物から発生する廃棄物の種類は、事務所建築物では紙類が62.9％を占め、店舗建築物では、段ボール等の紙類が49.0％、生ごみ類が33.1％、ホテル・結婚式場では生ごみ類が46.9％を占めています。生ごみ類の再利用率はいずれも低く、今後の課題となっています。

　工場・研究所では、廃棄物全体の再利用率が82％と高く、廃棄物の約3分の1を占める「可燃その他」の再利用率は95.1％に達しています。

建築物の種類によって、発生する廃棄物の種類や量にはかなり違いがありますね。

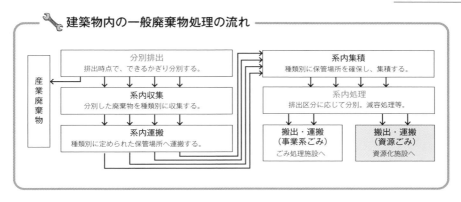

建築物内で発生する廃棄物は、（事業系）一般廃棄物、産業廃棄物、排水として排出されます。一般廃棄物は、主に、紙くず、厨芥、雑芥、容器包装品等です。一般廃棄物の処理の流れを、上図に示します。

産業廃棄物は、主にプラスチック、ビルピット汚泥、金属くず等です。排水については、第5章でくわしく取り上げているので割愛します。

2．廃棄物の収集・運搬

廃棄物の発生源には、紙くずかご、灰皿、厨芥容器、茶殻入れ等の一時貯留容器が配置され、廃棄物が一時貯留されています。これらの廃棄物は、収集用の容器や運搬用機材を用いて、建築物の各階ごとに収集され、一時保管場所、または中間集積所まで運搬されます。水平方向への移動なので、これを水平運搬といいます。

各階で収集された廃棄物は、中央集積所、またはごみ処理室に運搬されます。この場合は垂直方向への移動となるので、垂直運搬といいます。垂直運搬には、エレベーター、ダストシュート等が用いられます。エレベーター方式は、ダストシュート方式よりも廃棄物の分別がしやすく、設置スペース、初期コストにおいても有利ですが、ランニングコストの面ではダストシュート方式が有利です。

高層建築物の廃棄物を効率よく収集するために、専用エレベーターやエアシュートを利用した自動縦搬送システムも開発されています。エアシュート方式は、専用のプラスチック袋に分別された廃棄物を、各階に設けられた投入装置にコレクタごとにセットし、廃棄物の種類を指定すると、

建築物内廃棄物の管理

プラスチック袋だけがエアシュート内を自重落下し、空気圧制御により
ゆっくりと着地するので、大変衛生的で、作業性にすぐれています。

●廃棄物の種類と収集用容器・運搬用機材

廃棄物	収集用容器	運搬用機材	
		水平運搬用	垂直運搬用
紙（雑芥）	カンバス製・プラスチック製コレクタ	収集用容器に付いた車輪で移動	エレベーター ダストシュート エアシュート
	プラスチック製袋	手押し台車コレクタ	
厨芥 びん・缶	ステンレス鋼製・スチール製・プラスチック製コレクタ	収集用容器に付いた車輪で移動	エレベーター
	ポリバケツ	手押し台車 ポリバケツ用台車	
段ボール 新聞紙 雑誌	コレクタ	収集用容器に付いた車輪で移動	エレベーター
	古紙回収箱 荷造りしてまとめる	コレクタ 手押し台車	

●建築物内の廃棄物の垂直運搬設備の比較

評価項目	エレベーター方式	ダストシュート方式	自動縦搬送方式
初期コスト	◎	○	△
ランニングコスト	△	◎	○
所要人員	×	△	○
衛生性	△	×	◎
防災性	△	△	○
作業性	×	△	◎
分別適否	◎	×	◎
設置スペース	◎	○	△
適用建築物規模	低層〜高層	低層〜中層	中層〜超高層 大規模建築物

大規模な建築物では廃棄物の量も多いので、効率よく衛生的な
方法で収集・運搬することが重要ですね。

3．廃棄物の中間処理

廃棄物の減量と資源化を促進するためには、廃棄物の分別を徹底させるとともに、建築物内において系内中間処理を実施することが望ましく、比較的小規模なものが中心ですが、中間処理のためのさまざまな設備が導入されています。

系内中間処理設備としては、圧縮機、梱包機、シュレッダ、缶圧縮機、生ごみ処理装置、堆肥化装置、厨芥破砕・脱水機、発泡スチロール溶融固化機、貯留排出機等があります。貯留排出機は、廃棄物を圧縮して貯留し、搬出車両に自動的に積み替えることができる装置です。

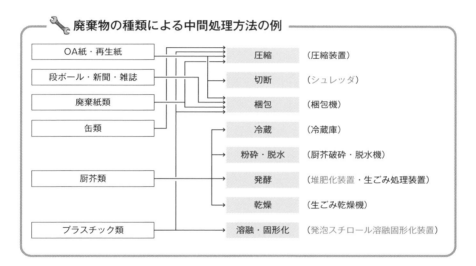

🔧 **廃棄物の種類による中間処理方法の例**

OA紙・再生紙	
段ボール・新聞・雑誌	圧縮（圧縮装置）
廃棄紙類	切断（シュレッダ）
缶類	梱包（梱包機）
	冷蔵（冷蔵庫）
	粉砕・脱水（厨芥破砕・脱水機）
厨芥類	発酵（堆肥化装置・生ごみ処理装置）
	乾燥（生ごみ乾燥機）
プラスチック類	溶融・固形化（発泡スチロール溶融固形化装置）

4．廃棄物の貯留・保管・搬出

建築物内で収集された廃棄物は、通常、系内中間処理を行うまでの間、または建築物から搬出されるまでの間、中央集積所に貯留されます。中央集積所は、単に廃棄物の貯留・保管を行うだけでなく、建築物の系内処理システムと系外処理システムの接点としての機能を有します。

建築物内の廃棄物の貯留・搬出方式には、以下のようなものがあります。

①容器方式

廃棄物を、ポリバケツ、小型コンテナ等の容器に貯留し、機械式収集車（パッカー車）に人力で積み替えて搬出する方式です。初期コストが安い

のが利点ですが、所要人員、作業性、衛生面等においては他の方式に劣ります。小規模の建築物に適しています。

②貯留排出機方式

　貯留排出機の内部に廃棄物を圧縮・貯留し、機械式収集車に自動的に積み替えて搬出する方式です。中規模の建築物に適しています。

③コンパクタ・コンテナ方式

　圧縮機（コンパクタ）により、コンテナに廃棄物を圧縮・貯留し、コンテナごとコンテナ着脱装置付きトラックに積載して搬出する方式です。初期コストはかかりますが、作業性、衛生面、防災面等において非常にすぐれています。大規模な建築物に適しています。

④真空収集方式

　ダストシュートの底部に設けられている貯留排出機に廃棄物を貯留し、収集ステーションに接続された輸送管により空気搬送し、自動的に収集する方式です。初期コストは非常に大きくなりますが、随時ごみを投入でき、所要人員、作業性、衛生面等において大変すぐれています。大規模な開発地域で多くの建築物から廃棄物を収集する大口径のタイプもあります。建築物の外部に接続する大掛かりなシステムなので、防災面ではまだ課題が残されています。

●建築物内の廃棄物の貯留・搬出設備の比較

評価項目	容器方式	貯留排出機方式	コンパクタ・コンテナ方式	真空収集方式
初期コスト	◎	○	△	×
ランニングコスト	△	○	◎	△
所要人員	×	○	○	◎
衛生性	△	○	◎	◎
防災性	△	◎	◎	△
作業性	×	○	◎	◎
設置スペース	×	○	◎	○
適用建築物規模	小規模建築物	中規模建築物	大規模建築物	広域大規模開発地域

ポイントを丸暗記！

1 建築物内の廃棄物の垂直運搬設備には、エレベーター方式、ダストシュート方式、自動縦搬送方式がある。作業性においては<u>自動縦搬送方式</u>が最もすぐれている。

エレベーター方式は<u>初期コスト</u>が安く、ダストシュート方式よりも分別がしやすい。ダストシュート方式は、<u>ランニングコスト</u>が安い。

2 廃棄物の減量と資源化を促進するため、建築物内においては<u>系内中間処理</u>を実施することが望ましい。

系内中間処理設備には、切断を行う<u>シュレッダ</u>や、発酵を行う<u>堆肥化装置</u>・生ごみ処理装置等がある。

3 建築物内の廃棄物の貯留・搬出設備には、容器方式、貯留排出機方式、コンパクタ・コンテナ方式などがある。<u>容器方式</u>は、初期コストは安いが、作業性においては他の方式に劣る。

容器方式は<u>小規模</u>の建築物に、貯留排出機方式は<u>中規模</u>の建築物に、コンパクタ・コンテナ方式は<u>大規模</u>な建築物に適している。<u>真空収集方式</u>は広域大規模開発地域などで用いられる。

重要用語を覚えよう！

ビルピット汚泥

ビルピットとは、排水を一時的に貯留する排水槽で、定期的に清掃を行い、汚泥等を処理しなければならない。し尿を含む汚泥は<u>一般廃棄物</u>、し尿を含まない汚泥は<u>産業廃棄物</u>となる。

し尿とは、人の大便や小便のことを指します。

8

建築物内廃棄物の管理

練習問題にチャレンジ！

問　題　解答と解説は p.353 ～ 354

問題 01

建築物清掃において、一般的に日常清掃として行うものは、次のうちどれか。

1　トイレ・洗面所の換気口の除じん
2　玄関のフロアマットの洗浄
3　エスカレーターのランディングプレートの除じん
4　床材（繊維床）のスポットクリーニング
5　エレベーターのカゴ内部の洗浄

→ Lesson 02

問題 02

ほこりの除去に関する次の記述のうち、最も適当なものはどれか。

1　ほこりは経時変化しないので、長期間放置しても除去できる。
2　ダストコントロール法は、ほこり以外のものも除去できる。
3　ダストコントロール法は、粘度の高い不乾性の鉱油等を少量含ませて拭き取る方法である。
4　ダストクロス法は、繊維の隙間を利用してほこりを付着させる方法である。
5　ダストクロス法は、油分による床への弊害が大きい。

→ Lesson 03

問題 03

清掃作業に使用する洗剤に関する次の記述のうち、最も適当なものはどれか。

1　床や家具の洗浄に使う一般用洗剤は、通常、pH4 ～ 6 の弱酸性である。
2　表面洗剤は、床面に塗布した床維持剤の被膜を傷めないように、中性、またはアルカリ性となっている。

3 洗剤の助剤は、界面活性剤の表面張力を高めて、洗剤の洗浄力を向上させる。

4 鉄分を含んだ水垢や尿石の除去には、アルカリ性洗剤が有効である。

5 業務用洗剤の助剤として、一般にリン酸塩が使用されている。

→ Lesson 04

問題 04

　産業廃棄物の産業廃棄物管理票（マニフェスト）による管理に関する次の記述のうち、最も適当なものはどれか。

1 マニフェストの B1 票は、収集運搬業者から排出事業者に返却する。

2 マニフェストの D 票は、収集運搬業者から排出事業者に返却する。

3 処分の依頼から 180 日を経過しても D 票が返却されない場合、排出事業者は委託業者に処分の状況を問い合わせる。

4 処分の依頼から 180 日を経過しても E 票が返却されない場合、排出事業者は委託業者に処分の状況を問い合わせる。

5 排出事業者は、マニフェストを 3 年間保存する。

→ Lesson 07

解答と解説　　問題は p.352 〜 353

問題 01　　正解　3

1 × トイレ・洗面所の換気口の除じんは、一般に<u>定期清掃</u>として実施する。

2 × 玄関のフロアマットの洗浄は、一般に<u>定期清掃</u>として実施する。

3 ○ エスカレーターのランディングプレートの除じんは、一般に<u>日常清掃</u>として実施する。

4 × 床材（繊維床）のスポットクリーニングは、一般に<u>定期清掃</u>として実施する。

5 × エレベーターのカゴ内部の洗浄は、一般に<u>定期清掃</u>として実施する。

1　×　ほこりは比較的除去しやすいが、長期間放置すると、経時変化により
　　　　空気中の水分やその他の異物と混合し、除去が困難になることがある。
2　×　ダストコントロール法は、ほこりの付着力は強いがほこり以外のもの
　　　　は除去できない。
3　×　ダストコントロール法では、粘度の低い不乾性の鉱油等を使用する。
4　○　ダストクロス法は、化学繊維を不織布とし、静電気や繊維の隙間を利
　　　　用してほこりを付着させる方法である。
5　×　ダストクロス法は、油分による床への弊害が少ない。

1　×　一般用洗剤は、通常、pH9 〜 11 の弱アルカリ性である。
2　○　表面洗剤は、床維持剤の被膜に影響を与えずに表面の汚れだけを除去
　　　　するために、中性またはアルカリ性で泡立ちを少なくした洗剤である。
3　×　洗剤の助剤はビルダともいい、界面活性剤の表面張力を低下させて洗
　　　　浄力を高める薬剤である。
4　×　鉄分を含んだ水垢や尿石の除去には、酸性洗剤が有効である。ただし、
　　　　大理石、テラゾ等の酸に弱い建材に使用してはならない。
5　×　リン酸塩は、業務用・家庭用の清掃洗剤への使用を禁止されている。

1　×　マニフェストの B1 票は、収集運搬業者が保存する。
2　×　マニフェストの D 票は、処分業者から排出事業者に返却する。
3　×　処分の依頼から 90 日（特別管理産業廃棄物は 60 日）を経過しても B2
　　　　票、D 票が返却されない場合、排出事業者は委託業者に処分の状況を
　　　　問い合わせる。
4　○　処分の依頼から 180 日を経過しても E 票が返却されない場合、排出事
　　　　業者は委託業者に処分の状況を問い合わせる。
5　×　排出事業者は、マニフェストを 5 年間保存する。

7章

ビル管理士試験
合格テキスト

ねずみ・昆虫等の防除

ねずみ・昆虫等防除の概要

基礎知識を押さえよう！

1．建築物と有害動物

　建築物内において人間が動物から受ける害は、人間の生活空間である建築物内に動物が侵入したり、定着したりすることにより引き起こされます。動物による被害は、健康被害と経済被害に大別されます。

　健康被害には、動物により媒介される感染症、吸血・刺咬、アレルギー疾患、皮膚炎、悪臭等による不快感などが挙げられます。経済被害は、動物による、食品、建材、家具・調度品、書籍等への被害です。建築物内でこのような被害をもたらす主な動物は、ねずみ類、蚊類、ハエ・コバエ類、ダニ類などです。

2．ねずみ・害虫対策の基本

　建築物内でのねずみ・害虫等の発生は、清掃の不備などによる不衛生な環境が原因になっていることが多く、対策として最も重要なのは、発生の原因を除くこと（発生源対策）と、侵入を防ぐこと（侵入防止対策）です。現に発生している有害動物を薬剤等により駆除する対策（発生時対策）は、いわば対症療法であり、補助的手段と考えるべきです。

　ねずみ・害虫等を防除することを、ペストコントロールといいます。ペストはペスト菌による感染症の名ですが、この場合は有害生物一般をさし

●**日本で問題となる主な動物媒介性の感染症**

病原体	病名	主な媒介種
ウイルス	日本脳炎	コガタアカイエカ
	デング熱	ネッタイシマカ、ヒトスジシマカ
	チクングニア熱	ネッタイシマカ、ヒトスジシマカ
	重症熱性血小板減少症候群（SFTS）	マダニ
リケッチア	つつが虫病	ツツガムシ
	日本紅斑熱	マダニ
	発疹チフス	コロモジラミ
細菌	ペスト	ネズミ、ネズミノミ
	赤痢	ハエ、ゴキブリ
	腸管出血性大腸菌感染症	イエバエ
	サルモネラ症	家ネズミ
スピロヘータ	レプトスピラ症	家ネズミ、野ネズミ
	ライム病	マダニ
原虫	マラリア	ハマダラカ
線虫	フィラリア症（糸状虫症）	アカイエカ、トウゴウヤブカ、ヒトスジシマカ
ダニ※	疥癬 （かいせん）	ヒゼンダニ
昆虫※	シラミ症	コロモジラミ、アタマジラミ、ケジラミ

※ 病原体の媒介でなく、それ自体の寄生が疾病の原因となるもの。

ます。ペストコントロールには、感染症の媒介を絶つ手段としての防除（ベクターコントロール：媒介動物防除）、不快害虫対策としての防除（ニューサンスコントロール：不快害虫防除）という 2 つの側面があります。日本の都市における有害動物の防除は、後者の側面を多く含んでおり、害虫等を完全に排除しないかぎり問題が解決しないとみなす傾向があります。

　しかし、人間が生活しやすい環境は、他の生物にも適した環境であることが多く、他の生物をすべて排除することは困難です。昆虫の存在を不快に感じる程度には個人差もあるので、すべての人が納得するまで対策を徹底すべきかどうかは難しい問題です。薬剤を過度に使用することによる環境への影響も考慮しなければなりません。

1

ねずみ・昆虫等防除の概要

3．IPM と生息実態調査

IPM（Integrated Pest Management）は、建築物環境衛生維持管理要領に導入された、ねずみ・害虫管理に関する考え方で、「総合的有害生物管理」とも呼ばれます。IPM の管理手法は、以下のような方針に基づいています。

・発生の実態を的確に把握するために、生息実態調査を行うこと。
・生息実態調査の結果に基づいて、目標水準を設定すること。
・人や環境に対する影響をできるかぎり少なくするよう配慮すること。
・薬剤を用いる場合は、薬剤の種類、薬量、処理法、処理区域について十分に検討し、日時や作業方法を建築物の利用者に周知徹底させること。
・環境整備を含めた発生源への対策、侵入防止対策をまず行うこと。
・有効かつ適切な防除法を組み合わせて実施すること。
・対策の評価（効果判定）を実施し、目標水準が達成されたかどうか確認すること。達成していない場合は原因を調査し、再度措置を行うこと。

生息実態調査には、全体を包括的に点検する目視調査と、種類や発生量を正確に把握するための、トラップ（わな）等による捕獲調査があります。捕獲調査の結果を評価する際は、1 日 1 トラップ当たりの平均捕獲数を表す捕獲指数が指標として用いられます。捕獲指数は、「捕獲総数 ÷（配置トラップ数 × 配置日数）」で求められます。対象がゴキブリの場合は、ゴキブリ指数と呼ばれます。

5 か所に 3 日間配置したトラップに捕獲された害虫の総数が 150 匹だったとすると…、150 ÷ (5 × 3) = 10 だから、捕獲指数は 10 ですね。

4．目標水準の設定

ねずみ・害虫対策において、生息数をゼロにすることを目指すとなると、発生場所や潜伏場所のわずかな見落としや、対策後の防除対象区域外からの侵入も一切許されないことになり、防除を行う側にとっては大変大きな負担になります。一方、建築物の利用者にとっては、害虫等がわずかに生

息したとしても、それほど大きな障害が生じるわけではありません。むしろ、生息数ゼロを目指すことにより、過度の薬剤使用を招くことの弊害のほうが、重大な問題になりかねません。

このような事情を考慮すると、建築物の快適環境を確保するという法の趣旨を踏まえた上で、現実的に達成可能な目標水準を設定し、その目標に向けて管理を行うことが妥当です。

建築物環境衛生維持管理要領と同時に示された「建築物における維持管理マニュアル」では、生息実態調査から得られる捕獲指数等に基づいて、以下のように3段階の水準を設け、それぞれの場合に必要な措置を講じるよう定めています。

①許容水準：環境衛生上良好な状態。建築物衛生法施行規則や告示に基づいて、6か月以内に一度（発生の多い場所では2か月以内に一度）定期的な調査を継続する。

②警戒水準：放置すると今後問題になる可能性がある状況。該当する区域では、整理、整頓、清掃など環境整備の状況を見直すことが必要。整備を行っても毎回発生する場所では、管理者や利用者の了解を得て薬剤処理を行う。個々の対象では許容水準を満たしているにもかかわらず、複数の種が発生する場所では、清掃等を中心に環境整備状況を見直す。

③措置水準：ねずみや害虫の発生や目撃をすることが多く、すぐに防除作業が必要な状況。該当する区域では、発生源や当該区域に対して環境的対策を実施すると同時に、薬剤や器具を使った防除作業を実施する。

 ゴロ合わせで覚えよう！

◆ねずみ・害虫対策の目標水準

早く…、帽子を！
（すぐに）（防除）

そっちかい !?
（措置水準）

IPM（総合的有害生物管理）において、措置水準とは、すぐに防除作業が必要な状況をさす。

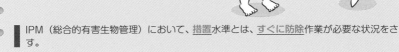

1

ねずみ・昆虫等防除の概要

ポイントを丸暗記！

1 **ねずみ・害虫等の防除は、発生源対策、侵入防止対策に重点を置いて実施する。**

発生源対策、侵入防止対策に重点を置き、現に発生している有害動物を薬剤等により駆除するなどの発生時対策は、補助的手段とする。

2 **ペストコントロールのペストとは、ねずみ・害虫等の有害な生物をさす。**

ペストコントロールには、感染症の媒介を絶つ手段としての防除（ベクターコントロール：媒介動物防除）、不快害虫対策としての防除（ニューサンスコントロール：不快害虫防除）という2つの側面がある。

従来の建築物の管理体制においては、安価で簡便に使用でき、効果が表れやすい薬剤が多用され、最も重要な発生予防対策が軽視されてきたことは否めません。

こんな選択肢に注意！

~~ヒトスジシマカ~~は、日本脳炎を媒介する。

日本脳炎を媒介するのは、コガタアカイエカである。ヒトスジシマカは、デング熱、チクングニア熱などを媒介する。

IPM（総合的有害生物管理）において、~~警戒~~水準とは、すぐに防除作業が必要な状況を指す。

IPM（総合的有害生物管理）において、すぐに防除作業が必要な状況を指すのは、措置水準である。

蚊・ハエ類の防除

ここが Point !

蚊・ハエ類の種類と生態、発生源となる場所、幼虫や成虫に対する防除方法を覚えよう。

基礎知識を押さえよう！

1. 蚊の種類と生態

国内には約 100 種の蚊がいますが、そのほとんどは屋外の自然環境下に生息します。建築物内で発生するのはチカイエカ 1 種のみと考えられますが、外部から建築物に侵入する種を含めて対策を講じなければなりません。

・アカイエカ：北海道から九州まで広く分布する、屋内で見られる最も一般的な蚊です。ヒトのほか、ニワトリなどの鳥類からも吸血します。下水溝、雨水ます、防火水槽等で発生し、夜間に屋内に侵入します。秋に羽化した成虫は休眠して越冬し、冬季は、気温が高くても活動しません。

・チカイエカ：アカイエカの亜種で、北海道から九州まで広く分布。建築物内の浄化槽、汚水槽、湧水槽等で発生します。羽化後の最初の産卵を無吸血で行うことができ、その後は、産卵のためにヒトや鳥類などから吸血します。冬季も休眠せず、暖房が効いた建築物内では 1 年中活動します。狭い空間で交尾ができることも、アカイエカなどと異なる特徴です。

・ネッタイイエカ：アカイエカの亜種で、沖縄に生息します。アカイエカと同じく下水溝等の汚水から発生し、夜間に屋内に侵入してヒトから吸血します。成虫は休眠しません。世界の熱帯、亜熱帯に広く分布し、バンクロフト糸状虫症（フィラリア症）を媒介します。

・コガタアカイエカ：アカイエカよりもやや小さく、主に水田で発生し、夜間に屋内にも侵入します。ヒトのほか、ブタ、ウシ、ウマからも吸血

し、日本脳炎を媒介します。

・ヒトスジシマカ：東北北部から南西諸島に分布しますが、温暖化の影響により、最近はより北方でも見られるようになりました。胸背の中央部に白い縦縞があり、脚にも白帯があるのが特徴です。空き缶、古タイヤの内側のくぼみ、雨水ます等の狭い水域で発生し、昼間にヒトを激しく吸血します。卵は水面よりもやや上に産み付けられ、水没すると孵化（ふか）します。卵で越冬し、卵は３か月以上乾燥に耐えられます。デング熱、チクングニア熱を媒介します。

アカイエカ、チカイエカ、ネッタイイエカの形態の違いはごくわずかで、外見により見分けることは困難です。

２．蚊の防除法

　幼虫は、浄化槽の水を柄杓（ひしゃく）などですくい取って、成虫は、ハエ取りリボンやゴキブリ用粘着トラップの粘着板を槽内に吊り下げて生息状況を調べます。

　チカイエカの場合は、排水槽等に通じる排気管や、排水溝、マンホール等の隙間、処理施設に通じる扉の隙間等が、成虫の侵入経路になります。屋外から侵入する蚊の場合は、網戸の設置状況、扉の開閉状況、隙間の有無などを調べます。

　侵入経路を特定し、防除対象種、対象ステージを決定したら、防除方法を選んで実施します。防除効果は、処理前後の捕獲数を比較することにより判定することができます。

①幼虫の防除法

　チカイエカの幼虫は排水槽等で発生するので、可能ならば、槽の水を一時的に排水して幼虫を排出します。殺虫剤処理により防除する場合は、薬剤により定められている用法や用量を必ず守るようにします。

　有機リン剤の剤型には、乳剤、浮遊粉剤、粒剤などがありますが、粒剤は有効成分が徐々に放出されるので、処理量により残効性も期待できます。

　浄化槽に殺虫剤処理を施す場合、クレゾール等の殺菌剤を含有する製剤は、浄化微生物に影響を与えるので、使用してはなりません。乳剤に含ま

れる界面活性剤や有機溶剤も、浄化槽内の微生物に影響するおそれがあります。

　昆虫成長制御剤（IGR）は、蛹化や羽化などの変態を阻害する成分や、脱皮後の表皮形成を阻害する成分を含み、幼虫や蛹の成長を妨げることにより成虫の発生を抑えます。成虫に対する効果はありません（p.376 参照）。

　発生源が屋外にある場合は、発生源に対して殺虫剤処理を行いますが、可能であれば、発生源となる水域そのものを除去します。

　殺虫剤を使用しても効果が表れない場合は、薬剤への抵抗性を発達させた個体群が発生している疑いがあります。異なる系統の殺虫剤をローテーションして使用することにより、抵抗性の発達を抑えることができます。

②成虫の防除法

　成虫の防除法は、侵入防止対策と殺虫対策からなります。外部からの侵入を防止するには、網戸を設置し、換気口、ドア等の隙間の点検を行い、不備があれば補修します。建築物の内部で発生するチカイエカに対しては、排水槽の通気口等、外部と連絡する部分に防虫網を取り付け、マンホール等の密閉性を確保します。

　殺虫剤は、煙霧機、ULV 機、炭酸ガス製剤噴射装置等を使用し、霧状にして排水槽内に散布します。この方法は、密閉性が高い場所で、成虫の生息数を速やかに減少させたいときに有効ですが、開放的な場所では効果が得られないこともあります。残効性は期待できません。加熱蒸散剤や燻煙剤を使用する場合も同様です。

　ジクロルボスやエンペントリンを有効成分とする樹脂蒸散剤を、密閉性が保たれている排水槽等に用法・用量に基づいて吊るしておくと、1 ～ 3 か月間殺虫効果が持続します。排水槽の壁面等の成虫が係留する場所に、残効性が高い有機リン剤の乳剤希釈液等を処理する方法もあり、薬剤の種類により 0.5 ～ 1 か月以上効果が持続します。

3．ハエ・コバエ類の種類と生態

　建築物内で発生するハエは小型の種が多く、コバエ類が大量発生して問題になることがよくあります。コバエとは、分類学上の名称ではなく、小型のハエの総称です。

①ハエ類

・イエバエ：大型のハエの代表的な種で、以前は屋内でもよく見られましたが、ごみ処理が頻繁に行われるようになった現在は、都市部では少なくなりました。主な発生源は、豚舎、鶏舎、牛舎等とごみ処理場です。

・ヒメイエバエ：以前は屋内で発生する代表的な種でしたが、現在は主に鶏舎での発生が問題となっています。

・クロバエ類：比較的低温を好むハエで、成虫は、本州では春と秋に、北海道では夏に、南西諸島では冬に発生します。腐敗した動物質や、イヌ、ネコの糞などが発生源となります。

・キンバエ類：自然環境下に生育するものがほとんどですが、屋内に侵入し、食物等に産卵して消化器ハエ症の原因となることがあります。

・ニクバエ類：卵でなく幼虫を産む卵胎生のハエで、腐敗した動物質や、イヌ、ネコの糞などが発生源となります。キンバエ類と同様にハエ症の原因になります。

②コバエ類

・ノミバエ類：腐敗した動物質を発生源とします。餌の量が少なくてすみ、成長速度が速いことから屋内で大量発生することがあります。

・ショウジョウバエ類：主に腐敗した植物質や果物を発生源とし、建築物内では、給湯室など、食物を扱う場所でよく発生します。

・チョウバエ類：ホシチョウバエの幼虫は、汚れた川、下水溝、下水処理場の散水ろ床等で発生します。成虫は光に集まる習性があり、夜間に屋内にも飛来します。オオチョウバエの幼虫は、下水溝、建築物の浄化槽等で発生します。

4．ハエ・コバエ類の防除法

　イエバエ、クロバエ、ニクバエ等の中型、大型のハエは、厨芥等の処理をきちんと行っていれば屋内で幼虫が発生することはないので、成虫の侵入防止対策が防除法の中心になります。

　コバエ類は、浄化槽、排水槽等が発生源となることがあるので、定期的に清掃し、幼虫の生息場所になるスカムの除去や水面近くの壁面の清掃も行うと効果的です。

ゴロ合わせで覚えよう！

● ◆蚊の種類と生態

● **田んぼの中から、**
（水田）

● **小さな赤い家が…!?**
（コガタ）（アカイエカ）

● ▌コガタアカイエカは、主に<u>水田</u>で発生し、夜間に屋内にも侵入する。

ポイントを丸暗記！

1	**昆虫成長制御剤（IGR）は、<u>成虫</u>に対する効果はない。**

昆虫成長制御剤（IGR）は、蛹化や羽化などの変態を阻害する成分や、脱皮後の表皮形成を阻害する成分を含み、<u>幼虫</u>や蛹の成長を妨げることにより、成虫の発生を抑える。<u>成虫</u>に対する効果はない。

重要用語を覚えよう！

対象ステージ

ステージとは、卵、幼虫、蛹、成虫等の昆虫の成長段階のこと。

残効性

薬剤の効力の持続性。

ULV 機

薬剤散布用の機器の一種で、ULV は Ultra Low Volume（高濃度少量散布）の略。

消化器ハエ症

食物とともに飲み込んだ幼虫が腸内の粘膜を刺激し、<u>腹痛</u>や下痢を引き起こす症状。

ゴキブリ・ダニ類の防除

ここが Point !

ゴキブリ類、ダニ類の種類と生態、それぞれの種に適した防除方法を覚えよう。

基礎知識を押さえよう！

1．ゴキブリ類の種類と生態

　国内には約60種のゴキブリが生息していますが、多くのものは野外で生活しており、屋内に定着するのは5～6種程度です。なかでも、都市の建築物でよく見られるのはチャバネゴキブリです。

・チャバネゴキブリ：黄褐色の小型の種で、北海道から沖縄まで広く分布しています。低温に弱く、日本の自然環境では越冬できませんが、年間を通じて20℃以上の環境では繁殖を繰り返すことが可能です。雌の成虫は約5回産卵します。孵化した幼虫が成虫になるまでの期間は、25℃で約60日、27℃で約45日で、低温条件下では著しく遅延します。

・クロゴキブリ：光沢のある黒褐色の大型の種で、本州、四国、九州に多く分布します。木造家屋や、ビルの厨房、湯沸室でよく見られます。

・ワモンゴキブリ：光沢のある赤褐色の大型の種で、前胸背板に黄白色の輪状の斑紋があります。南西諸島、小笠原諸島、九州南部に多く、九州北部、四国、本州にも分布します。

・ヤマトゴキブリ：黒褐色の中型の種で、東北、北陸、中部、関東地方に分布します。

・トビイロゴキブリ：光沢のある赤褐色の大型の種で、日本では局地的に分布しています。

ゴキブリ類全般に共通する特徴としては、以下のことが挙げられます。

・不完全変態をする。

・幼虫、成虫ともに同じ場所で活動し、同じ食物を摂取する。

・潜み場所があり、日中はほとんどそこに潜伏している。潜み場所としては、暖かく、湿気が多く、暗く、狭く、餌や水場に近い場所が好まれる。

・夜間に活動する。

・直腸から集合フェロモンを分泌し、糞とともに排泄することにより、個体を集合させる性質がある。

・雑食性である。

・卵は2列に並んで卵鞘（さや）に収められている。

2．ゴキブリの防除法

ゴキブリの発生を抑制するには、食物の管理を十分に行うことが重要ですが、管理が行き届いていても、発生を完全に防ぐことは困難です。

殺虫処理の方法としては、残留処理、空間処理、毒餌処理があります。チャバネゴキブリでは、薬剤への抵抗性や毒餌の喫食抵抗性が報告されているので、効果に疑問がある場合は、使用薬剤の変更などを検討します。

①残留処理

ゴキブリが徘徊する通路や壁面等に、残効性の高い有機リン剤、ピレスロイド剤等を処理する方法で、処理面を歩いたゴキブリは、薬剤の残さに触れることにより死亡します。

> ゴキブリがよく歩く場所や潜伏場所の近くは排泄物で汚れているので、薬剤処理を行う箇所の目安になります。そのような場所を、ローチスポットといいます。

②空間処理

燻煙、蒸散、ULV処理等により、室内の空間に薬剤を充満させて、部屋の隅や隙間などに潜んでいるゴキブリを直接殺す方法です。空間処理を行う場合は、室内の隅々まで薬剤が行き届くように、部屋をできるかぎり閉め切って、気密性を高めることが必要です。引き出し、戸棚等は開放しておきます。空間処理にピレスロイド剤を使用した場合は、追い出し（フ

ラッシング）効果が期待できます。

③毒餌処理

　ホウ酸、ヒドラメチルノン、フェニトロチオン、フィプロニル等を有効成分とする製剤を餌として摂取させ、ゴキブリを中毒死させる方法です。遅効性で、密度の減少に至るまでに一定の期間を要するので、長期にわたって設置する必要があります。喫食率を高めるために、ゴキブリの餌となるものを設置場所の周辺から除去し、毒餌には殺虫剤がかからないように注意します。

3．ダニ類の種類と生態

　ダニ類は、昆虫のように頭・胸・腹部が分かれておらず、楕円形の袋状の胴体と前方に突出した顎体部（口器）からなり、4対（幼虫は3対）の脚をもつ節足動物です。国内では約3,000種が確認されていますが、人間の居住空間において常に見られるのは10種程度です。

①室内塵性ダニ類

　室内に蓄積する塵埃（室内塵：ハウスダスト）には、カビの胞子・菌糸、細菌、人間のフケ、植物の繊維、花粉などの有機物が含まれ、これらを栄養源とする、ヒョウヒダニ類、コナダニ類、ホコリダニ類などの自由生活性のダニが生息しています。

　ヒョウヒダニ類のコナヒョウヒダニ、ヤケヒョウヒダニは、世界中のヒトの生活環境から見出される優占種です。これらは、ヒトを刺すことはありませんが、糞や死骸が、喘息やアトピー性皮膚炎のアレルゲンとなることがあります。

　コナダニ類は、貯蔵食品や畳などで発生し、25〜28℃、湿度75〜85%程度の好条件下では大量発生することがあります。ヒトを刺すことはなく、アレルゲンとしての重要性もヒョウヒダニ類に比べると低いものの、大量発生すると、これらを捕食するツメダニ類を増殖させ、ツメダニ類による刺咬被害をもたらします。

　ツメダニ類には多くの種類がありますが、室内塵中に生息するミナミツメダニ、フトツメダニなどは、触肢の先の針状の爪でダニやチャタテムシなどの微小な昆虫をとらえて捕食し、偶発的にヒトを刺すこともあります。

②動物寄生性ダニ類

　建築物の内外に生息するペットやねずみ、鳥などの動物には、吸血性のダニが寄生することがあります。家住性のねずみにはイエダニが寄生し、居住空間の周辺に営巣するムクドリ、スズメ、ツバメなどの鳥類の巣からは、トリサシダニ、スズメサシダニなどが発生することがあります。ワクモは、鶏舎から大発生することがあります。以上の4種は、住環境の周辺に生息する吸血性のダニ類の代表的なものです。

　その他の動物寄生性のダニでは、飼い犬を宿主としてマダニ類が発生することがあります。ヒゼンダニ、ニキビダニはヒトの皮下に内部寄生する種で、ヒゼンダニは疥癬の原因種として知られています。

③植物寄生性ダニ類

　建築物周辺の植え込みや鉢植えの植物に、ハダニ類が寄生することがあります。ハダニ類はヒトを刺すことはありませんが、赤、黄、オレンジ色などの目立つ色の種が多く、不快な印象を与えます。

4．ダニ類の防除法
①吸血性ダニ類の防除

　イエダニ、トリサシダニ、ワクモ、スズメサシダニの4種は、基本的にはヒト以外の動物に寄生していますが、ヒトからも吸血します。これらのダニが発見された場合は、種を同定し、ねずみの駆除、鳥類の巣の撤去、営巣の防止など、本来の宿主となっている動物への対策を早急に行うことが必要です。それと同時に、有機リン系やピレスロイド系殺虫剤の残留処理や空間噴霧処理を行います。

②ヒゼンダニの防除

　ヒゼンダニは、オフィスビルや一般住宅で発生することはまれですが、病院、福祉施設等で疥癬患者がいる場合は、衣類や寝具の洗浄、部屋の清掃等を行い、集団発生を防ぐことが必要です。

③刺咬性ダニ類の防除

　ツメダニ類は、ヒトから吸血することはありませんが、大量に発生すると、偶発的にヒトを刺すことがあります。ダニ類による刺咬が疑われる場合は、掃除機で室内塵を採取し、ダニの種類や密度を調べます。ツメダニ

3

ゴキブリ・ダニ類の防除

369

類は殺虫剤に対する感受性が低いので、殺虫剤処理よりも除じんをこまめに行うほうが効果的です。畳の内部にダニが潜伏している場合は、畳を上げて天日干しするのがよい方法です。

④アレルゲン性ダニ類の防除

　ヒョウヒダニ類は、人間が生活するほぼすべての環境に生息するので、生息数をゼロにすることは不可能です。対策としては、除じんを継続するとともに、室内塵の溜まりにくい床材や、防ダニ加工されたカーペットを使用するなどの方法が効果的です。ヒョウヒダニ類の殺虫剤感受性は低く、有効成分の到達性も考慮すると、殺虫剤による防除はそれほど効果が望めません。

ポイントを丸暗記！

1	ゴキブリ類は、直腸から集合フェロモンを分泌する。

ゴキブリ類は、直腸から集合フェロモンを分泌し、糞とともに排泄することにより、個体を集合させる性質がある。

重要用語を覚えよう！

不完全変態
幼虫の形態が成虫に近く、幼虫から蛹を経ずに直接成虫に変態すること。

フラッシング効果
物陰に潜んでいた害虫が、薬剤の微量な有効成分に反応して飛び出してくること。

自由生活性
宿主を必要とせず、独立して生息できること。

優占種
競合する他の種よりも個体数が特に多い、生物群を代表する種。

Lesson 4 ねずみ類の防除法／その他の有害動物

ここが Point ！

建築物内に定着するねずみ類の種類と、それぞれの性質や
生態の特徴、防除法などを覚えよう。

基礎知識を押さえよう！

1．屋内で見られるねずみ類

　建築物内に定着するねずみ類は、クマネズミ、ドブネズミ、ハツカネズ
ミの３種で、北海道、東北、四国を除き、クマネズミが優占種となってい
ます。都市部の大規模建築物に生息するのは、クマネズミがほとんどです。

　ねずみ類は、ペスト、サルモネラ症等の病原体を媒介するだけでなく、
高圧変電器に触れて短絡事故を起こしたり、ケーブルを齧ってコンピュー
タの誤作動や火災を起こしたりします。

・クマネズミ：体長 15 ～ 20cm でドブネズミよりも小さく、尾が体長より
　長く、耳は、倒すと目を覆うほど大きいのが特徴です。垂直の壁や電線
　を伝わって屋内に侵入します。警戒心が強く、毒餌をなかなか食べずト
　ラップにもかかりにくいうえに、殺鼠剤にも比較的強く、防除が困難です。

・ドブネズミ：体長 20 ～ 25cm で、尾は体長より短く、耳は小さく、倒
　しても目に達しません。泳ぎが得意で、下水などに棲息し、水洗便所か
　ら室内に侵入することもあります。獰猛ですが警戒心は弱く、クマネズ
　ミよりも防除は容易です。

・ハツカネズミ：体長 5cm 程度の小型のねずみで、畑地やその周辺に棲
　息し、秋から冬に農家や納屋に侵入します。都市部では倉庫等に見られ
　ます。好奇心が強くトラップにかかりやすいが、殺鼠剤には強い種です。

371

2．建築物内でのねずみ類の行動と習性

建築物内へのねずみ類の侵入経路は、出入口の隙間、駐車場の入口、各種ケーブルの周囲の隙間などです。ドブネズミの場合は、排水溝、排水設備が侵入経路となります。

ねずみ類は、建築物内に侵入すると活発に動き回り、特に運動能力のすぐれたクマネズミは、パイプシャフト、ダクト等から各階に移動します。

ねずみ類の活動の証拠となる、糞、尿やその臭い、毛、足跡、齧り跡などを、証跡（ラットサイン）といいます。ねずみ類は一定の場所を移動することが多く、頻繁に通る箇所には、体の脂と汚れにより、壁面、配管等に黒いこすり跡（ラブサイン）が残ります。

3．ねずみ類の防除法
①侵入・定着の防止

ねずみ類の侵入・定着を防止するには、餌を断つこと（食物・残滓^{ざんし}管理）、通路を遮断すること（防鼠構造・防鼠工事）、巣を作らせないこと（整理整頓・清掃）の３つが重要です。

ねずみ類は、直径1.25cm程度の穴があれば出入りできるので、通路を遮断するには、隙間を1cm以下にしなければなりません。

②器具を用いた防除法

器具を用いたねずみ類の防除法として、ねずみ用生け捕りかご、圧殺式トラップ、粘着トラップ等により捕獲する方法があります。殺鼠剤に抵抗性を獲得したクマネズミには、現在のところ有効な製剤がなく、粘着トラップを床に並べて捕獲する方法が多用されていますが、器具の配置や回収に労力がかかる割に効率は低く、効果を上げるには、ある程度継続して行う必要があります。

超音波防鼠器を設置する方法は、すでに建築物内に生息するねずみ類を追い出すほどの効果はなく、侵入防止や、トラップによる捕獲の効率を上げる目的で使用されます。

③薬剤を用いた防除法

　殺鼠剤は、通常は、ねずみの好む食物に混入して毒餌として投与し、経口的に体内に取り込ませるもので、ジフェチアロール、ワルファリン等の抗凝血性殺鼠剤、シリロシド等の急性殺鼠剤があります。抗凝血性殺鼠剤は、数回にわたり継続的に摂取させることにより効果が表れるのに対し、急性殺鼠剤は、1回の投与でねずみを致死させます。

　殺鼠剤の基材としては、水分の多い生の餌が好まれます。クマネズミやハツカネズミは、サツマイモや穀類、植物の種子などの植物質の餌を好みます。しかし、クマネズミは警戒心が強く喫食が悪いので、殺鼠剤のみによる駆除は困難です。ドブネズミは雑食性で、魚肉製品などもよく食べます。殺鼠剤により死亡したねずみの死骸は、悪臭やハエの発生源となるので、死骸の回収や殺虫剤の散布が必要になります。

　殺鼠剤の多くは選択毒性（p.378 参照）が低く、ヒトに対しても強い毒性を示します。製剤中の有効成分濃度が低く抑えられていることや、ねずみ類とヒトの体重差が大きいことなどから、誤食による影響は少ないものの、ヒトやペットが大量に摂取すると中毒を起こすおそれがあるので、設置場所や取扱いには十分注意します。

　忌避剤は、侵入防止やケーブルの齧り防止を目的として使用するもので、シクロヘキシミドまたはカプサイシンを含有する液剤、エアゾール、防鼠パテなどがあります。すでに建築物内に生息するねずみを追い出す効果はありません。

4．その他の害虫・有害動物

・ユスリカ類：国内で約 2,000 種確認されている、蚊に似た昆虫です。側溝や下水などで発生し、成虫は夜間に灯火に飛来して建築物に侵入することがあります。吸血はしませんが、大量発生すると不快感をもたらし、アレルゲンになることもあります。

・チャタテムシ類：コナチャタテ類は、畳の藁床、干物、乾麺等の乾燥食品に食害をもたらします。高温多湿の状態が続くと大発生することがあります。

・シロアリ類：木材を食い、家屋や家具等に害を与えるほか、有翅虫（羽

アリ）の屋内への飛来が問題になります。

- ・トコジラミ類：家屋内にすみ、昼は壁、柱等の狭い隙間に潜み、夜間に活動してヒトから吸血します。近年、ホテル、旅館の客室での被害が増えています。
- ・シバンムシ類：楕円形の小型の甲虫で、乾燥食品を加害する種と、建材を加害する種があります。幼虫にシバンムシアリガタバチの幼虫が寄生し、そのハチが羽化してヒトを刺すことがあり、痒みを伴います。
- ・カツオブシムシ類：乾燥食品、動物性食品を加害します。
- ・ノミ類：イヌ、ネコに寄生するネコノミが屋内に持ち込まれ、ヒトから吸血することがあります。
- ・スズメバチ・アシナガバチ類：人家の軒下、屋根裏、庭木の枝などに営巣します。スズメバチ類は獰猛で、毒性も強く特に危険です。
- ・カメムシ類：臭腺が発達し、触れると独特の悪臭を放つため、不快害虫とされています。
- ・鳥類：ドバトの糞には、クリプトコッカス症の原因になる真菌が含まれています。ハシブトガラスによるごみ集積場への害も、各都市で問題になっています。

ポイントを丸暗記！

| 1 | クマネズミは警戒心が強く、毒餌やトラップによる防除が困難である。 |

クマネズミは、警戒心が強く、毒餌をなかなか食べずトラップにもかかりにくいうえに、殺鼠剤にも比較的強く、防除が困難である。

| 2 | クマネズミやハツカネズミは、植物質の餌を好む。 |

クマネズミやハツカネズミは、サツマイモや穀類、植物の種子などの植物質の餌を好む。ドブネズミは雑食性で、魚肉製品などもよく食べる。

防除に用いる薬剤

ここが Point！

殺虫剤の有効成分の種類とそれぞれの特徴、薬剤の効力の指標となる LD$_{50}$ や LC$_{50}$、安全性の指標となる ADI の意味を覚えよう。

基礎知識を押さえよう！

1. 殺虫剤の有効成分

殺虫剤の有効成分は、それぞれ理化学的性質が異なり、効力の発現のしかたもさまざまですが、一般に、速効性にすぐれた成分には残効性は期待できず、残効性の高い成分は遅効性です。多くの有効成分は微量で効果を発揮しますが、害虫に対してそのまま使用されることはなく、製剤の一部として配合されます。

①有機リン剤

有機リン剤は、有機リン酸エステル化合物で、一般に、薬量または濃度に対する反応が急傾斜を示します。有機リン剤によりノックダウン（仰転）した虫は、蘇生することなくそのまま死亡する傾向があります。

有機リン剤には、ダイアジノン、ジクロルボス、フェニトロチオン、プロペタンホスなどがあります。プロペタンホスは非対称型有機リン剤で、他の対称型有機リン剤に抵抗性を獲得した害虫に交差抵抗性を示す度合いが低いことが特徴です。フェニトロチオン、プロペタンホスには、MC 剤（マイクロカプセル剤）があります。

②ピレスロイド剤

ピレスロイドとは、除虫菊（シロバナムシヨケギク）の花に含まれるピレトリンと呼ばれる複数の殺虫成分と、合成された類似物質の総称です。直撃したときの速効性にすぐれているため、蚊・ハエなどの飛翔昆虫や吸血昆虫に対する実用性が高く、微量の粒子によるフラッシング効果（p.370

参照）もあります。魚毒性が高く、蚊の幼虫等の水域に発生する害虫には使用できません（エトフェンプロックスを除く）。

③昆虫成長制御剤（IGR）

　昆虫やその他の節足動物の変態等の生理的な変化に影響を与える物質で、他の生物に対する影響が少ないのが特徴です。メトプレン、ピリプロキシフェンは、ともに蛹化や羽化などの変態を阻害する幼若ホルモン様化合物で、ジフルベンズロンは、幼虫の脱皮後の表皮形成を阻害する表皮形成阻害剤です。いずれも、成虫に対する効力はありません。

④その他の有効成分

・プロポクスル、メトキサジアゾン：ゴキブリを対象とする各種製剤に用いられます。
・ホウ酸、ヒドラメチルノン、フィプロニル：ゴキブリなどを対象とする食毒剤に用いられます。
・アミドフルメト：屋内塵性ダニに有効な成分です。
・ディート：吸血昆虫を対象とする忌避剤の成分です。

2．殺虫剤の効力

　殺虫剤は、有効成分により効力の現れ方にさまざまな特徴があります。亜致死量を与えて時間的経過による反応を調べると、ピレスロイド剤では、短時間内に大部分がノックダウンしますが、その一部は蘇生し、数日経過後に生死が確定します。有機リン剤では、一般にノックダウンするまでの時間は遅く、そのまま死亡します。これらの化合物では、3日後には効果が明らかになりますが、IGR剤は、効果が得られるまでに少なくとも1週間を要します。

　殺虫剤の基礎的な殺虫力を示す指標として、LD_{50}、LC_{50}、IC_{50}などがあります。LD_{50}は、50％致死薬量の略称で、投与した害虫の半数が死亡する用量です。LC_{50}は、50％致死濃度の略称で、投与した害虫の半数が死亡するときの、空気中または水中の薬剤の濃度です。IC_{50}は、50％阻害濃度の略称で、投与した害虫の半数の働きが阻害されるときの薬剤の濃度です。IGR剤を幼虫期に処理した場合に、半数の羽化が阻害される濃度などを示すときに用いられます。

3．薬剤抵抗性

　殺虫剤を使用すると、その薬剤に弱い個体は淘汰され、その薬剤に強い形質をもつ個体だけが生き残るので、結果として、その形質を受け継ぐ子孫が増えていきます。このようにして、いかなる有効成分に対しても、害虫はやがて抵抗性を獲得します。特に、建築物内の限定された場所で定期的に薬剤処理を行う場合、抵抗性をもつ個体の比率が急上昇しやすいことに注意しなければなりません。作用機構の異なるいくつかの化合物群から選んだ薬剤を、半年から1年くらいの周期でローテーション処理することにより、抵抗性の発達を防ぐことができます。

殺虫剤や農薬などを使用することを「処理」といいます。処理といっても、捨てたり片づけたりするという意味ではありません。

4．薬剤の安全性にかかわる指標

　薬剤の人畜に対する毒性、安全性は、薬剤がもつ毒性の内容や強弱、摂取量（曝露量）、摂取期間等によってきまります。また、対象害虫とヒト、または動物との体重差が大きければ大きいほど、そして、選択毒性が高いほど、安全性を確保しやすくなります。両者の体重の比と毒性値の比の積により、安全係数が求められます。

　ある成分の毒性値（LD_{50}）が、ゴキブリで10mg/kg、ラットで1,000mg/kgとすると、毒性値の比は100倍。ゴキブリとラットの体重差を5,000倍とすると、安全係数はその積の50万倍となります。

　ADI（1日摂取許容量）は、WHO（世界保健機関）とFAO（国連食糧農業機関）が合同で、残留農薬の毒性を評価するために、薬剤ごとに設定している値で、ヒトが毎日、生涯にわたって摂取し続けても健康への影響がないと推定される、1日当たり、体重1kg当たりの摂取量を示しています。日本では、さらに厳しい数値を独自に定めています。

　NOAEL（最大無毒性量）は、成分ごとに数段階の薬量を、連日、1年または2年間にわたって実験動物に投与し、毒性が認められない最大の薬量をいいます。

5

防除に用いる薬剤

ポイントを丸暗記！

<table>
<tr><td>1</td><td>薬剤抵抗性は、作用機構が同一の薬剤を使用し続けることによる淘汰によって発達する。</td></tr>
</table>

その薬剤に弱い個体が淘汰され、その薬剤に強い形質をもつ個体だけが生き残るので、結果として、集団内にその形質を受け継ぐ子孫が増え、抵抗性が獲得される。

<table>
<tr><td>2</td><td>ADI とは、ヒトが毎日、生涯にわたって摂取し続けても健康への影響がないと推定される、1 日当たり、体重 1kg 当たりの摂取量である。</td></tr>
</table>

NOAEL は、成分ごとに数段階の薬量を、連日、1 年または 2 年間にわたって実験動物に投与し、毒性が認められない最大の薬量である。

重要用語を覚えよう！

薬量または濃度に対する反応

致死率 0%から 100%に至る薬量または濃度の範囲が狭い場合、薬量または濃度に対する反応が急傾斜を示すという。

交差抵抗性

ある生物が 1 種の薬剤に対して抵抗性を獲得したときに、同時に他の薬剤についても抵抗性を獲得すること。

選択毒性

化合物の単位体重当たりの毒性値が動物種によって異なること。殺虫剤の場合、対象害虫に対する毒性値が大きく、ヒトまたは動物に対する毒性値が小さい場合、選択毒性が高いという。

練習問題にチャレンジ！

問　題　　　解答と解説は p.380 〜 381

問題 01

蚊に関する次の記述のうち、最も適当なものはどれか。

1　アカイエカは、九州以南に分布する。
2　アカイエカは、羽化後の最初の産卵を無吸血で行うことができる。
3　コガタアカイエカは、主に、雨水ますなどの狭い水域で発生する。
4　ヒトスジシマカは、卵で越冬する。
5　日本脳炎は、主にヒトスジシマカにより媒介される。

➡ Lesson 01, 02

問題 02

ハエ類に関する次の記述のうち、最も適当なものはどれか。

1　ショウジョウバエ類は、主に腐敗した動物質を発生源とする。
2　ノミバエ類は、主に腐敗した植物質を発生源とする。
3　キンバエ類は、卵でなく幼虫を産む卵胎生のハエである。
4　クロバエ類は、比較的高温を好むハエで、成虫は、本州では夏に発生する。
5　イエバエの主な発生源は、畜舎、ごみ処理場である。

➡ Lesson 02

問題 03

ゴキブリの防除に関する次の記述のうち、最も適当なものはどれか。

1　毒餌処理を行う場合、毒餌に殺虫剤を噴霧すると効果が高まる。
2　有機リン剤は、隙間に潜むゴキブリを追い出すフラッシング効果を示す。
3　ゴキブリ指数は、一定面積当たりの生息数を表す。
4　チャバネゴキブリでは、薬剤への抵抗性が報告されていない。

379

5 燻煙処理を効果的に行うためには、部屋を閉め切って気密性を保ち、引き出し、戸棚等は開放しておく。

⮕ Lesson 01, 03

問題 04

殺虫・殺鼠剤の毒性や安全性に関する次の記述のうち、最も適当なものはどれか。

1 ある殺虫剤の対象害虫に対する毒性値が大きく、ヒトまたは動物に対する毒性値が小さい場合、選択毒性が高いという。
2 ADI とは、実験動物に長期間にわたって投与しても毒性が認められない最大の薬量である。
3 防除の対象種に比べて、ヒトや動物に対する LD_{50} 値が小さいほど、その薬剤の安全性は確保されやすい。
4 殺鼠剤の多くは、ねずみに比べてヒトに対する体重当たりの毒性が弱い。
5 薬剤抵抗性は、同一の薬剤に曝露され続けることによって、1 世代のうちに発達する。

⮕ Lesson 04, 05

解答と解説　　問題は p.379 〜 380

問題 01　　**正解**　4

1　×　アカイエカは、北海道から九州まで広く分布する。
2　×　チカイエカは、羽化後の最初の産卵を無吸血で行うことができる。
3　×　コガタアカイエカは、主に水田で発生する。
4　○　ヒトスジシマカは、卵で越冬し、卵は 3 か月以上乾燥に耐えられる。
5　×　ヒトスジシマカは、デング熱、チクングニア熱を媒介する。日本脳炎は、主にコガタアカイエカにより媒介される。

問題 02　　**正解**　5

1　×　ショウジョウバエ類は、主に腐敗した植物質や果物を発生源とする。

2　×　ノミバエ類は、主に腐敗した動物質を発生源とする。

3　×　ニクバエ類は、卵でなく幼虫を産む卵胎生のハエである。

4　×　クロバエ類は、比較的低温を好むハエで、成虫は、本州では春と秋に、北海道では夏に、南西諸島では冬に発生する。

5　○　イエバエの主な発生源は、畜舎、ごみ処理場である。

問題 03　　**正解**　5

1　×　喫食性を高めるために、毒餌に殺虫剤がかからないように注意する。

2　×　ピレスロイド剤は、フラッシング効果を示す。

3　×　ゴキブリ指数は、1日1トラップ当たりの平均捕獲数を表す。

4　×　チャバネゴキブリでは、薬剤への抵抗性や毒餌の喫食抵抗性が報告されている。

5　○　燻煙、蒸散、ULV 処理等の空間処理を行う場合は、室内の隅々まで薬剤が行き届くように、部屋をできるかぎり閉め切って気密性を高める。

問題 04　　**正解**　1

1　○　ある殺虫剤の対象害虫に対する毒性値が大きく、ヒトまたは動物に対する毒性値が小さい場合、選択毒性が高いという。

2　×　ADI とは、人が毎日、生涯にわたって摂取し続けても健康への影響がないと推定される、1日当たり、体重 1kg 当たりの摂取量である。

3　×　ヒトや動物に対する LD_{50} 値が大きいほど、安全性は確保されやすい。

4　×　殺鼠剤の多くは、ヒトに対しても強い毒性を示す（選択毒性が低い）。

5　×　薬剤抵抗性は、作用機構が同一の薬剤を使用し続けることによる淘汰によって発達する。つまり、抵抗性の発達は遺伝による。

さくいん

本書に関する正誤等の最新情報は、下記のアドレスでご確認ください。
http://www.s-henshu.info/bkgt2308/

上記掲載以外の箇所で正誤についてお気づきの場合は、**書名・発行日・質問事項（該当ページ・行数・問題番号**などと**誤りだと思う理由）・氏名・連絡先**を明記のうえ、お問い合わせください。
・webからのお問い合わせ：上記アドレス内【正誤情報】へ
・郵便またはFAXでのお問い合わせ：下記住所またはFAX番号へ
※電話でのお問い合わせはお受けできません。

> [宛先] コンデックス情報研究所
> 『**ビル管理士試験合格テキスト**』係
> 住　所：〒359-0042　所沢市並木3-1-9
> FAX番号：04-2995-4362（10:00～17:00　土日祝日を除く）

※**本書の正誤以外に関するご質問にはお答えいたしかねます。**また、受験指導などは行っておりません。
※ご質問の受付期限は、各試験日の10日前必着といたします。
※回答日時の指定はできません。また、ご質問の内容によっては回答まで10日前後お時間をいただく場合があります。
あらかじめご了承ください。

編著：コンデックス情報研究所
1990年6月設立。法律・福祉・技術・教育分野において、書籍の企画・執筆・編集、大学および通信教育機関との共同教材開発を行っている研究者・実務家・編集者のグループ。

イラスト：ひらのんさ

ビル管理士試験合格テキスト

2023年12月20日発行

編　著　コンデックス情報研究所（じょうほう けんきゅうしょ）

発行者　深見公子

発行所　成美堂出版
　　　　〒162-8445　東京都新宿区新小川町1-7
　　　　電話(03)5206-8151　FAX(03)5206-8159

印　刷　大盛印刷株式会社

©SEIBIDO SHUPPAN 2023　PRINTED IN JAPAN
ISBN978-4-415-23748-0
落丁・乱丁などの不良本はお取り替えします
定価はカバーに表示してあります